主编★于雷

破解福尔摩斯思维习惯

智商测试

Sherlock Holmes

吉林科学技术出版社

图书在版编目（CIP）数据

智商测试 / 于雷主编. — 长春：吉林科学技术出版社，2014. 11（2022.3重印）
（破解福尔摩斯思维习惯）
ISBN 978－7－5384－8532－5

Ⅰ. ①智… Ⅱ. ①于… Ⅲ. ①智力游戏－青少年读物
Ⅳ. ①G898.2

中国版本图书馆CIP数据核字(2014)第263970号

智商测试

主　　编　于　雷
编　　委　龚宇华　陈一婧　于艳苓　何正雄　李志新　于艳华　宋蓉珍
　　　　　宋淑珍　代冬聆　陈　靖　叶淑英　何　晶　李方伟
出 版 人　李　梁
策划责任编辑　刘宏伟
执行责任编辑　樊莹莹
封面设计　长春美印图文设计有限公司
制　　版　长春美印图文设计有限公司
开　　本　710mm × 1000mm　1 / 16
字　　数　400千字
印　　张　21
版　　次　2015年7月第1版
印　　次　2022年3月第2次印刷

出　　版　吉林科学技术出版社
发　　行　吉林科学技术出版社
地　　址　长春市人民大街4646号
邮　　编　130021
发行部电话 / 传真　0431－85677817　85635177　85651759
　　　　　85651628　85600311　85670016
储运部电话　0431－86059116
编辑部电话　0431－85635186
网　　址　www.jlstp.net
印　　刷　北京一鑫印务有限责任公司

书　　号　ISBN 978－7－5384－8532－5
定　　价　58. 00元
如有印装质量问题可寄出版社调换

前　言

智商（IQ）是指智力测试的商数，是用你的智力年龄除以实际年龄，再乘以100所得出的数值。通常认为，IQ在80～120之间属于正常，IQ在120以上属于超常，低于80属于欠佳。

我们现在比较流行和权威的智商测试均来源于西方国家，是根据给出的一些数字、字母和图形，找出其内在规律，并把题目补充完整。一套智商测试题，一般有几十甚至上百道这样的题目，需要测试者在一定的时间内独立完成。然后再根据答题所用时间和结果的准确率来确定测试者智商的高低。

对于使用汉字作为语言文字的中国人来说，这种测试更接近于我们的思维方式，所以就整个世界而言，中国人的平均智商相对较高。

智力是一种极其复杂的现象，不论从科学的角度还是从社会的角度，都没有人能对智力下一个能被学术界认可的、恰当的定义，更没有人能够提出一个关于智力的理论解释。所以说，智商测试，只是数学、推理、归纳等当面能力的一个表现，最多只能说是智力的一小部分。

而且，智商的测试结果，并不能说明一个人天生就比较聪明。很多外界因素同样能影响智商的测试结果。比如营养、家庭、教育、文化等，甚至仅仅是因为他们更熟悉智商测试的内容和方式。

另外，智商测试是可以通过培训而提高分数的。所以，在某种程度上，它测的也是一个人的应试能力。所以，如果你测了很多遍，或者看了答案后再来进行测试，然后为得到一个很高的分数而沾沾自喜，就没有意义了。

当然，智商高绝对不是坏事。而且，在很多时候，人们还对这个数字充满了信服和敬意。甚至上重点校、找好工作、晋升职位、生养孩子、移民他乡……全都由它决定。智商高的人，善于逻辑思维，会使看似复杂的内容变得简单；也会使看似枯燥的内容变得有趣。无形中，增加了其成功的可能性。

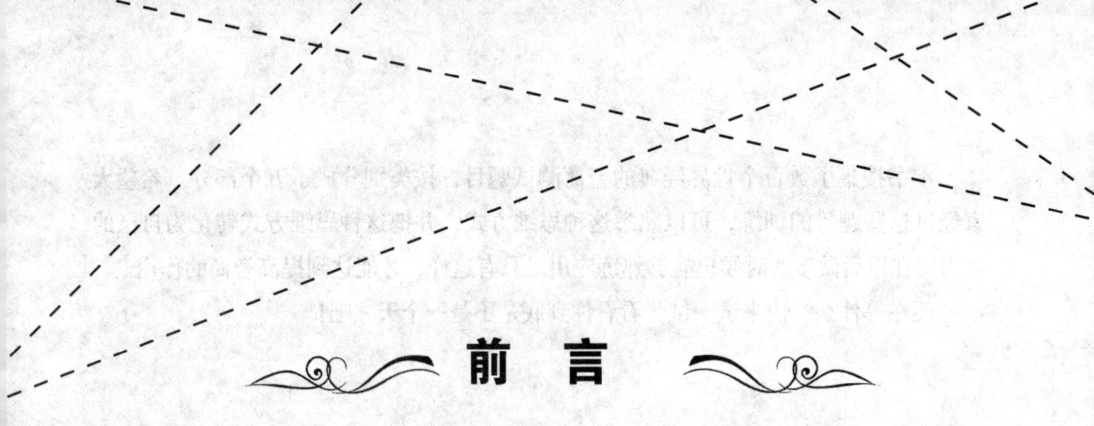

本书搜集了数百个世界经典的智商测试题目，按类别分成了五个部分。希望大家经过这些题目的训练，可以熟悉这种思维方式，并把这种思维方式转化为自己的能力，在以后做事的时候也能够熟练应用。只有这样，才能达到提高智商的作用。

还在等什么？快来试一试，看看你到底是不是一个天才吧！

目录

第一篇　移动渐变 …… 001

1. 三角处的圆圈 …… 001
2. 两个方块 …… 001
3. 准　星 …… 002
4. 黑点与白点 …… 002
5. 复杂的规律 …… 002
6. 平　移 …… 003
7. 奇怪的变换 …… 003
8. 角　度 …… 004
9. 分　支 …… 005
10. 延　伸 …… 005
11. 嵌　套 …… 006
12. 五角星 …… 006
13. 汉字规律 …… 007
14. 方块拼图 …… 007
15. 三色方格 …… 008
16. 箭头规律 …… 008
17. 构成元素 …… 009
18. 阳春白雪 …… 009
19. 黑白方格 …… 010
20. 上下平衡 …… 010
21. 移动竖条 …… 011
22. 缺　口 …… 011

23. 简 化 …… 012
24. 旋转的扇形 …… 012
25. 贪吃蛇 …… 013
26. 角 度 …… 013
27. 直线与曲线 …… 014
28. 组合的规律 …… 014
29. 递增的折线 …… 015
30. 圆形与正方形 …… 015
31. 三条线段 …… 016
32. 什么规律 …… 016
33. 括号 …… 017
34. 文字规律 …… 017
35. 简单的图形 …… 018
36. 星形图案 …… 018
37. 切 割 …… 019
38. 线段的规律 …… 019
39. 奇怪图形 …… 020
40. 超复杂图形 …… 020
41. 线段组合 …… 021
42. 分割火炬 …… 021
43. 圆圈方块 …… 022
44. 黑白点游戏 …… 022
45. 多重箭头 …… 023
46. 移动 …… 023
47. 奇妙的图形 …… 024
48. 巧妙的变化 …… 024
49. 几点钟 …… 025
50. 分针的位置 …… 025
51. 指针的规律 …… 026
52. 简单的规律 …… 026

53. 分针的规律 …………………………………………………… 027

第二篇 叠加消除……………………………………………………… 028

54. 奇妙的组合 …………………………………………………… 028
55. 奇怪的规律 …………………………………………………… 028
56. 箭头组合 ……………………………………………………… 029
57. 复杂的图形 …………………………………………………… 029
58. 直线与折线 …………………………………………………… 030
59. 巧妙的组合 …………………………………………………… 030
60. 奇妙的变换 …………………………………………………… 031
61. 黑 点 ………………………………………………………… 031
62. 画方格 ………………………………………………………… 032
63. 放大与缩小 …………………………………………………… 032
64. 斜 线 ………………………………………………………… 033
65. 圆 点 ………………………………………………………… 033
66. 圆与方块 ……………………………………………………… 034
67. 直线与黑点 …………………………………………………… 034
68. 缺口的田字 …………………………………………………… 035
69. 涂黑的三角形 ………………………………………………… 035
70. 五角星 ………………………………………………………… 036
71. 复杂的图形 …………………………………………………… 036
72. 线段与圆圈 …………………………………………………… 037
73. 涂 色 ………………………………………………………… 037
74. 变换的梯形 …………………………………………………… 038
75. 缺口的大小 …………………………………………………… 038
76. 组合花瓣 ……………………………………………………… 039
77. 相交的直线 …………………………………………………… 039
78. 黑白格子 ……………………………………………………… 040
79. 找找规律 ……………………………………………………… 040
80. 四角星 ………………………………………………………… 041

81. 黑白网格 …………………………………………………… 041
82. 填什么图形 ………………………………………………… 042
83. 十字与三角 ………………………………………………… 042
84. 黑白格 ……………………………………………………… 043
85. 花瓣和星星 ………………………………………………… 043
86. 心形图案 …………………………………………………… 044
87. 放　射 ……………………………………………………… 044
88. 组合的图形 ………………………………………………… 045
89. 分散的圆弧 ………………………………………………… 045
90. 三角和圆 …………………………………………………… 046
91. 简单的规律 ………………………………………………… 046
92. 涂黑色块 …………………………………………………… 047
93. 阴影方格 …………………………………………………… 047
94. 阴影的位置 ………………………………………………… 048
95. 有趣的组合 ………………………………………………… 048
96. 合二为一 …………………………………………………… 049
97. 漏　斗 ……………………………………………………… 049
98. 折　线 ……………………………………………………… 050
99. 黑白三角 …………………………………………………… 050
100. 消失的圆圈 ……………………………………………… 051
101. 缺　口 …………………………………………………… 051
102. 光与影 …………………………………………………… 052
103. 立体图形 ………………………………………………… 052
104. 折线段 …………………………………………………… 053
105. 阴　影 …………………………………………………… 053
106. 正方形变换 ……………………………………………… 054
107. 三　角 …………………………………………………… 054
108. 共同的特点 ……………………………………………… 055
109. 折线组合 ………………………………………………… 055
110. 元素组合 ………………………………………………… 056

111. 十字架 …… 056
112. 三角形与正方形 …… 057
113. 直线组合 …… 057
114. 近似图形 …… 058

第三篇 对称翻转 …… 059
115. 斜 线 …… 059
116. 变化的方块 …… 059
117. 特定的规律 …… 060
118. 奇怪的眼睛 …… 060
119. 九点连线 …… 061
120. 四条线段 …… 061
121. 直线与箭头 …… 062
122. 双色方块 …… 062
123. 直线与斜线 …… 063
124. 骰子对比 …… 063
125. 带箭头的三角 …… 064
126. 螺旋线 …… 064
127. 黑色方块 …… 065
128. 图形构成 …… 065
129. 折 线 …… 066
130. 三角和圆圈 …… 066
131. 砖 头 …… 067
132. 直线与椭圆 …… 067
133. 美丽的图形 …… 068
134. 遮 挡 …… 068
135. 雪 花 …… 069
136. 双色板 …… 069
137. 线条与汉字 …… 070
138. 共同的特点 …… 070

139. 卫　星 …… 071
140. 旋转的角度 …… 071
141. 分割的正方形 …… 072
142. 灰色半圆 …… 072
143. 椭圆阵列 …… 073
144. 双层图案 …… 073
145. 有什么规律 …… 074
146. 转弯的箭头 …… 074
147. 图形组合 …… 075
148. 字母也疯狂 …… 075
149. 没规律的线条 …… 076
150. 圆圈与三角 …… 076
151. 轮　廓 …… 077
152. 带斜线的三角 …… 077
153. 双色拼图 …… 078
154. 阴影图形 …… 078
155. 另类箭头 …… 079
156. 黑白变换 …… 079
157. 奇怪的旋转 …… 080
158. 黑白方格 …… 080
159. 砖　块 …… 081
160. 变　形 …… 081
161. 黑白方块 …… 082
162. 不一样的箭头 …… 082
163. 阴　影 …… 083
164. 两个方块 …… 083
165. 旋　转 …… 084
166. 两两对应 …… 084
167. 与众不同 …… 084
168. 找不同 …… 085

169. 对应关系（1） …………………………………… 085
170. 对应关系（2） …………………………………… 086

第四篇 对应关系…………………………………………… 087
171. 数字之谜 ……………………………………………… 087
172. 猜字母 ………………………………………………… 087
173. 复杂的表格 …………………………………………… 088
174. 缺少的数字 …………………………………………… 088
175. 按键密码 ……………………………………………… 089
176. D代表什么 …………………………………………… 089
177. 五角星的数 …………………………………………… 089
178. 填数字 ………………………………………………… 090
179. 分割圆环 ……………………………………………… 090
180. 罗盘推数 ……………………………………………… 090
181. 补充数字 ……………………………………………… 091
182. 数字箭靶 ……………………………………………… 091
183. 圆环上的数字 ………………………………………… 092
184. 对应数 ………………………………………………… 092
185. 数字填空 ……………………………………………… 093
186. 灰色九宫格 …………………………………………… 093
187. 圆三角方块 …………………………………………… 094
188. 三条直线 ……………………………………………… 094
189. 三叶草 ………………………………………………… 095
190. 黑与白 ………………………………………………… 095
191. 黑白点 ………………………………………………… 096
192. 开 口 ………………………………………………… 096
193. 图形组合 ……………………………………………… 097
194. 花瓣变化 ……………………………………………… 097
195. 两条曲线 ……………………………………………… 098
196. 三色柱状图 …………………………………………… 098

197. 组合关系 …… 099
198. 位置关系 …… 099
199. 跳舞的人 …… 100
200. 复杂的规律 …… 100
201. 九宫图案 …… 101
202. 男人女人 …… 101
203. 大头娃娃 …… 102
204. 日月星辰 …… 102
205. 黑白图形 …… 103
206. 图标组合 …… 103
207. 多边形 …… 104
208. 有趣的方格 …… 104
209. 奇怪的规律 …… 105
210. 三角形 …… 105
211. 花瓣图形 …… 106
212. 简单的规律 …… 106
213. 复杂的图形 …… 107
214. 小圆圈 …… 107
215. 图形对比 …… 108
216. 对应关系 …… 108
217. 切割图形 …… 109
218. 三角与扇形 …… 109
219. 直线和曲线 …… 110
220. 金字塔 …… 110
221. 黑白图案 …… 111
222. 笑　脸 …… 111
223. 斜　线 …… 112
224. 圆与三角形 …… 112
225. 简单的规则 …… 113
226. 找共同点 …… 113

227. 螺旋曲线 …… 114
228. 钉木板 …… 114
229. 直线三角圆圈 …… 115
230. 小图标 …… 115
231. 汉字有规律 …… 116
232. 汉字的规律 …… 116
233. 奇妙的规律 …… 117
234. 不同的规律 …… 117
235. 星光闪闪 …… 118
236. 直线与弧线 …… 118
237. 字母逻辑 …… 119
238. 跳舞的孩子 …… 119
239. 曲 线 …… 120
240. 直 线 …… 120
241. 复杂曲线 …… 121
242. 折线与直线 …… 121
243. 找规律 …… 122
244. 字母的规律 …… 122
245. 神奇的规律 …… 123
246. 方格阵列 …… 123
247. 曲线组合 …… 124
248. 线条的规律 …… 124
249. 立体图 …… 125
250. 阴影的共性 …… 125
251. 小圆点 …… 126
252. 双层边线 …… 126
253. 线条推理 …… 127

第五篇 数字规律 …… 128
254. 找数字规律 …… 128

255. 组成单词 …… 128
256. 写数列 …… 128
257. 下一个数字 …… 129
258. 字母排列 …… 129
259. 代表什么 …… 129
260. 排列规律 …… 129
261. 数字找规律 …… 130
262. 数字找规律 …… 130
263. 数字找规律 …… 130
264. 数字找规律 …… 130
265. 数字找规律 …… 131
266. 数字找规律 …… 131
267. 智力测验 …… 131
268. 智力测验 …… 132
269. 智力测验 …… 132
270. 填数字 …… 132
271. 猜数字 …… 132
272. 猜数字 …… 133
273. 猜数字 …… 133
274. 猜数字 …… 133
275. 猜数字 …… 133
276. 数字的规律 …… 134
277. 有名的数列 …… 134
278. 有名的数列 …… 134
279. 天才测验 …… 134
280. 天才测验 …… 135
281. 天才测验 …… 135
282. 天才测验 …… 135
283. 天才测验 …… 135
284. 天才测验 …… 136

285. 天才测验 …… 136
286. 天才测验 …… 136
287. 天才测验 …… 136
288. 下一个数字是什么 …… 137
289. 寻找数字规律 …… 137
290. 字母旁的数字 …… 137
291. 猜字母 …… 137

第六篇 立体思维 …… 138
292. 猜字母 …… 138
293. 猜字母 …… 138
294. 字母找规律 …… 138
295. 智力测验 …… 138
296. 填字母 …… 139
297. 缺的是什么字母 …… 139
298. 绳结 …… 139
299. 没打结的绳子 …… 140
300. 结的影子 …… 140
301. 拉绳子 …… 141
302. 几根绳子 …… 141
303. 是否连在一起 …… 142
304. 电路 …… 142
305. 解开铁环 …… 143
306. 第三根铅笔 …… 143
307. 展开图 …… 144
308. 正视图（1） …… 144
309. 正视图（2） …… 145
310. 左视图 …… 145
311. 俯视图 …… 146
312. 翻 身 …… 146

313. 折叠立方体 …… 147
314. 折不出的立方体 …… 147
315. 立方体网格 …… 148
316. 骰子构图 …… 148
317. 骰子推理 …… 149
318. 图案盒子 …… 149
319. 找正确的图形 …… 150
320. 内立克立方体组合幻觉 …… 150
321. 平行 …… 151
322. 平面还是立体 …… 151

第七篇　变化思维 …… 152

323. 白方格在第几层 …… 152
324. 上升的线 …… 152
325. 球和影的错觉 …… 153
326. 悬浮的花瓶 …… 153
327. 透视拱廊 …… 154
328. 高与矮 …… 154
329. 大小恒常错觉 …… 155
330. 透视错觉 …… 155
331. 奇怪的门 …… 156
332. 哪条线段更长 …… 156
333. 曲线幻觉 …… 157
334. 隧道 …… 157
335. 恐怖的地下室 …… 158
336. 走廊幻觉 …… 158
337. 月亮错觉 …… 159
338. 阴影产生的形状 …… 159
339. 书 …… 160
340. 凸与凹 …… 160

341. 凹 凸 …… 161
342. 凸出来还是凹进去 …… 161
343. 深度错觉 …… 162
344. 门上的洞眼 …… 162
345. 三角形管线 …… 163
346. 穿过自己的带子 …… 163
347. 剪圆环 …… 164
348. 三等分 …… 164
349. 切割双孔桥 …… 165
350. 平分图形 …… 165
351. 二等分 …… 166
352. 连接的图形 …… 166
353. 三等分 …… 167
354. 平分图形 …… 167
355. 巧分四块 …… 168
356. 分图形 …… 168
357. 四等分图形（1） …… 169
358. 四等分图形（2） …… 169
359. 等分方孔图 …… 170
360. 一变六 …… 170
361. 有趣的十字架 …… 171
362. 有趣的十字架 …… 171
363. 有趣的十字架 …… 172
364. 图形构成 …… 172
365. 切蛋糕 …… 173
366. 兄弟分家 …… 173
367. 分地 …… 174
368. 四兄弟分家 …… 174
369. 分遗产 …… 175
370. 财主分田 …… 175

371. 修路 …… 176
372. 拼桌面 …… 176
373. 表盘分割 …… 177
374. 幸运的切割 …… 177
375. 裁剪地毯 …… 178
376. 只准一刀 …… 178
377. 残缺变完整 …… 179
378. 如何切割拼出正方形 …… 179
379. 如何切割拼出正方形 …… 180
380. 丢失的正方形 …… 180
381. 怎么多了一块 …… 181

第八篇 视觉误差 …… 182

382. 夜与昼 …… 182
383. 天与水 …… 182
384. 颜色深度 …… 183
385. 深　度 …… 183
386. 灰　度 …… 184
387. 灰色条纹 …… 184
388. 侧抑制 …… 185
389. 长短 …… 185
390. 正弦波幻觉 …… 186
391. 高　帽 …… 186
392. 线　段 …… 187
393. 谢泼德桌面 …… 187
394. 不平行错觉 …… 188
395. 八字错觉 …… 188
396. 高度幻觉 …… 189
397. 平行还是相交 …… 189
398. 距离错觉 …… 190

399. 拖兰斯肯弯曲错觉 …… 190
400. 策尔纳幻觉 …… 191
401. 这些线平行吗 …… 191
402. 是正方形吗 …… 192
403. 这是个圆吗 …… 192
404. 圆怎么变成了心形 …… 193
405. 弗雷泽螺旋 …… 193
406. 缠 绕 …… 194
407. 螺 旋 …… 194
408. 克塔卡螺旋 …… 195
409. 韦德螺旋 …… 195
410. 切斯塞尔幻觉 …… 196
411. 曲线错觉 …… 196
412. 连续线幻觉 …… 197
413. 伯根道夫环形错觉 …… 197
414. 盒子错觉 …… 198
415. 庞泽幻觉 …… 198
416. 不共线错觉 …… 199
417. 康斯威特方块 …… 199
418. 消磨亮度幻觉 …… 200
419. 色度错觉 …… 200
420. 蒙德里恩幻觉 …… 201
421. 双 塔 …… 201
422. 错 觉 …… 202
423. 大象的腿 …… 202
424. 这是什么结构 …… 203
425. 柱子是圆的还是方的 …… 203
426. 不可能的叉子 …… 204
427. 筷子三塔 …… 204
428. 奇特的烤肉串 …… 205

429. 难以捉摸的拱 …… 205
430. 奇怪的棋盘 …… 206
431. 巨　石 …… 206
432. 两列火车会相撞吗 …… 207
433. 不可能三角 …… 207
434. 三角形 …… 208
435. 扭曲的三角 …… 208
436. 不可能三角形 …… 209
437. 不可能三角的实例 …… 209
438. 疯狂的木箱 …… 210
439. 疯狂的板条箱 …… 210
440. 不可能的鸟笼 …… 211
441. 不可能的螺丝帽 …… 211
442. 疯狂的螺丝帽 …… 212
443. 不可能的楼梯 …… 212
444. 彭罗斯台阶 …… 213
445. 天梯 …… 213
446. 迷宫 …… 214
447. 不可能的书架 …… 214
448. 不可能的架子 …… 215
449. 不可能的棋盘（1） …… 215
450. 不可能的棋盘（2） …… 216
451. 反射错觉 …… 216
452. 望　楼 …… 217
453. 观景楼 …… 217
454. 扭　曲 …… 218
455. 不可能的环 …… 218
456. 曲折的悖论 …… 219
457. 不可能的曲折 …… 219
458. 紧密的加压器 …… 220

459. 嵌　套 …… 220
460. 椭　圆 …… 221
461. 不可能的交叉 …… 221
462. 网格错觉 …… 222
463. 闪烁的点 …… 222
464. 幻觉产生幻觉 …… 223
465. BBC墙板 …… 223
466. 虚幻的圆 …… 224
467. 隐藏的圆圈 …… 224
468. 圆　圈 …… 225
469. 完美的六边形 …… 225
470. 注意力幻觉 …… 226
471. 旋转斜线错觉 …… 226
472. 麦凯射线 …… 227
473. 运动错觉 …… 227
474. 旋　转 …… 228
475. 它动了吗 …… 228
476. 咖啡店幻觉 …… 229
477. 凯淘卡波 …… 229
478. 棋　子 …… 230
479. 大内错觉 …… 230
480. 放　大 …… 231
481. 帽针海胆 …… 231
482. 旋　转 …… 232
483. 谁在动 …… 232
484. 眩　晕 …… 233
485. 蠕　动 …… 233
486. 蛇 …… 234
487. 摆动的麦穗 …… 234
488. 微波荡漾 …… 235

489. 转　动 …… 235
490. 运动幻觉 …… 236
491. 运　动 …… 236
492. 让灯泡亮起来 …… 237
493. 红　心 …… 237
494. 静止还是运动 …… 238
495. 方向余波 …… 238
496. 转动的正方形 …… 239
497. 界线 …… 239

答　案 …… 240

第一篇　移动渐变

1. 三角处的圆圈

如下图，每个三角形的三个角处都有一个圆圈。根据前三个图形的规律，请问，最后一个三角形右下角问号处应该填什么样的圆圈？

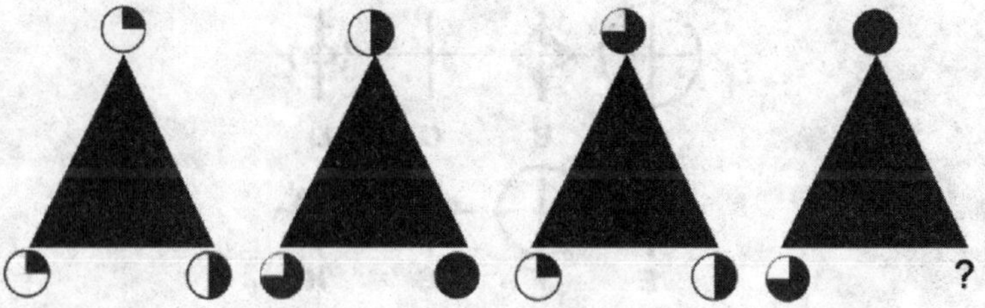

2. 两个方块

从选项中找出一个图形填在题目中的问号处，使所给的九个图形符合某一特定的规律。

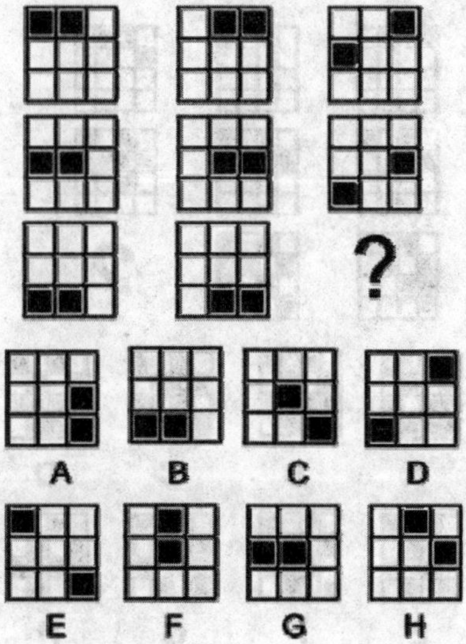

3. 准　星

从选项中找出一个图形填在题目中的问号处，使所给的九个图形符合某一特定的规律。

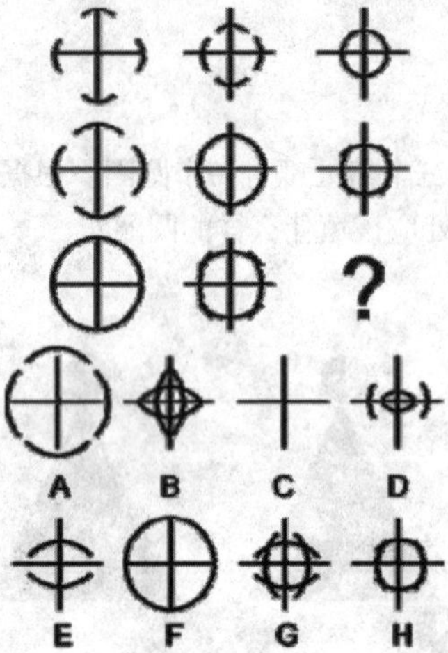

4. 黑点与白点

从选项中找出一个图形填在题目中的问号处，使所给的九个图形符合某一特定的规律。

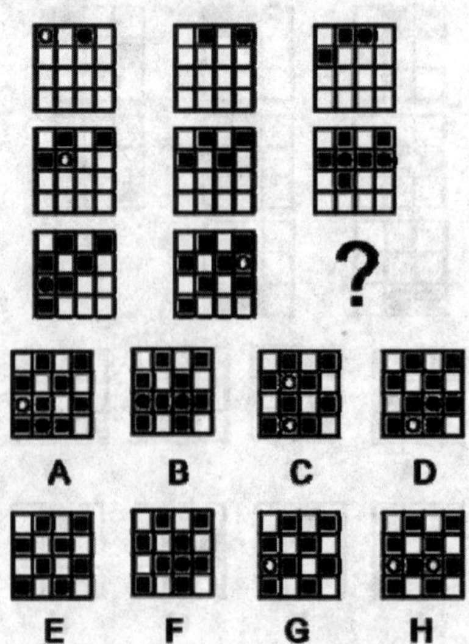

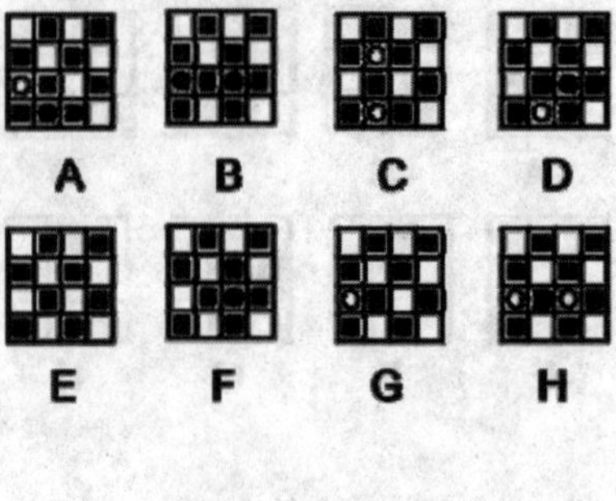

5. 复杂的规律

从选项中找出一个图形填在题目中的问号处，使所给的九个图形符合某一特定的规律。

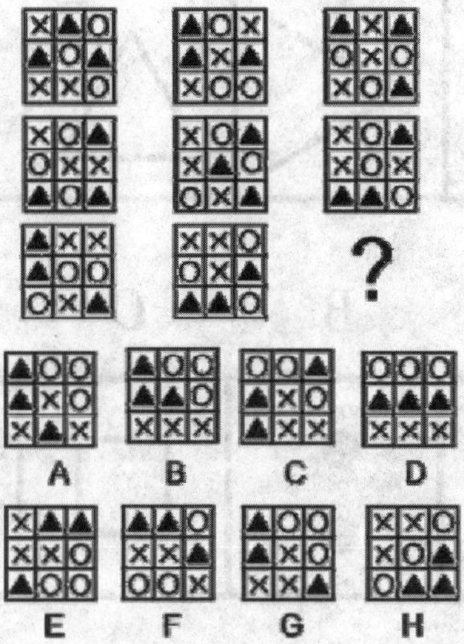

6. 平　移

根据所给图形的规律，空白处应该填什么？

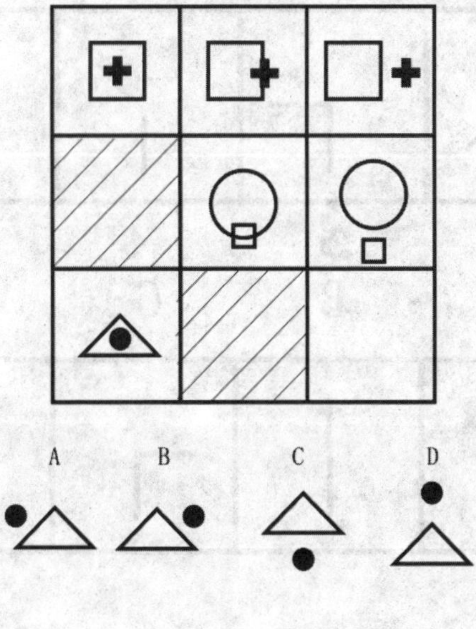

7. 奇怪的变换

根据所给图形的规律，问号处应该填什么？

8. 角　度

根据所给图形的规律，问号处应该填什么？

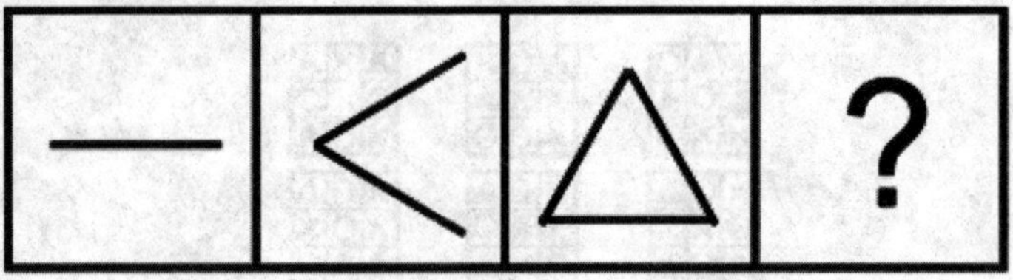

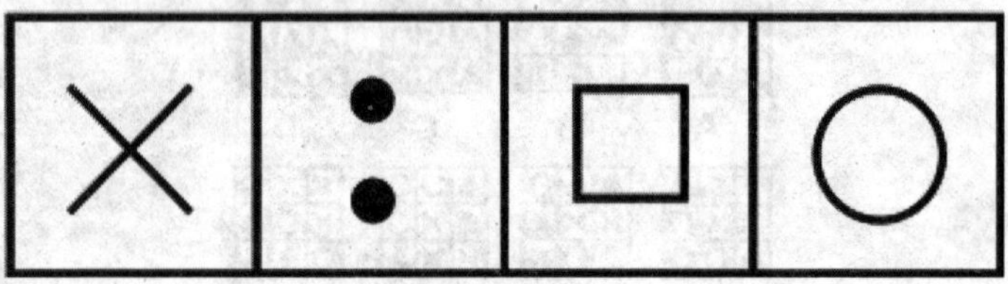

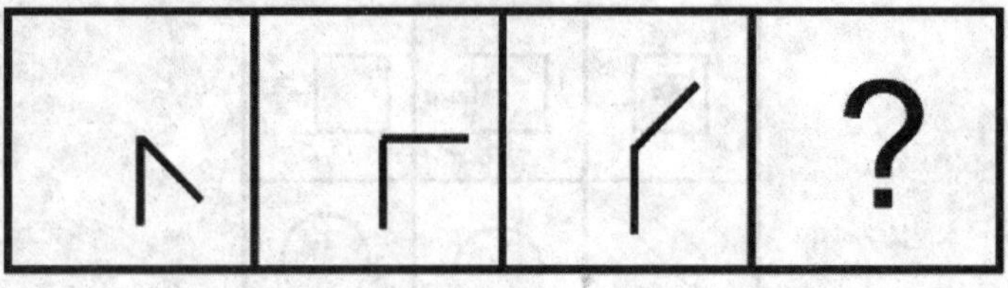

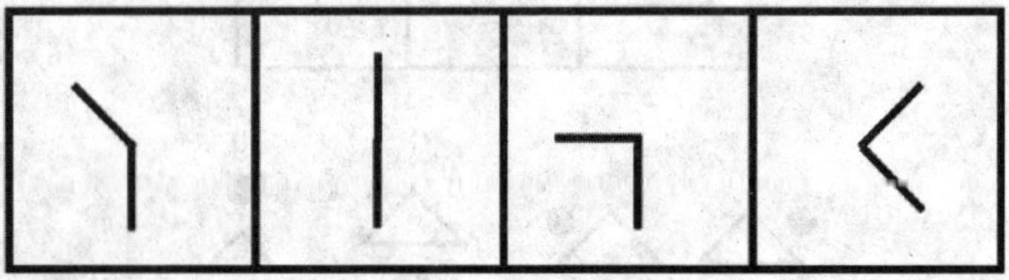

9. 分　支

根据所给图形的规律，问号处应该填什么？

10. 延　伸

根据所给图形的规律，问号处应该填什么？

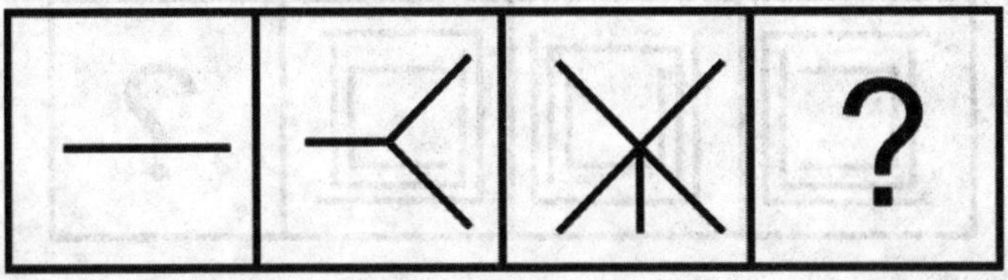

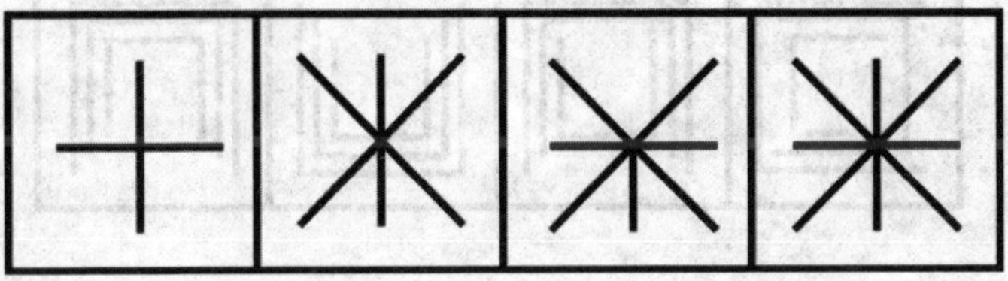

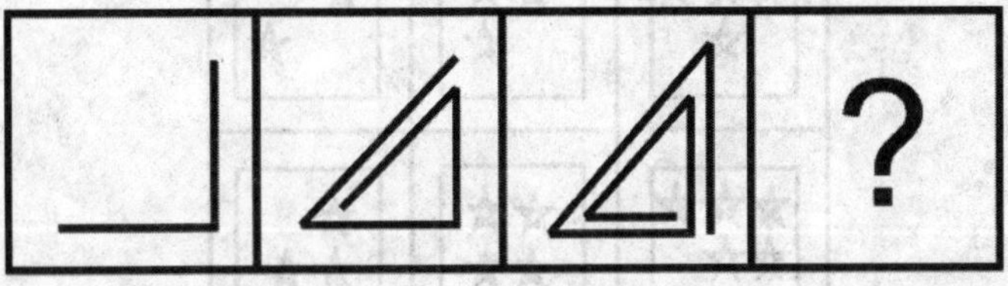

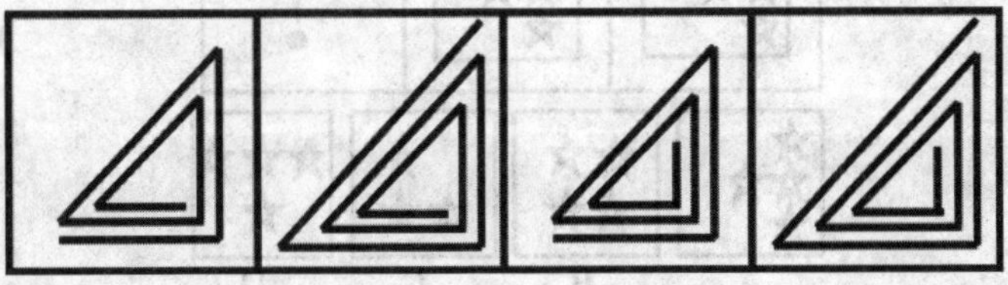

11. 嵌　套

根据所给图形的规律，问号处应该填什么？

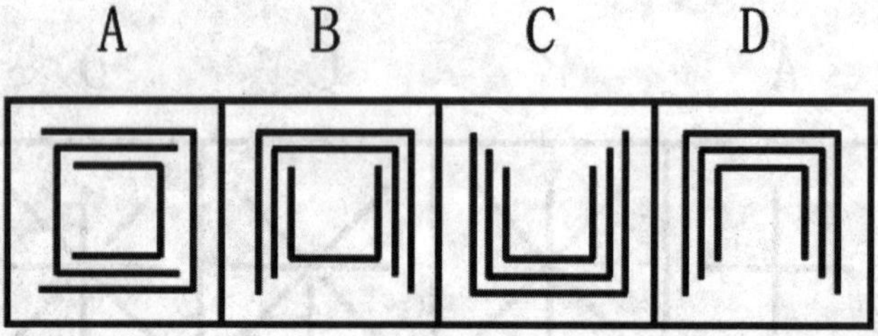

12. 五角星

根据所给图形的规律，问号处应该填什么图形？

13. 汉字规律

根据所给图形的规律，问号处应该填什么图形？

14. 方块拼图

根据所给图形的规律，问号处应该填什么图形？

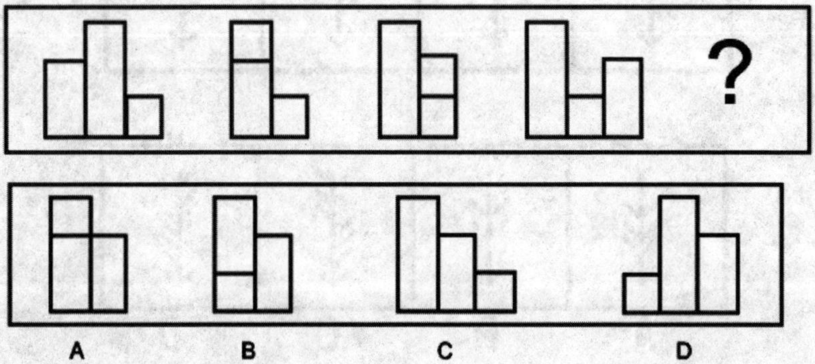

15. 三色方格

根据所给图形的规律，下一个图形应该是哪个？

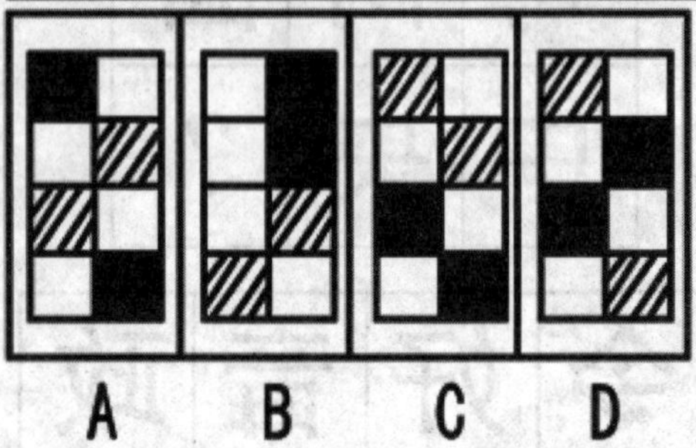

16. 箭头规律

根据所给图形的规律，下一个图形应该是哪个？

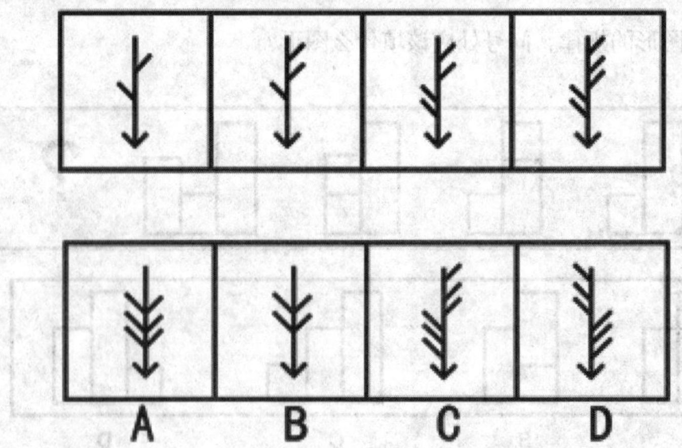

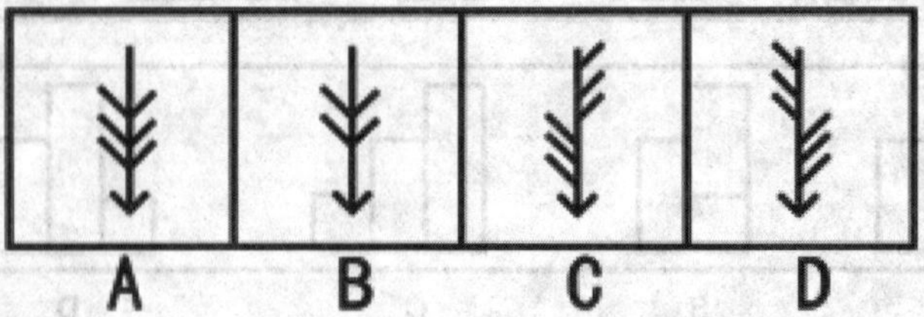

17. 构成元素

根据所给图形的规律，下一个图形应该是哪个？

18. 阳春白雪

根据所给图形的规律，下一个图形应该是哪个？

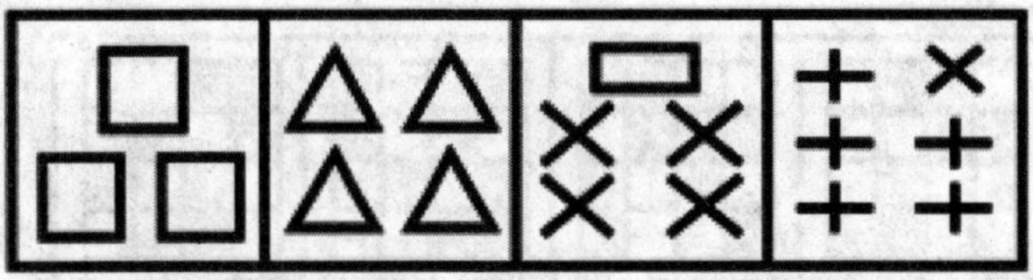

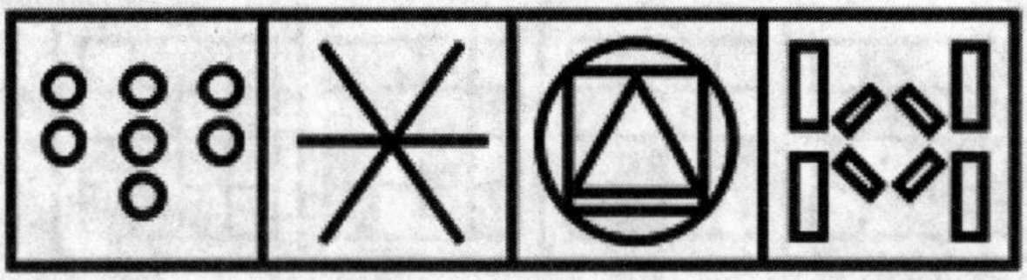

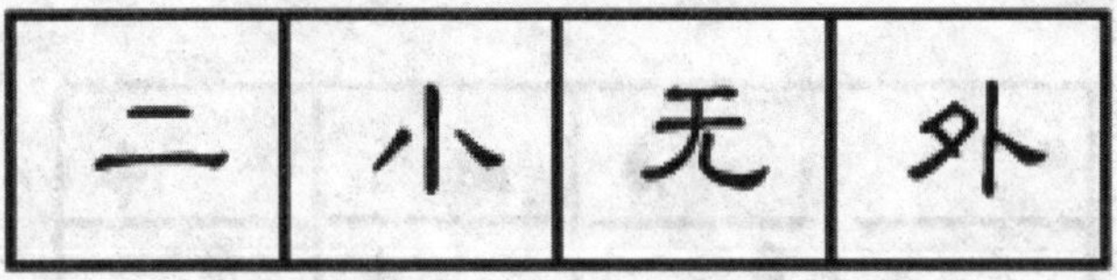

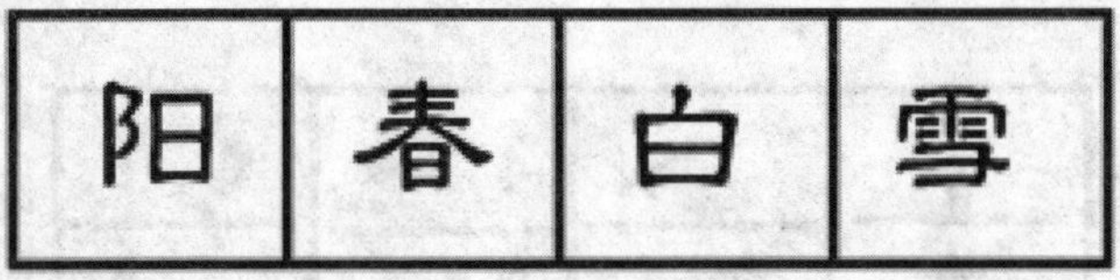

19. 黑白方格

根据所给图形的规律，下一个图形应该是哪个？

20. 上下平衡

根据所给图形的规律，下一个图形应该是哪个？

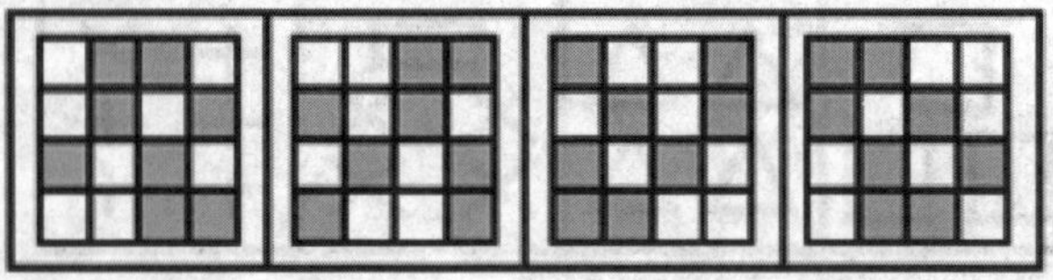

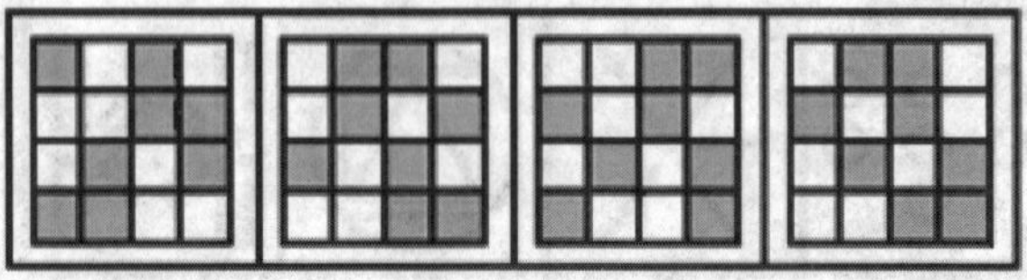

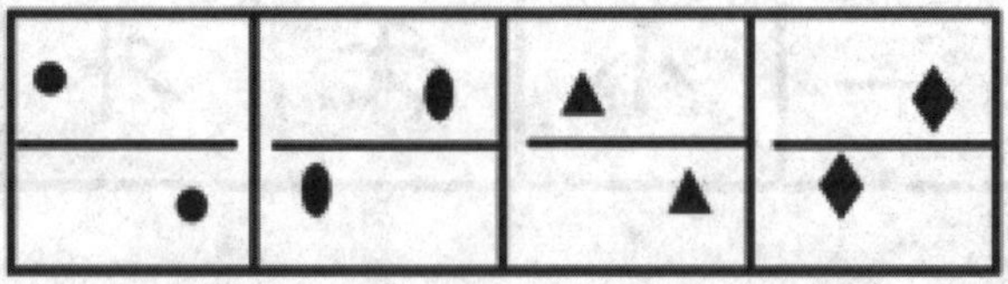

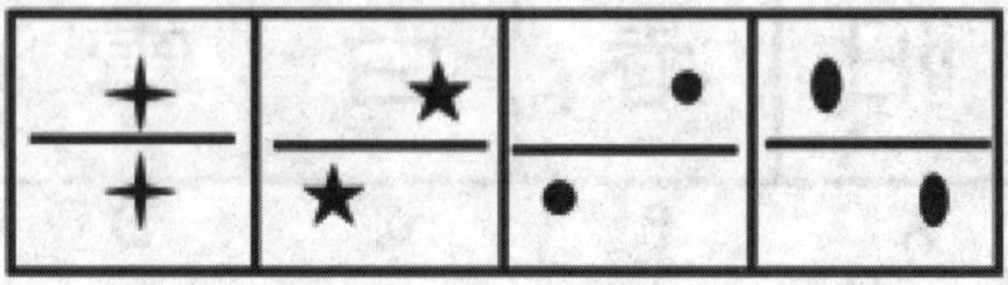

21. 移动竖条

根据所给图形的规律，下一个图形应该是哪个？

22. 缺　口

根据所给图形的规律，下一个图形应该是哪个？

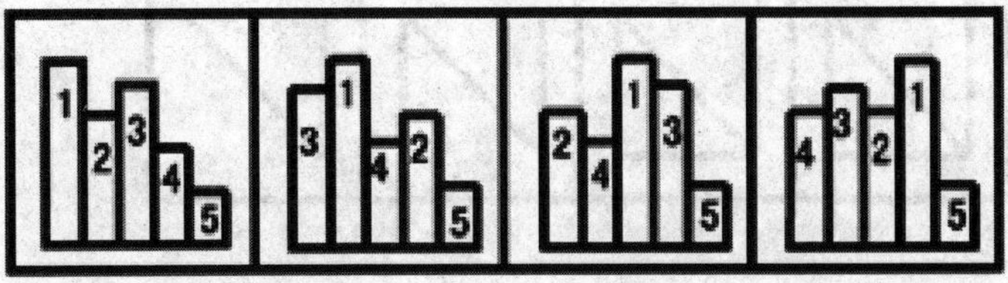

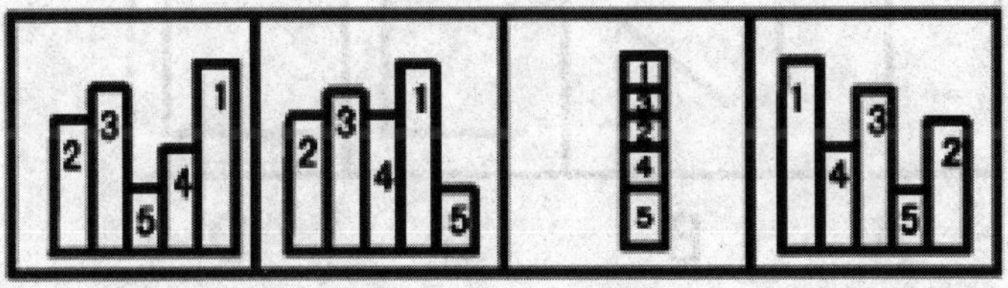

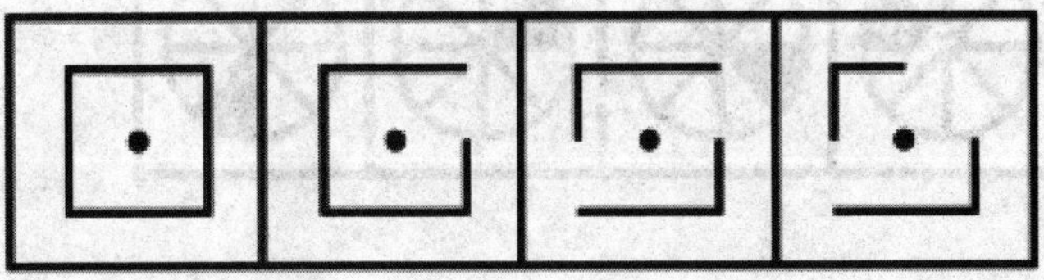

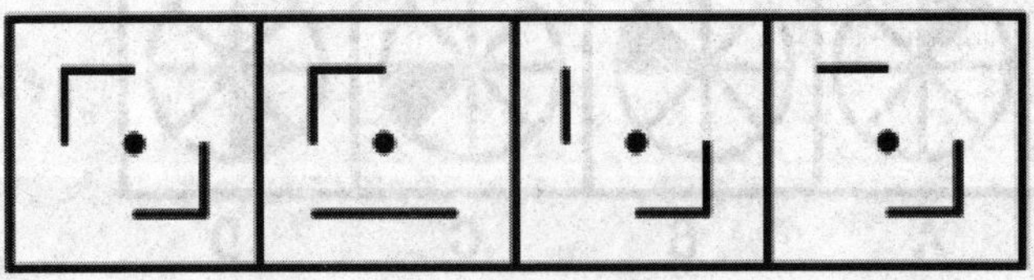

23. 简　化

根据所给图形的规律，下一个图形应该是什么？

24. 旋转的扇形

根据所给图形的规律，下一个图形应该是哪个？

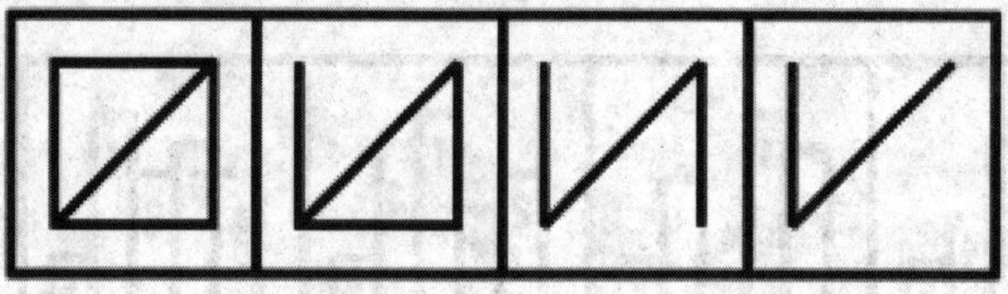

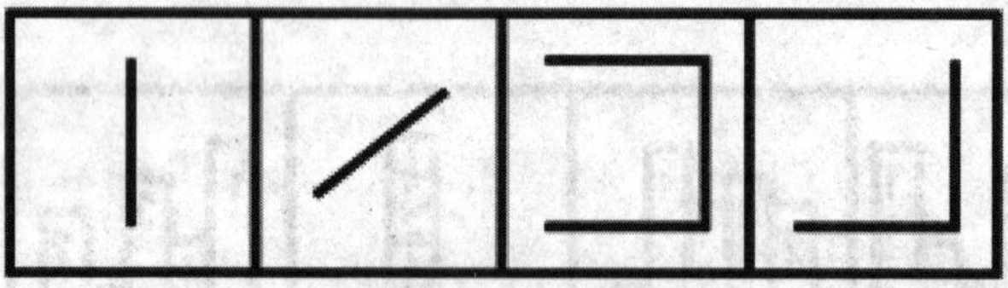

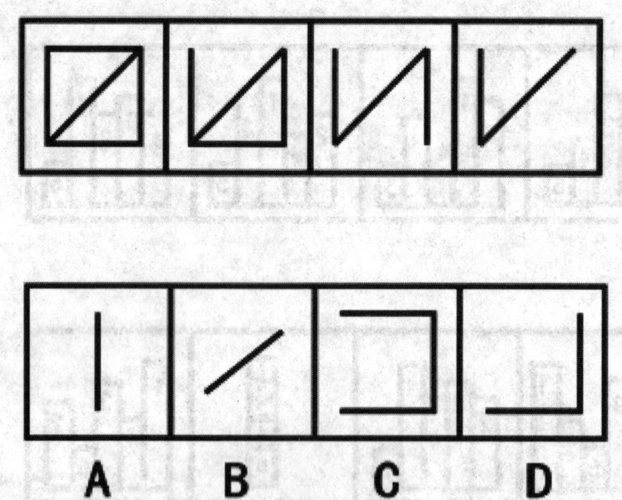

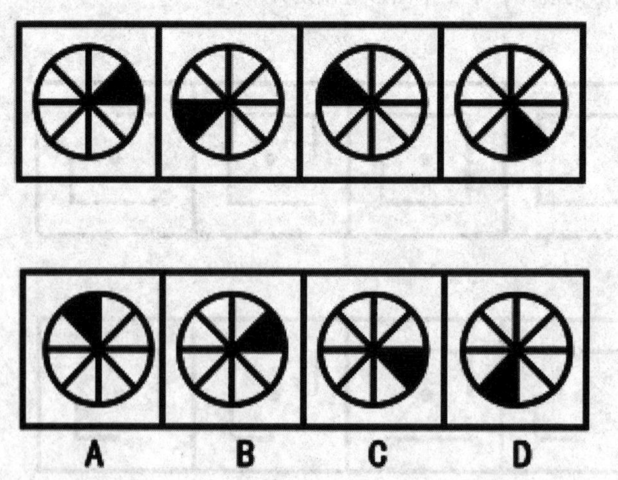

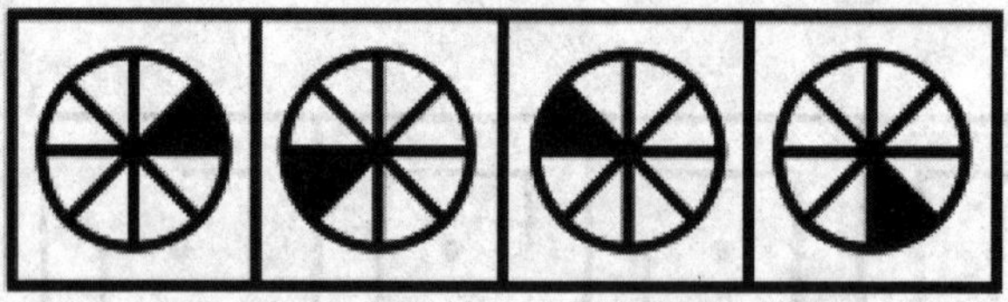

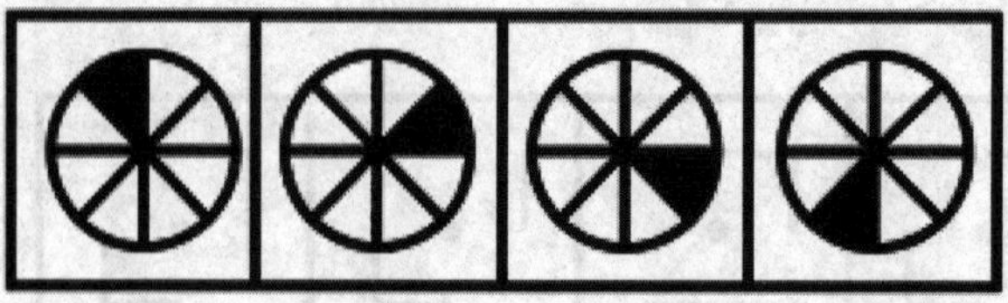

25. 贪吃蛇

根据所给图形的规律，下一个图形应该是哪个？

26. 角 度

根据所给图形的规律，问号处应该填什么图形？

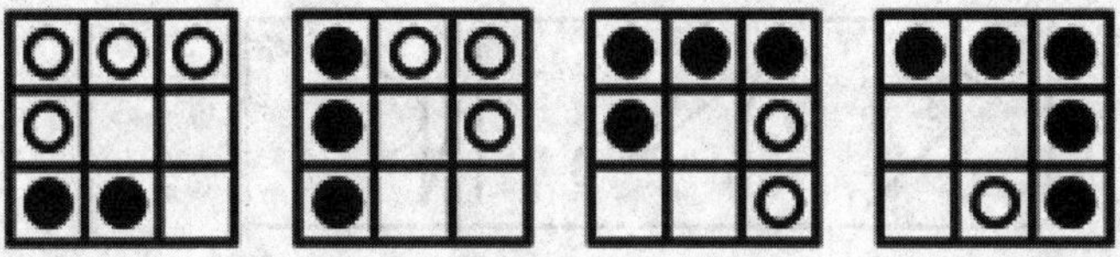

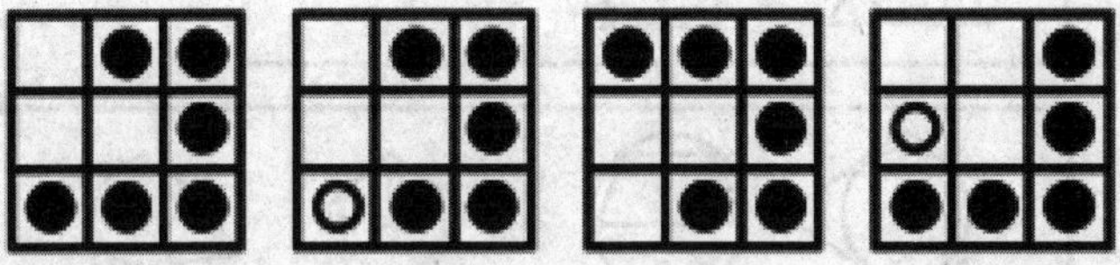

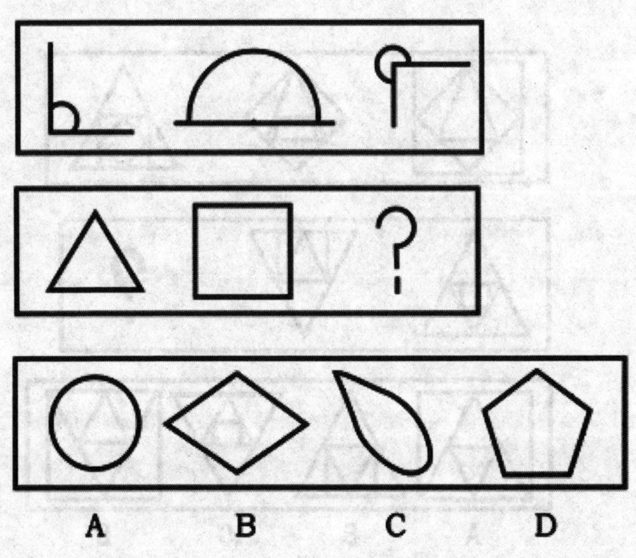

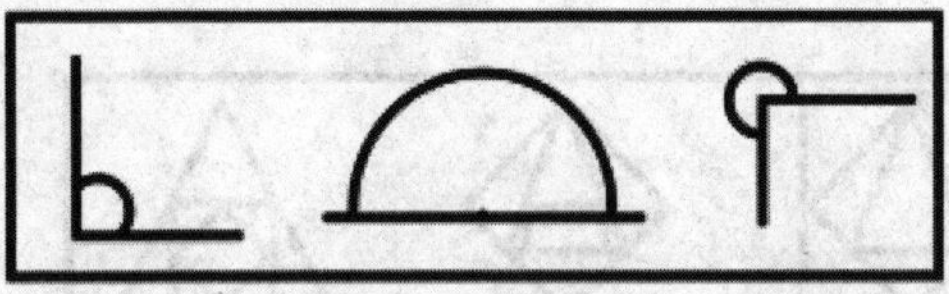

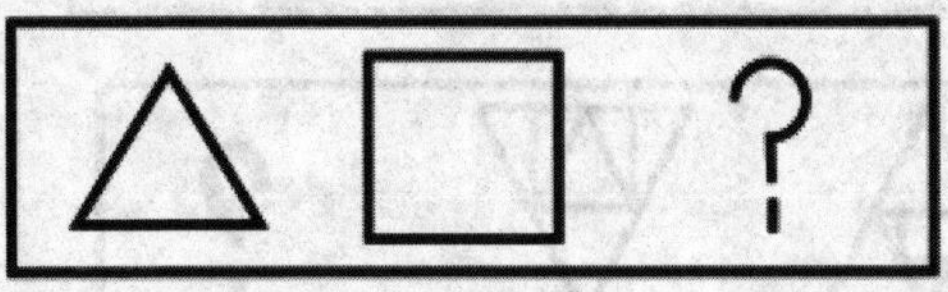

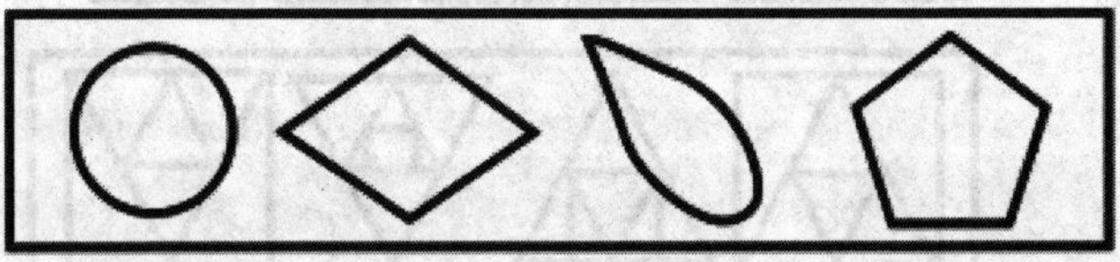

27. 直线与曲线

根据所给图形的规律，问号处应该填什么图形？

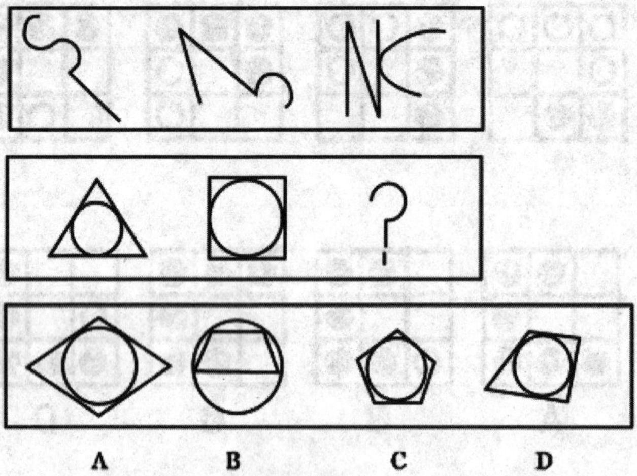

28. 组合的规律

根据所给图形的规律，问号处应该填什么图形？

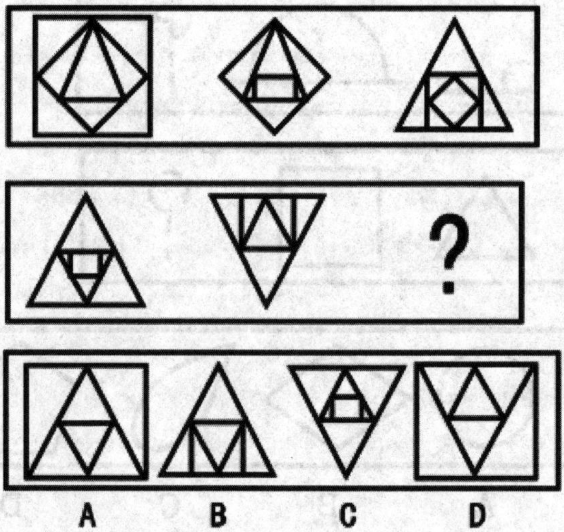

29. 递增的折线

根据所给图形的规律，问号处应该填什么图形？

30. 圆形与正方形

根据所给图形的规律，问号处应该填什么图形？

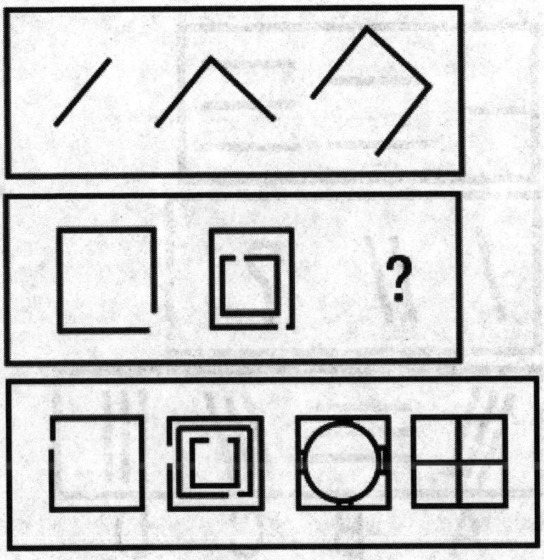

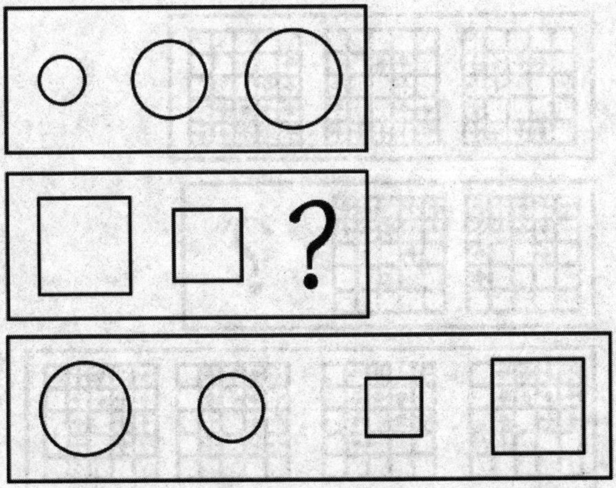

31. 三条线段

根据所给图形的规律，问号处应该填什么图形？

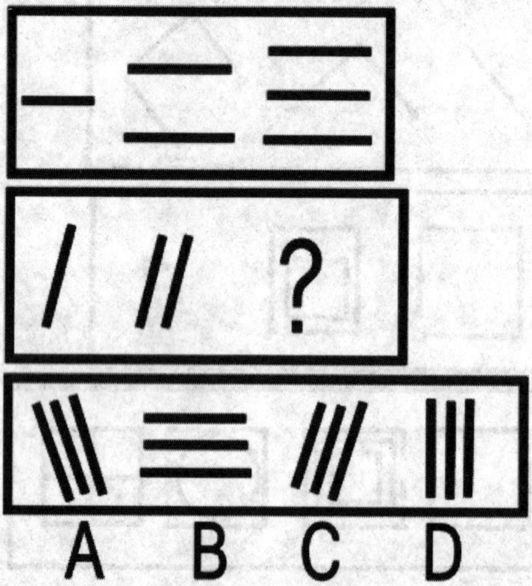

32. 什么规律

根据所给图形的规律，问号处应该填什么图形？

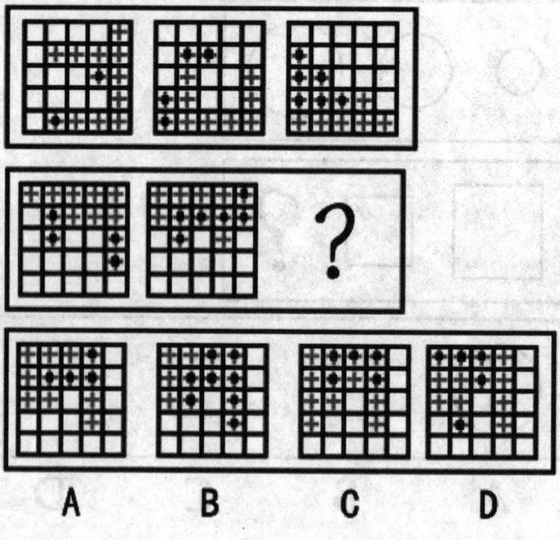

33. 括号

根据所给图形的规律，问号处应该填什么图形？

34. 文字规律

根据所给图形的规律，问号处应该填什么图形？

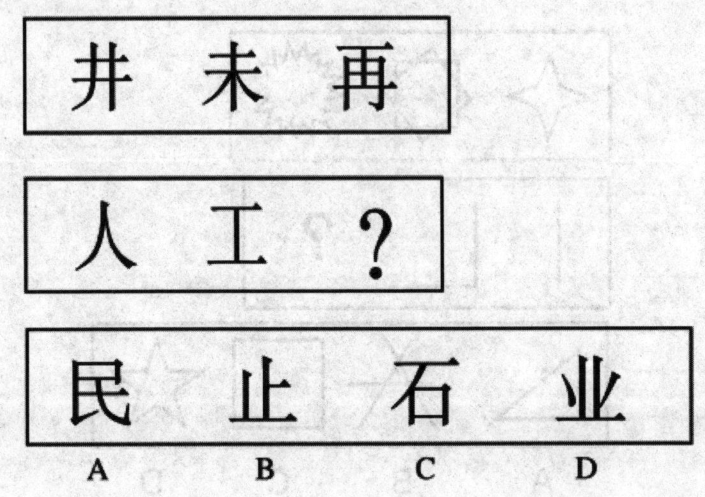

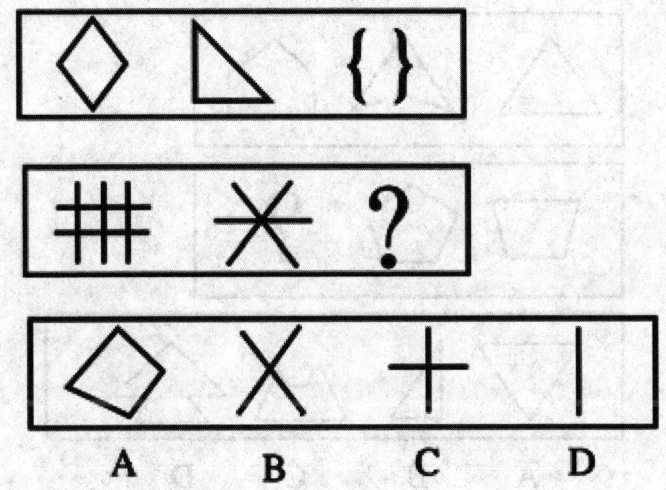

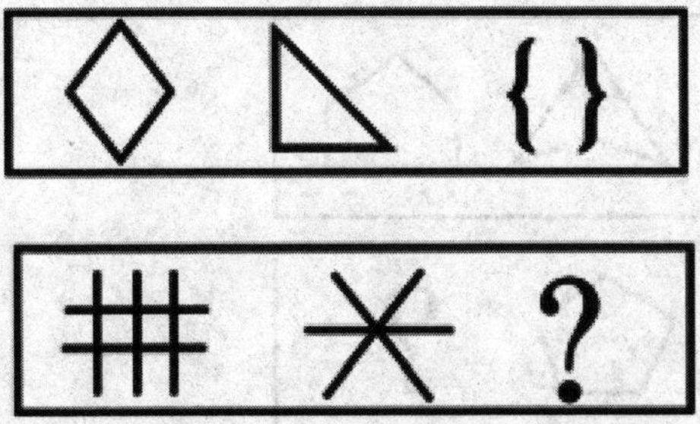

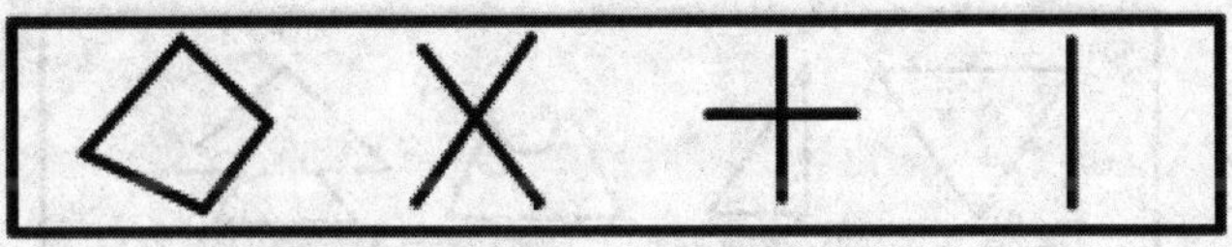

35. 简单的图形

根据所给图形的规律，问号处应该填什么图形？

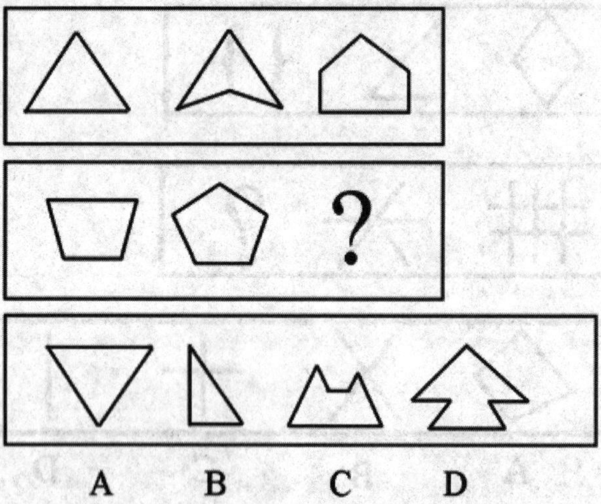

36. 星形图案

根据所给图形的规律，问号处应该填什么图形？

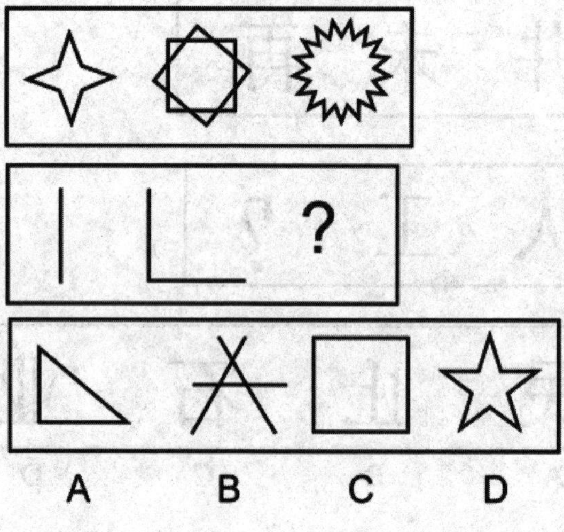

37. 切　割

根据所给图形的规律，问号处应该填什么图形？

38. 线段的规律

根据所给图形的规律，问号处应该填什么图形？

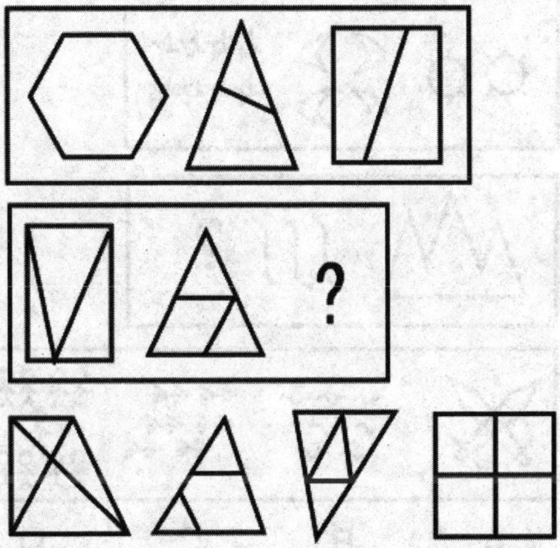

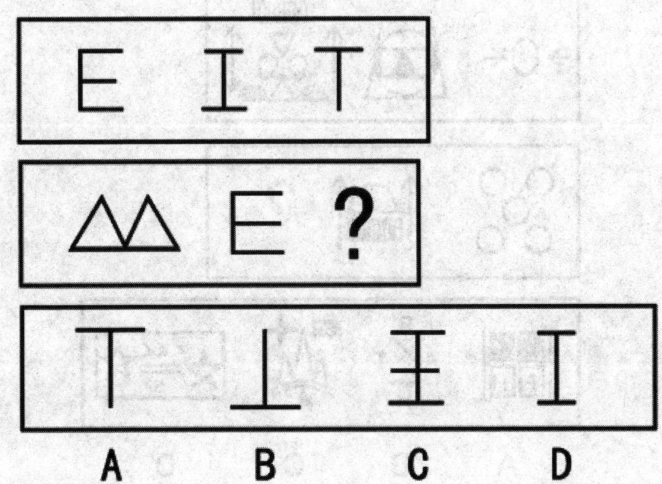

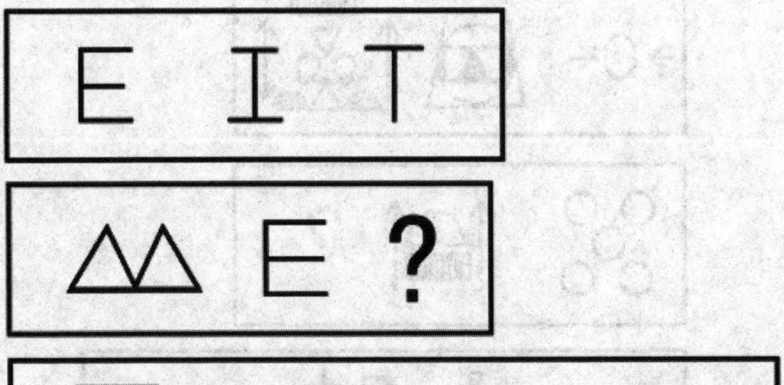

39. 奇怪图形

根据所给图形的规律，问号处应该填什么图形？

40. 超复杂图形

根据所给图形的规律，问号处应该填什么图形？

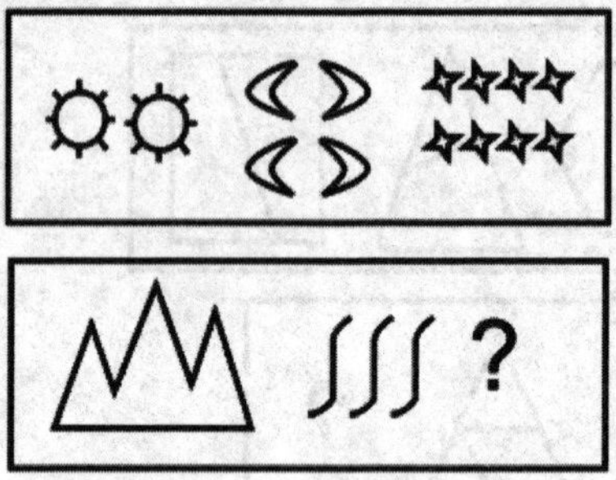

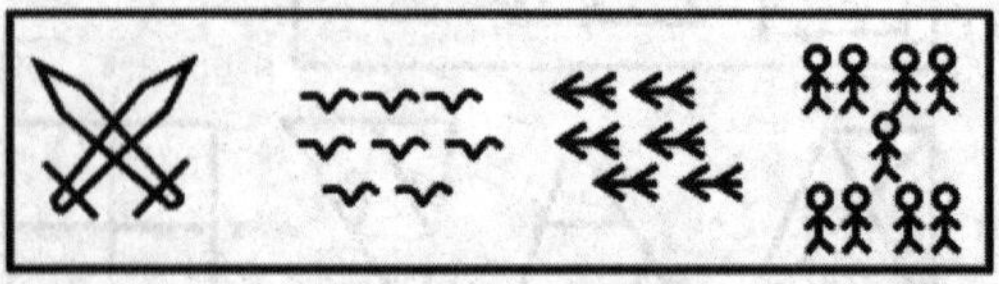

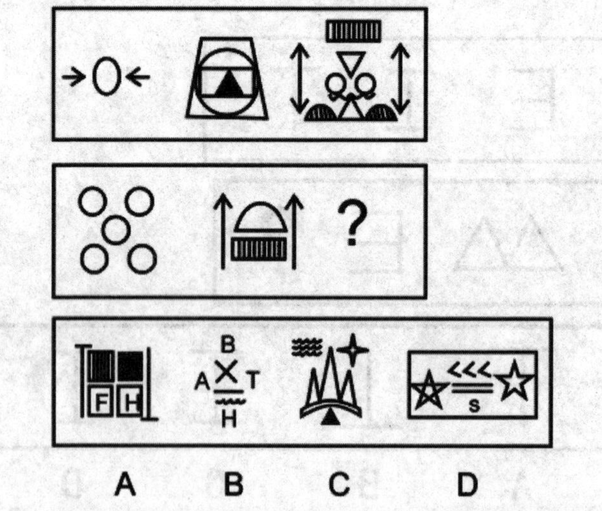

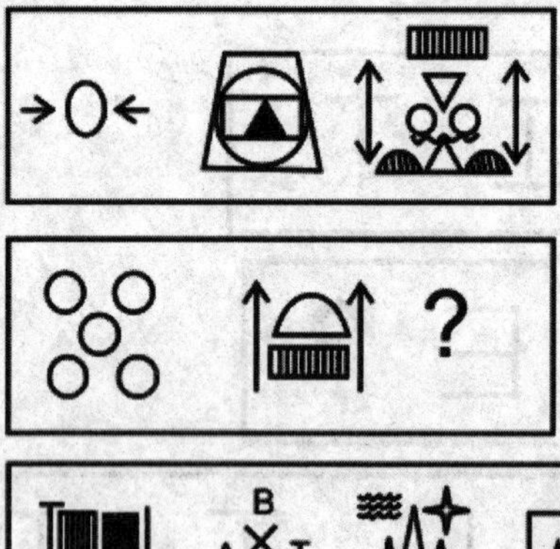

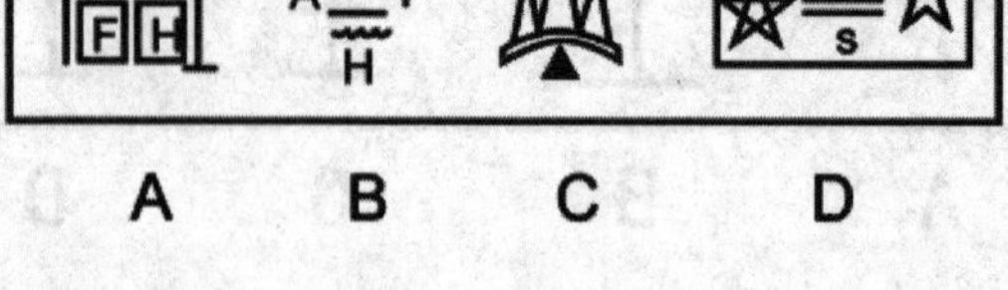

41. 线段组合

根据所给图形的规律，问号处应该填什么图形？

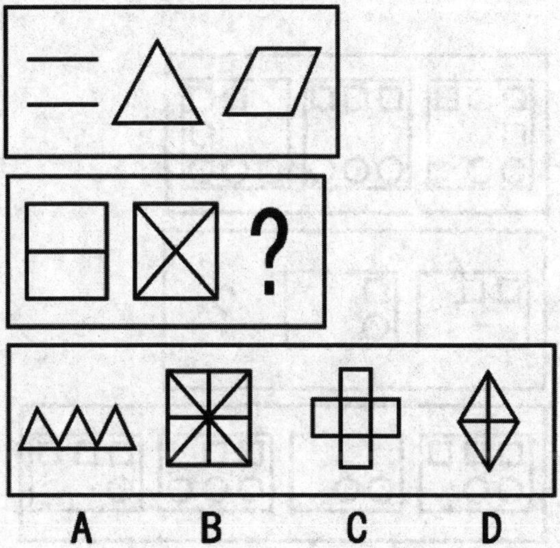

42. 分割火炬

根据所给图形的规律，问号处应该填什么图形？

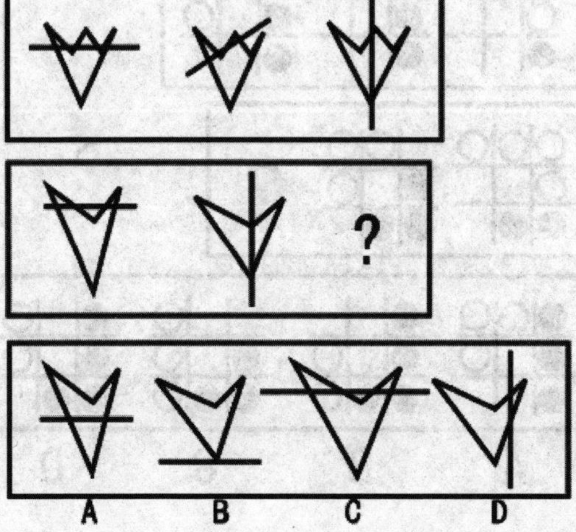

43. 圆圈方块

根据所给图形的规律，问号处应该填什么图形？

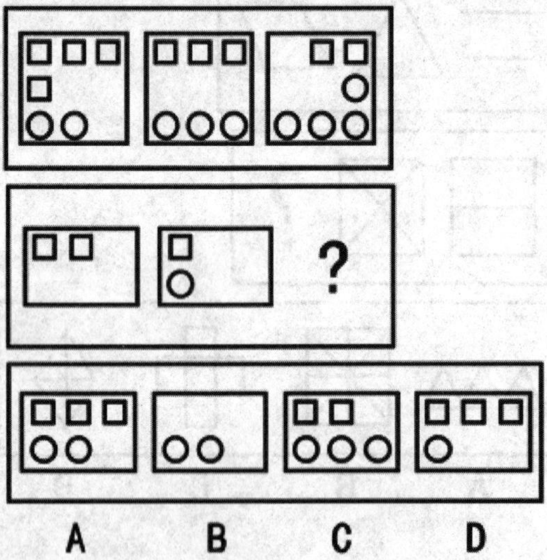

44. 黑白点游戏

根据所给图形的规律，问号处应该填什么图形？

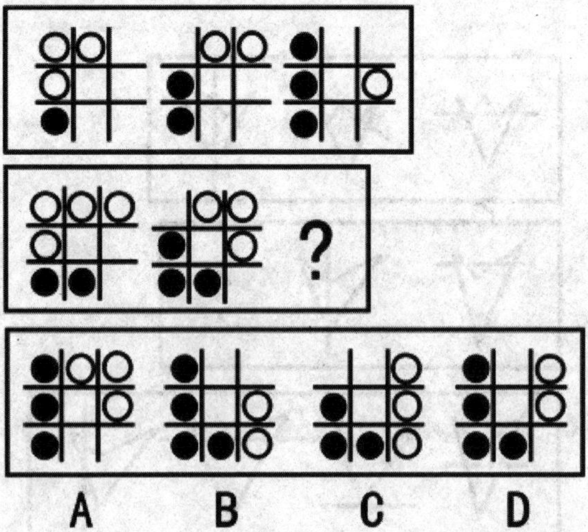

45. 多重箭头

根据所给图形的规律，问号处应该填什么图形？

46. 移动

根据所给图形的规律，问号处应该填什么图形？

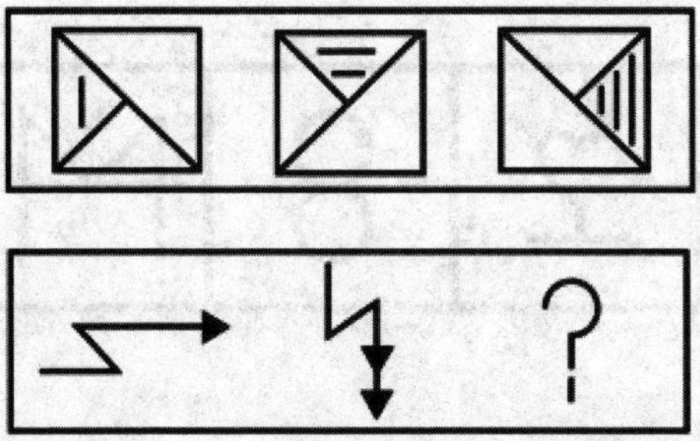

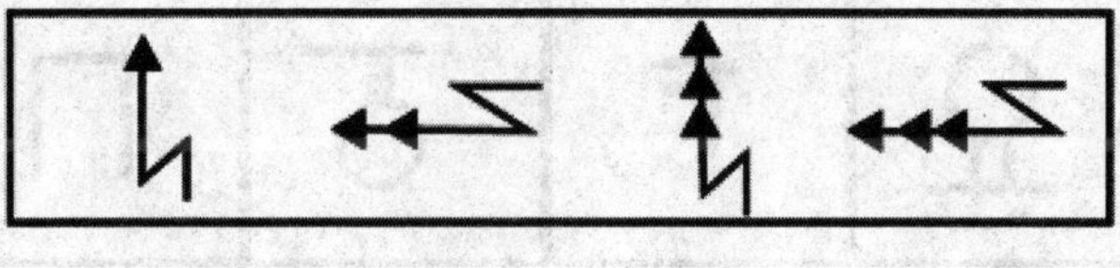

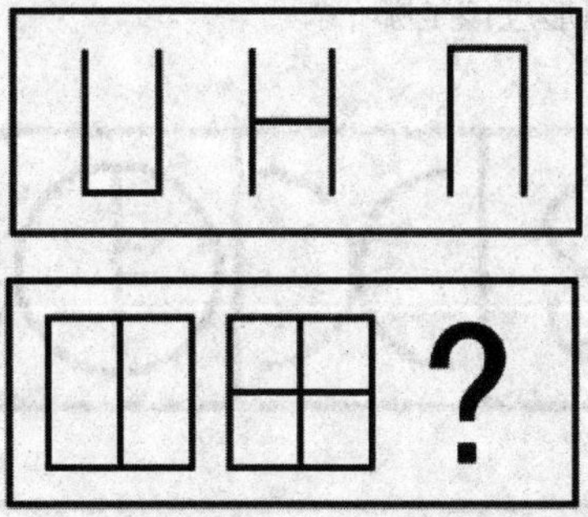

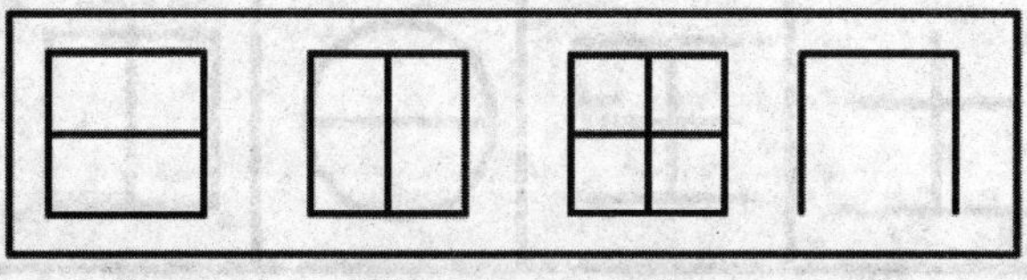

47. 奇妙的图形

根据所给图形的规律，下一个图形应该是哪个？

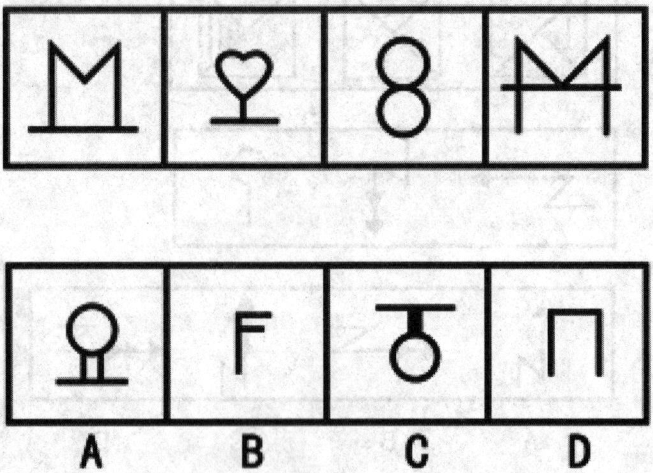

48. 巧妙的变化

根据所给图形的规律，下一个图形应该是哪个？

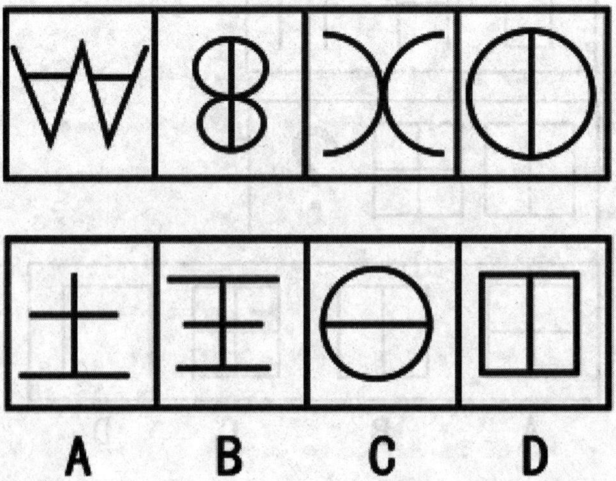

49. 几点钟

请按照前面三个钟表指针的位置，确定第四个钟表的指针位置。

50. 分针的位置

请按照前面三个钟表指针的位置，确定第四个钟表的分针的位置。

51. 指针的规律

请按照前面三个钟表指针的位置，确定第四个钟表的分针的位置。

52. 简单的规律

请按照前面三个钟表指针的位置，确定第四个钟表的指针位置。

53. 分针的规律

请按照前面三个钟表指针的位置，确定第四个钟表的分针的位置。

第二篇　叠加消除

54. 奇妙的组合

从选项中找出一个图形填在题目中的问号处，使所给的九个图形符合某一特定的规律。

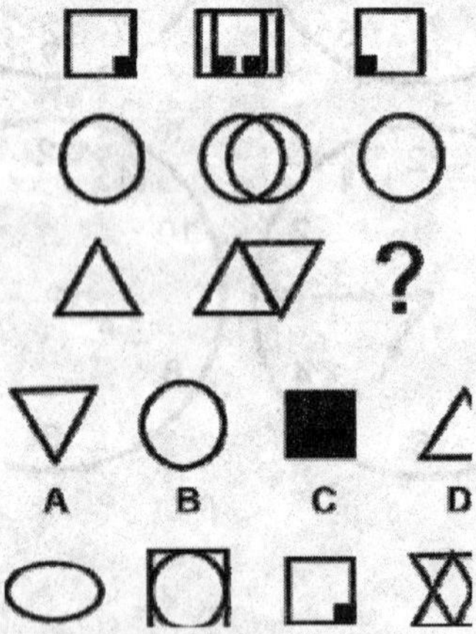

55. 奇怪的规律

从选项中找出一个图形填在题目中的问号处，使所给的九个图形符合某一特定的规律。

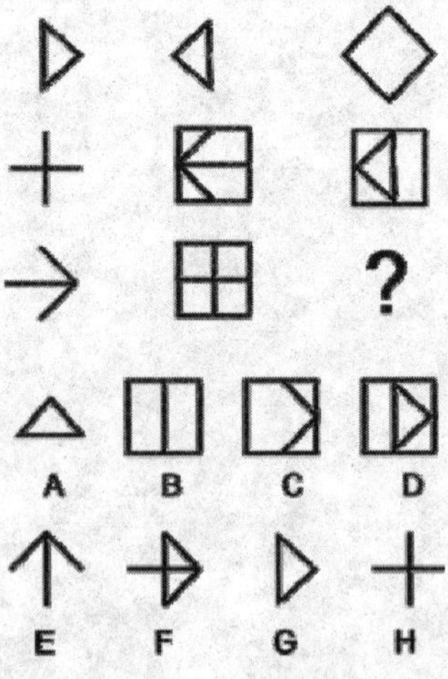

56. 箭头组合

从选项中找出一个图形填在题目中的问号处，使所给的九个图形符合某一特定的规律。

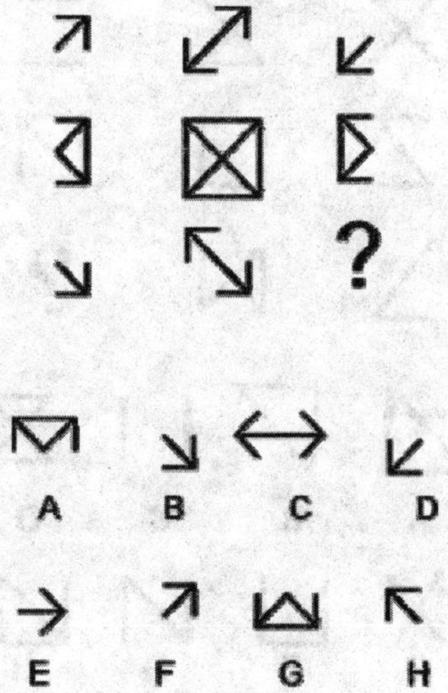

57. 复杂的图形

从选项中找出一个图形填在题目中的问号处，使所给的九个图形符合某一特定的规律。

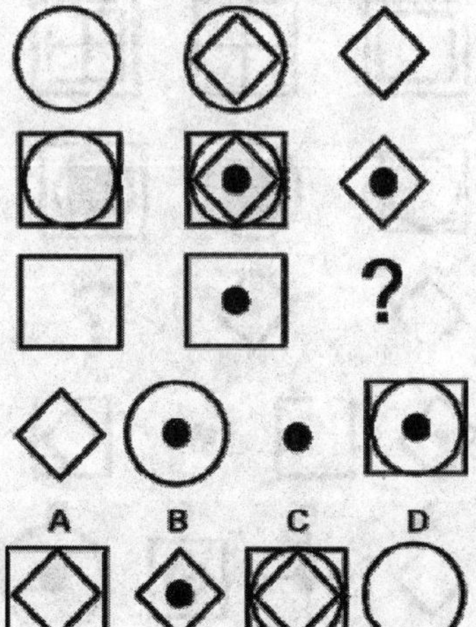

58. 直线与折线

从选项中找出一个图形填在题目中的问号处，使所给的九个图形符合某一特定的规律。

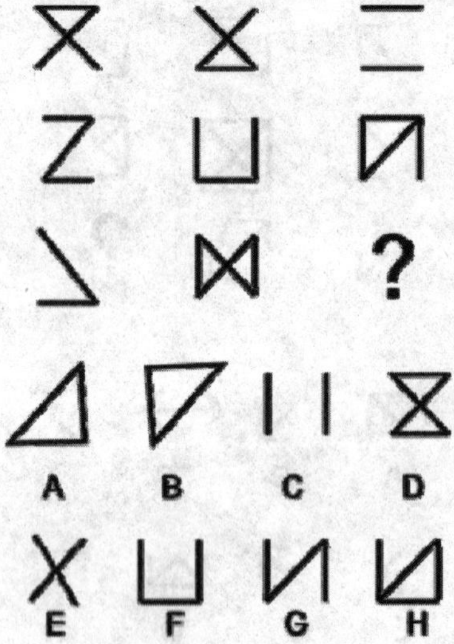

59. 巧妙的组合

从选项中找出一个图形填在题目中的问号处，使所给的九个图形符合某一特定的规律。

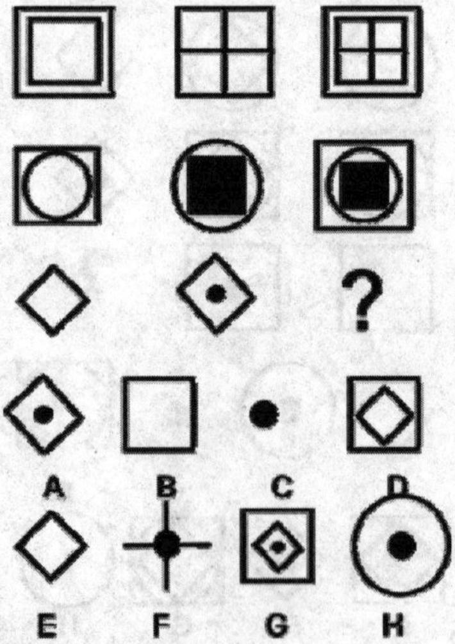

60. 奇妙的变换

从选项中找出一个图形填在题目中的问号处，使所给的九个图形符合某一特定的规律。

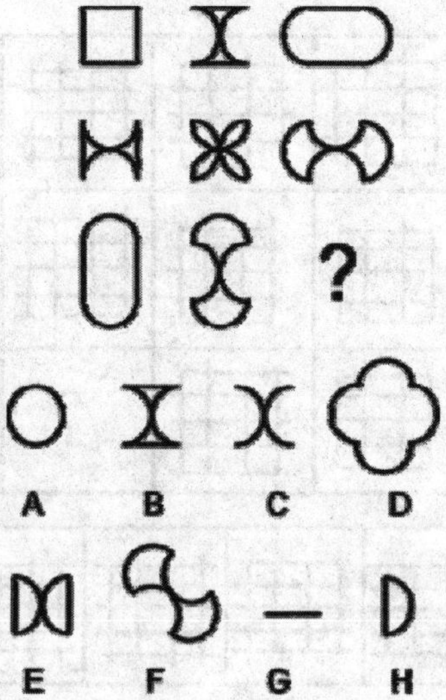

61. 黑　点

从选项中找出一个图形填在题目中的问号处，使所给的九个图形符合某一特定的规律。

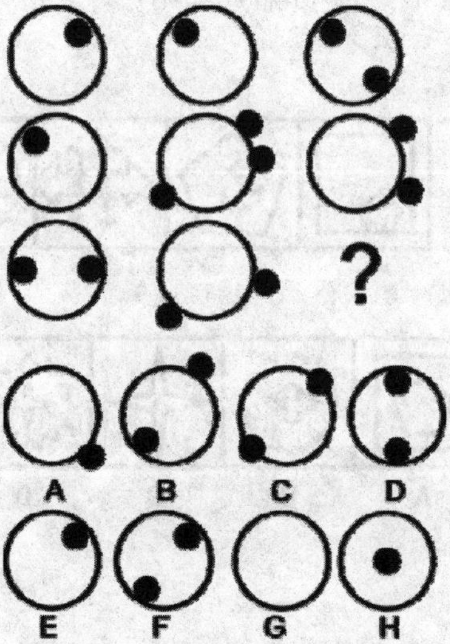

62. 画方格

根据所给图形的规律，问号处应该填什么图形？

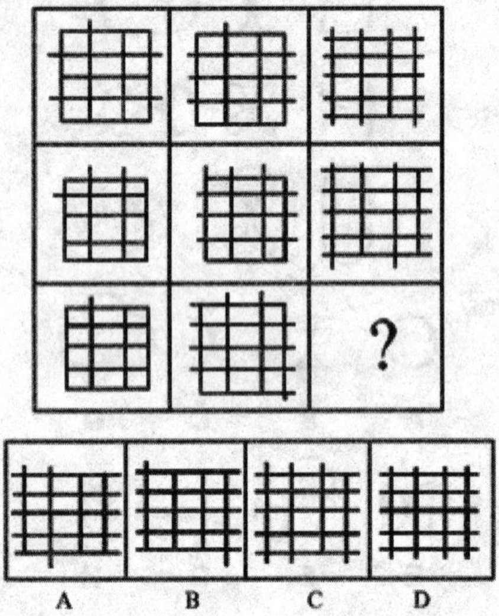

63. 放大与缩小

根据所给图形的规律，下一个图形应该是哪个？

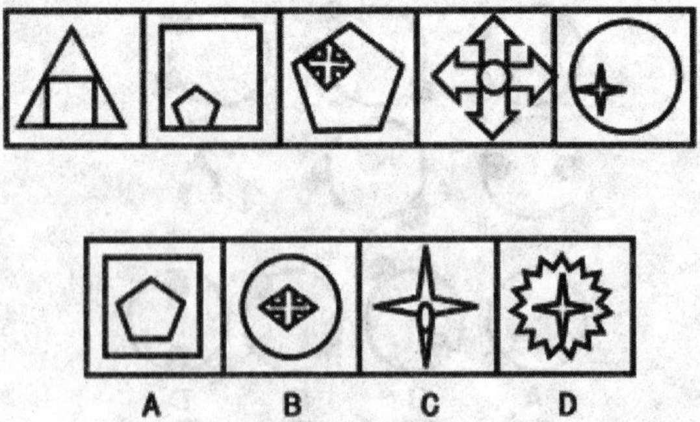

64. 斜　线

根据所给图形的规律，下一个图形应该是哪个？

65. 圆　点

根据所给图形的规律，下一个图形应该是哪个？

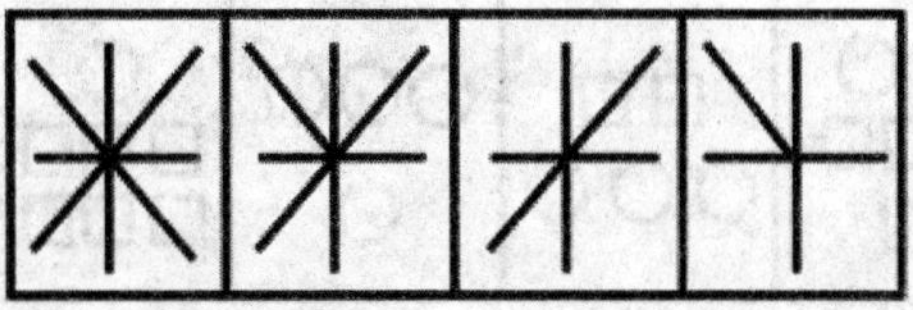

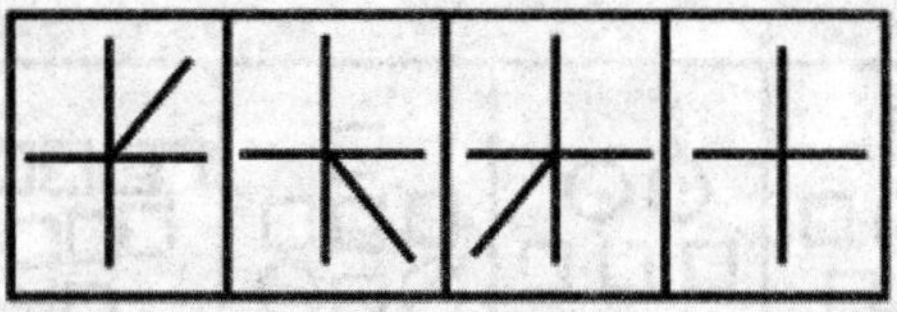

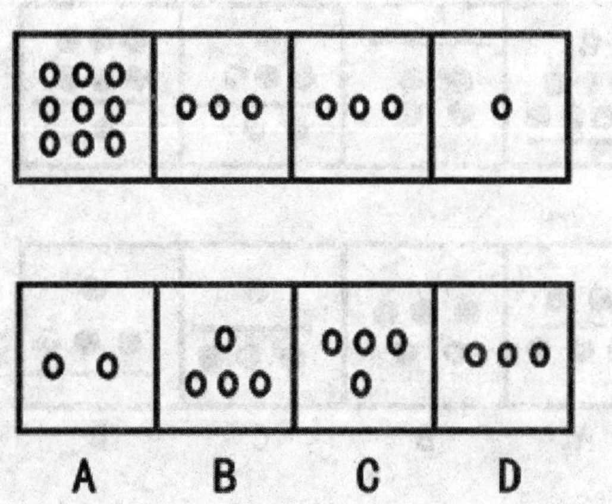

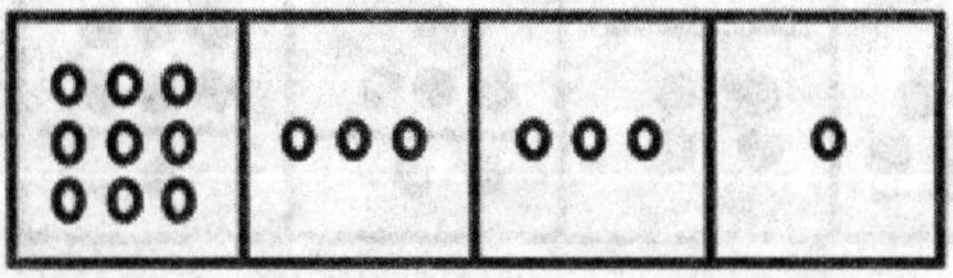

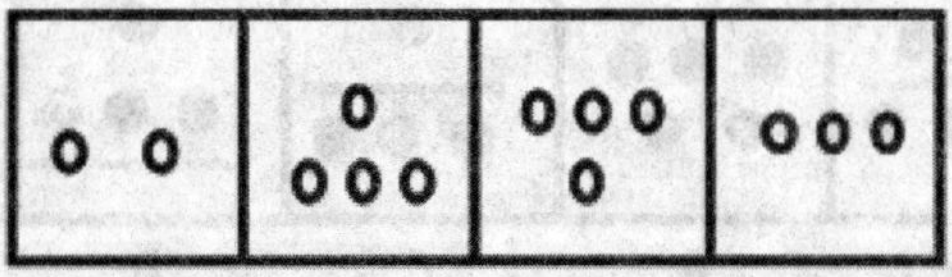

66. 圆与方块

根据所给图形的规律，下一个图形应该是哪个？

67. 直线与黑点

根据所给图形的规律，下一个图形应该是哪个？

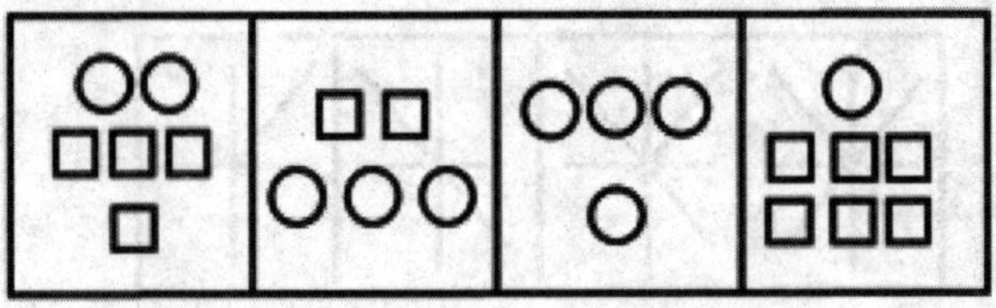

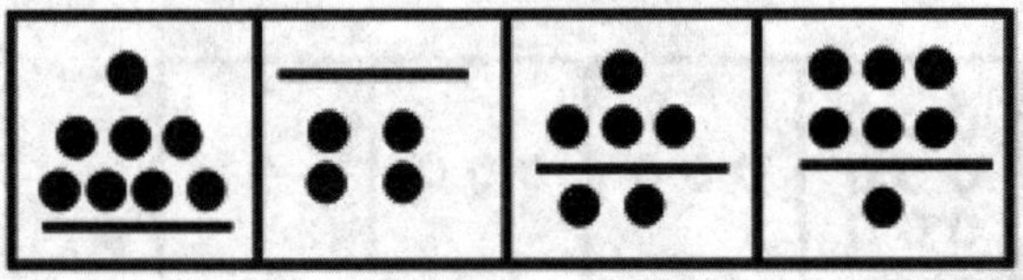

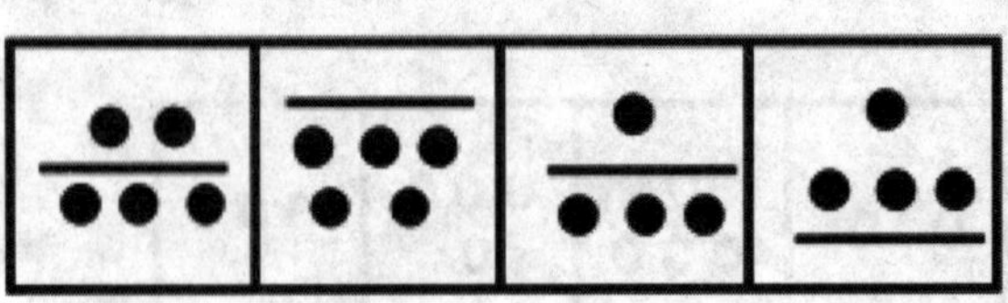

68. 缺口的田字

根据所给图形的规律，下一个图形应该是哪个？

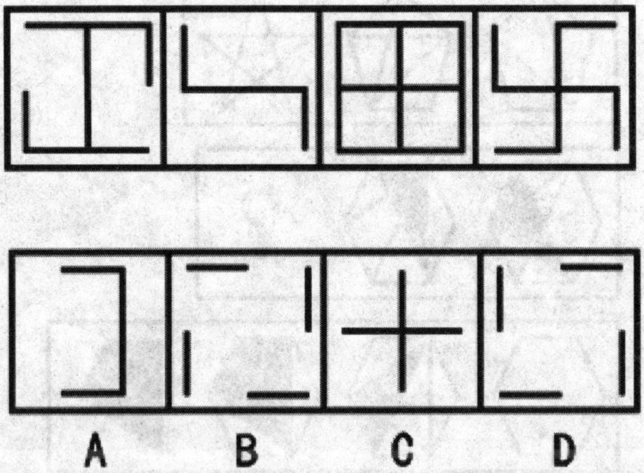

69. 涂黑的三角形

根据所给图形的规律，问号处应该填什么图形？

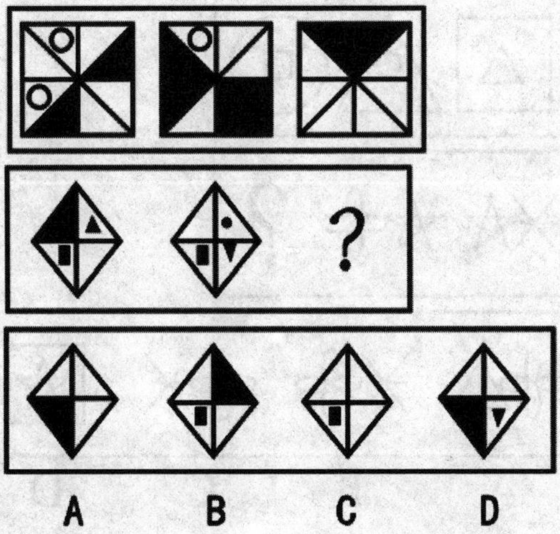

70. 五角星

根据所给图形的规律，问号处应该填什么图形？

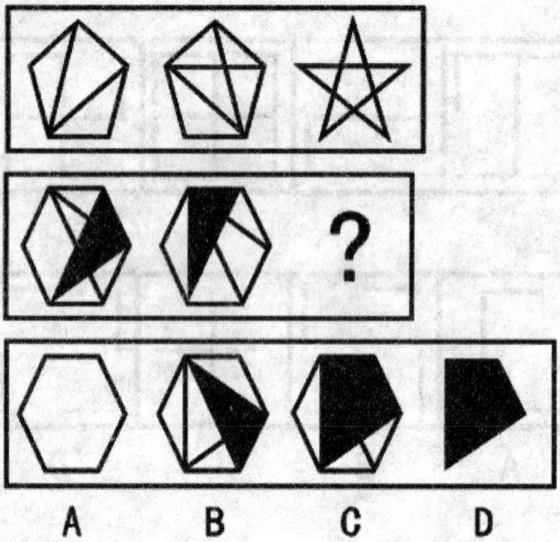

71. 复杂的图形

根据所给图形的规律，问号处应该填什么图形？

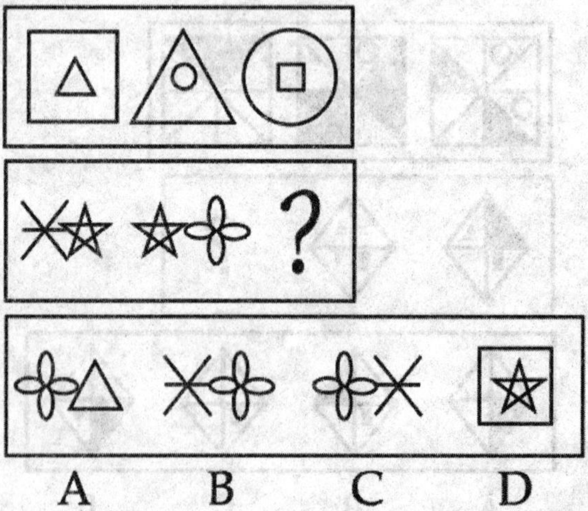

72. 线段与圆圈

根据所给图形的规律，问号处应该填什么图形？

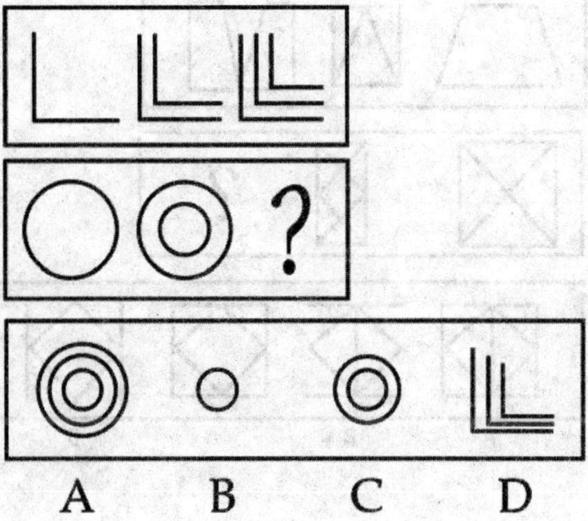

73. 涂　色

根据所给图形的规律，问号处应该填什么图形？

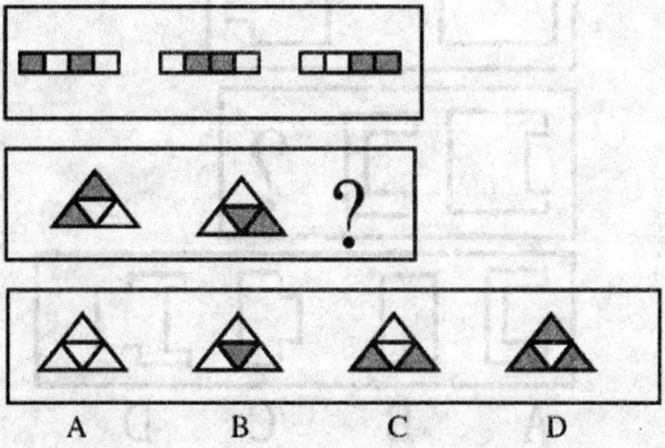

74. 变换的梯形

根据所给图形的规律，问号处应该填什么图形？

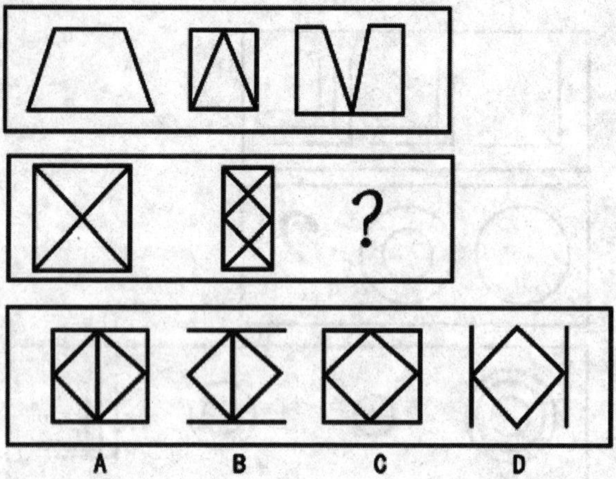

75. 缺口的大小

根据所给图形的规律，问号处应该填什么图形？

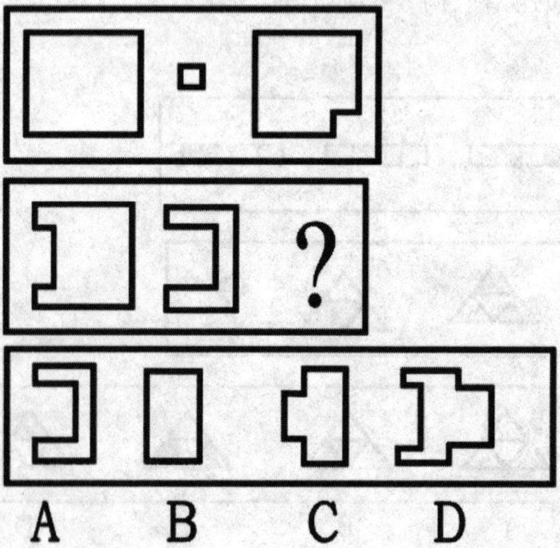

76. 组合花瓣

根据所给图形的规律，问号处应该填什么图形？

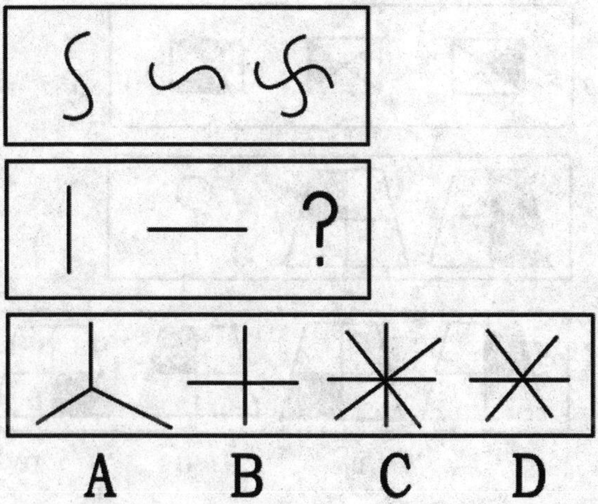

77. 相交的直线

根据所给图形的规律，问号处应该填什么图形？

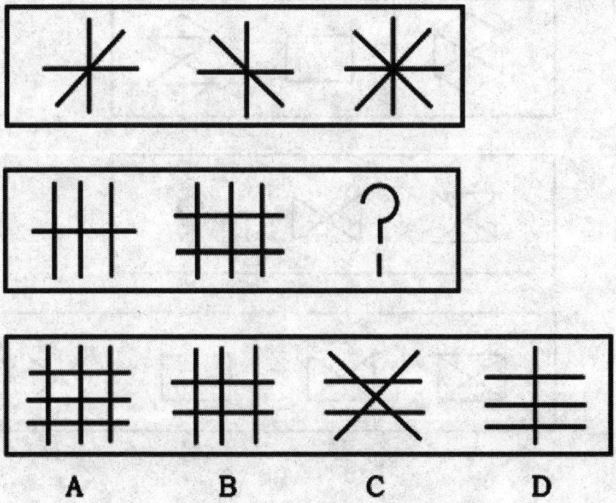

78. 黑白格子

根据所给图形的规律，问号处应该填什么图形？

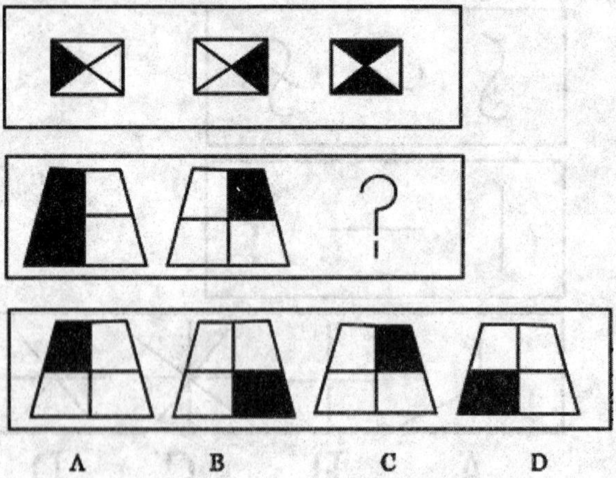

79. 找找规律

根据所给图形的规律，问号处应该填什么图形？

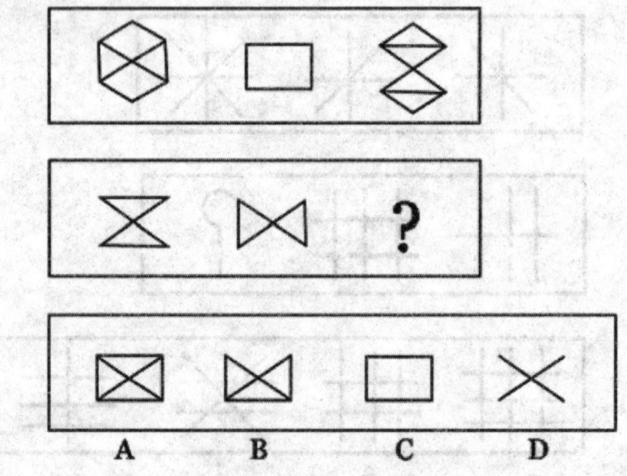

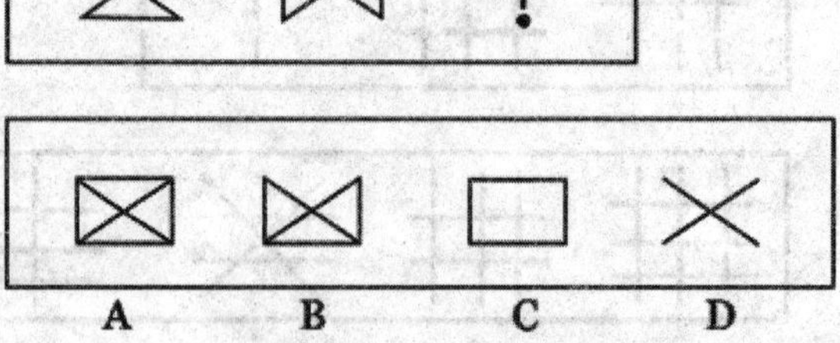

80. 四角星

根据所给图形的规律，问号处应该填什么图形？

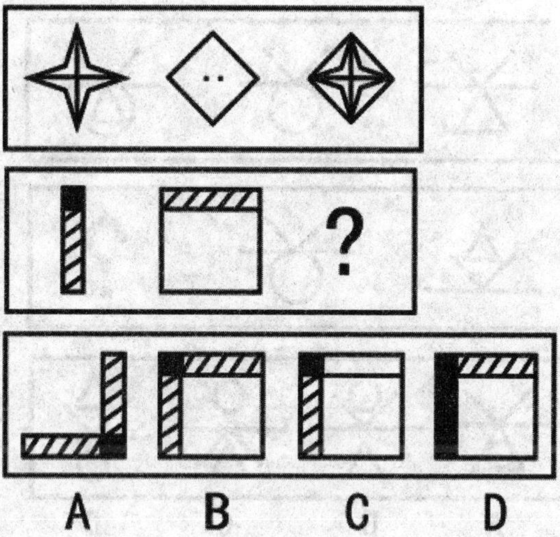

81. 黑白网格

根据所给图形的规律，问号处应该填什么图形？

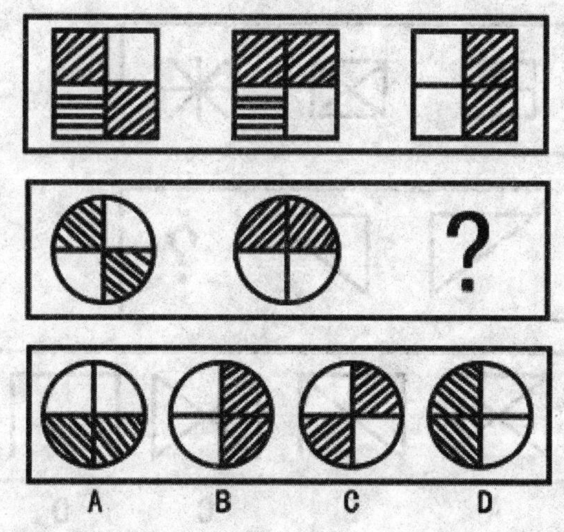

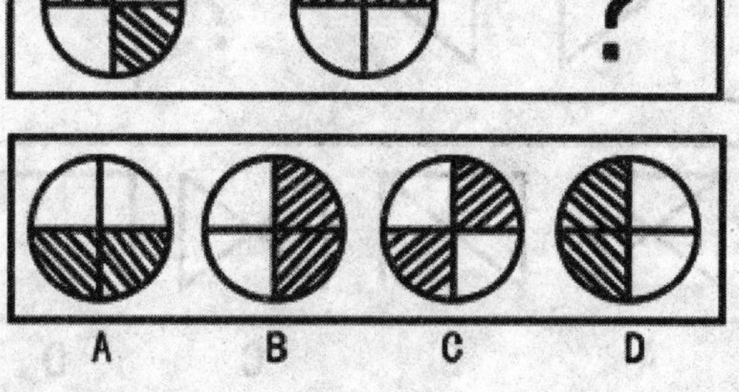

82. 填什么图形

根据所给图形的规律，问号处应该填什么图形？

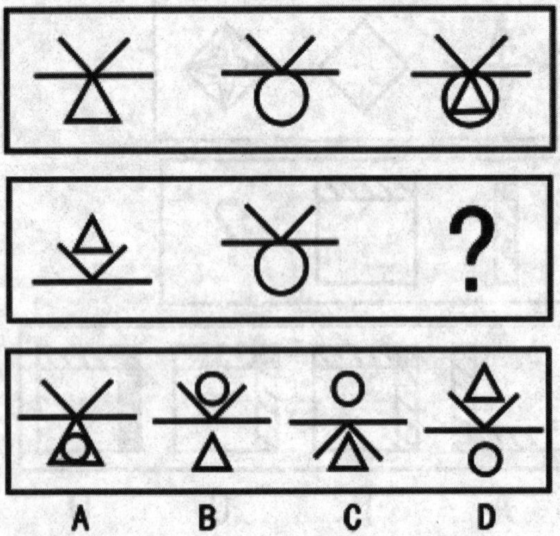

83. 十字与三角

根据所给图形的规律，问号处应该填什么图形？

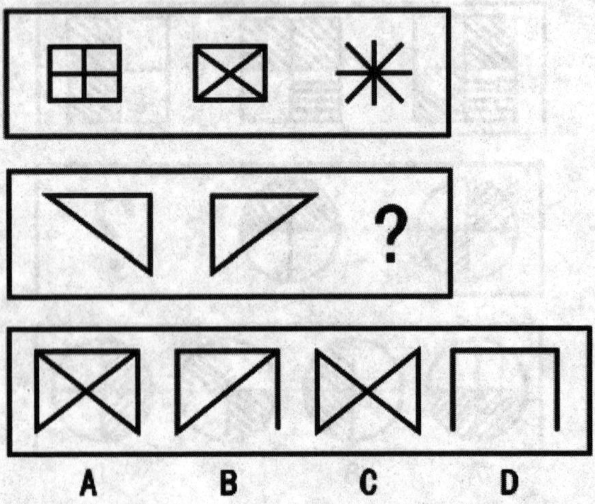

84. 黑白格

根据所给图形的规律，问号处应该填什么图形？

85. 花瓣和星星

根据所给图形的规律，问号处应该填什么图形？

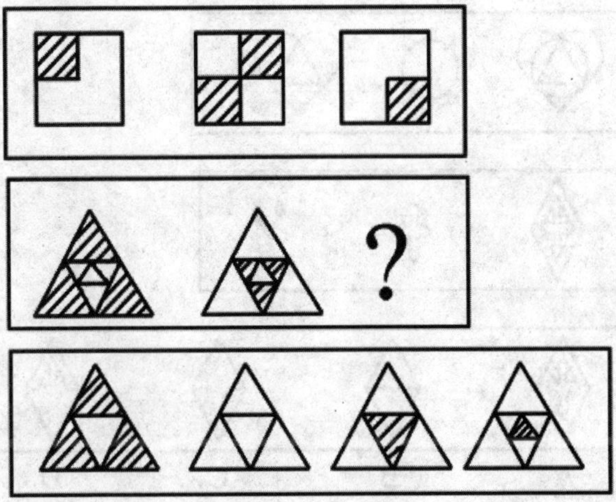

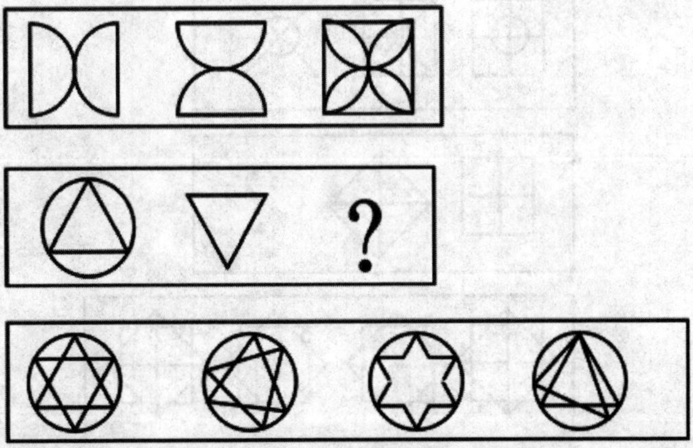

86. 心形图案

根据所给图形的规律，问号处应该填什么图形？

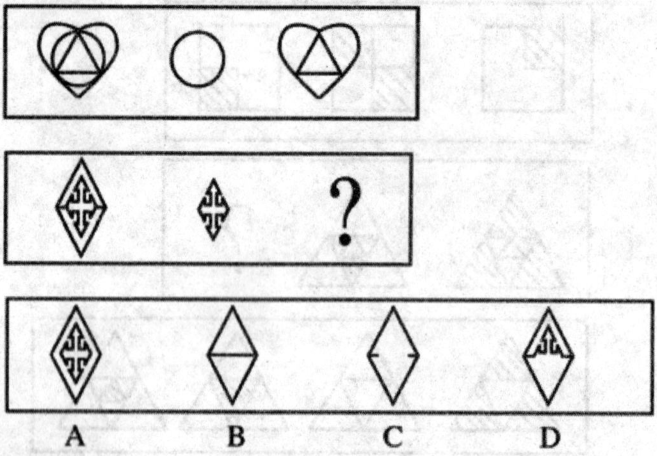

87. 放　射

根据所给图形的规律，问号处应该填什么图形？

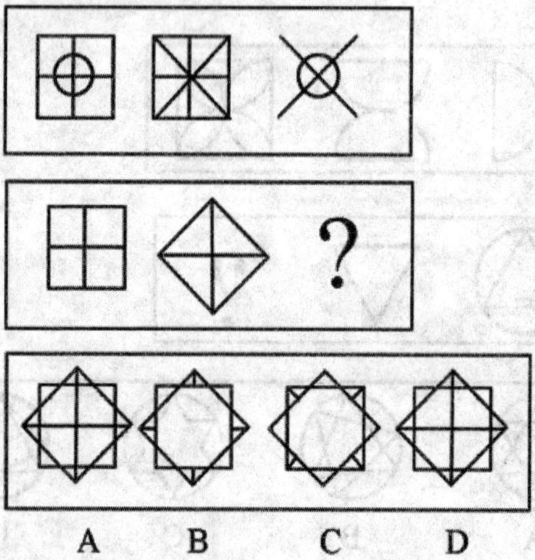

88. 组合的图形

根据所给图形的规律，问号处应该填什么图形？

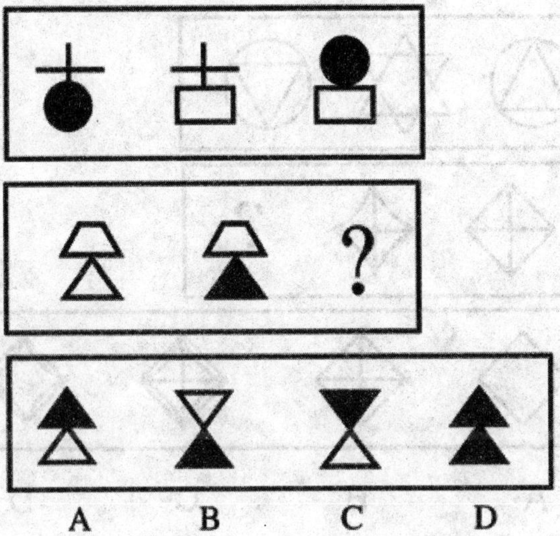

89. 分散的圆弧

根据所给图形的规律，问号处应该填什么图形？

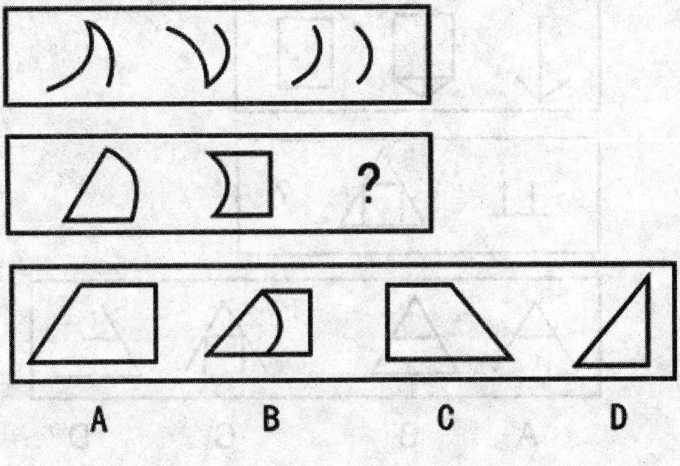

90. 三角和圆

根据所给图形的规律，问号处应该填什么图形？

91. 简单的规律

根据所给图形的规律，问号处应该填什么图形？

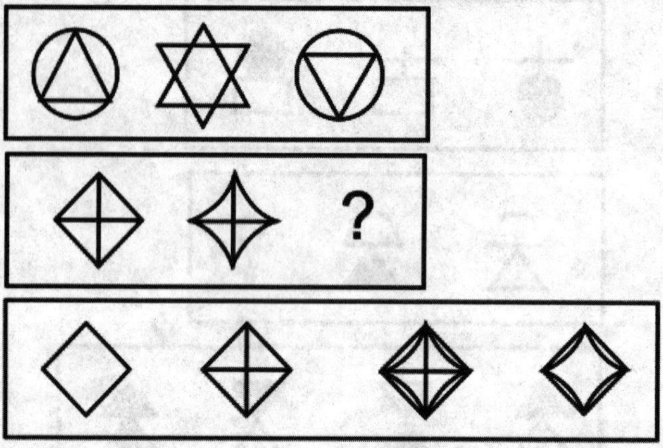

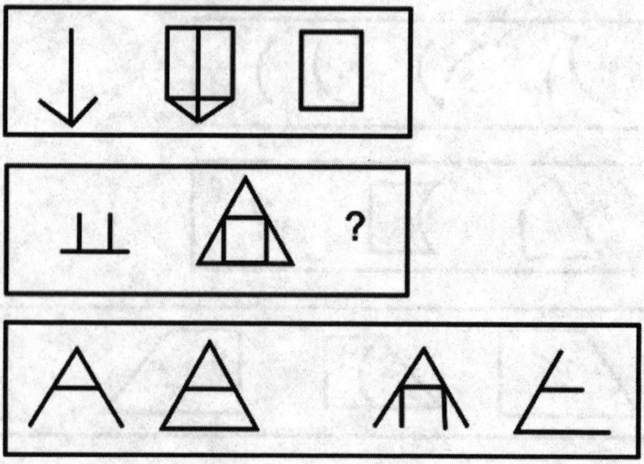

92. 涂黑色块

根据所给图形的规律，问号处应该填什么图形？

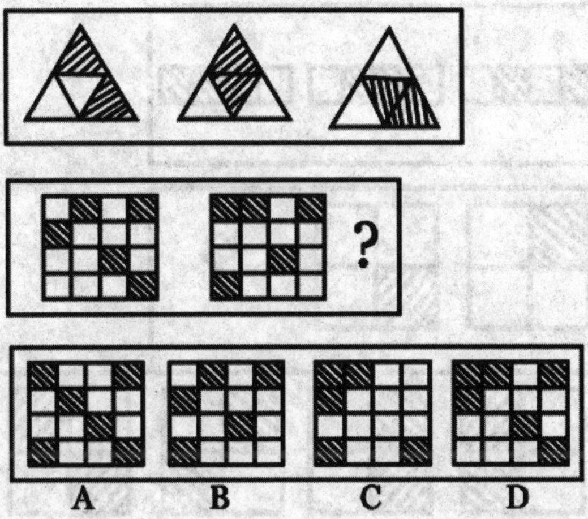

93. 阴影方格

根据所给图形的规律，问号处应该填什么图形？

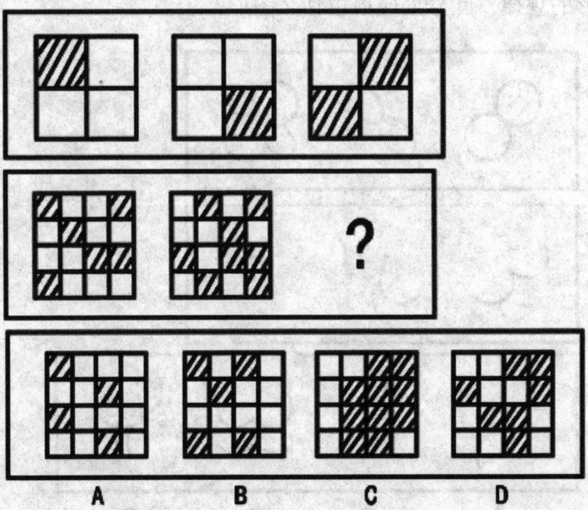

94. 阴影的位置

根据所给图形的规律，问号处应该填什么图形？

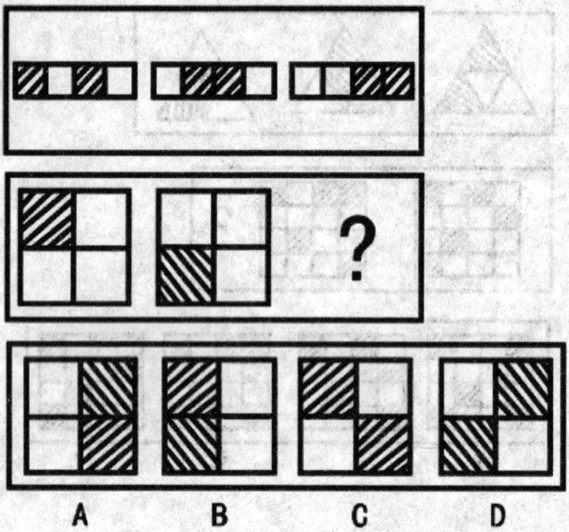

95. 有趣的组合

根据所给图形的规律，问号处应该填什么图形？

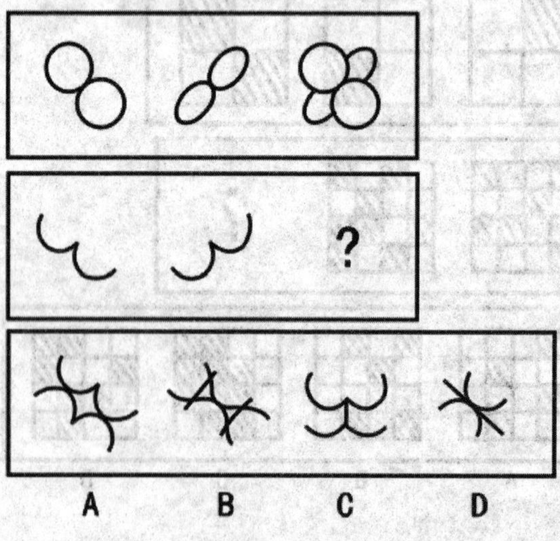

96. 合二为一

根据所给图形的规律，问号处应该填什么图形？

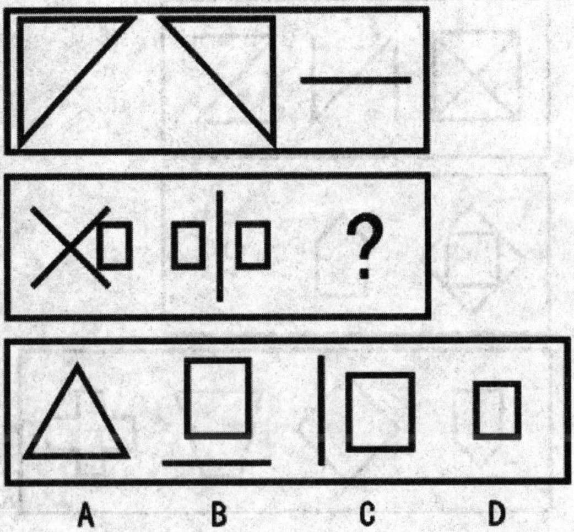

97. 漏　斗

根据所给图形的规律，问号处应该填什么图形？

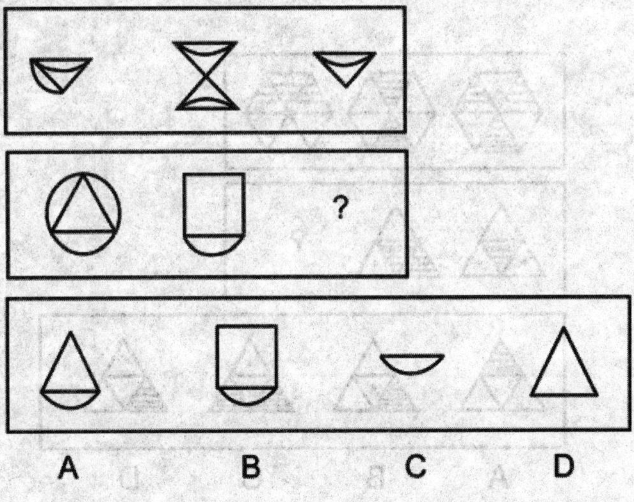

98. 折　线

根据所给图形的规律，问号处应该填什么图形？

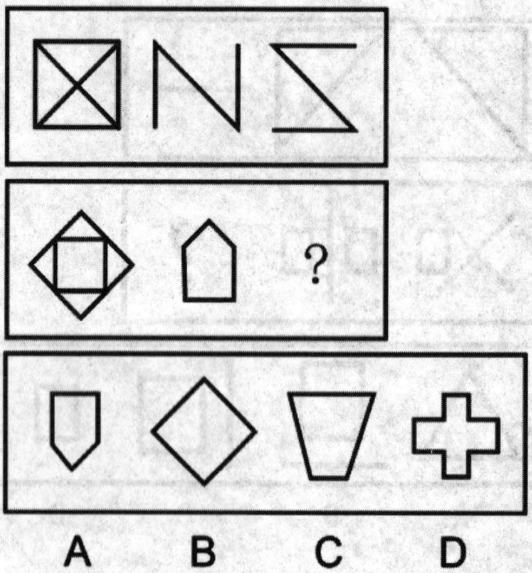

99. 黑白三角

根据所给图形的规律，问号处应该填什么图形？

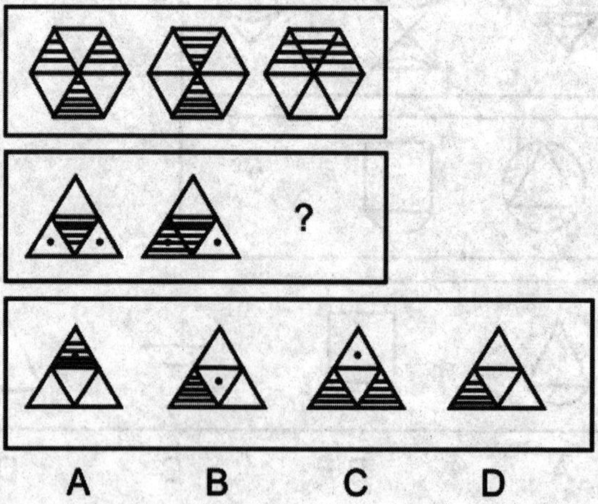

100. 消失的圆圈

根据所给图形的规律，问号处应该填什么图形？

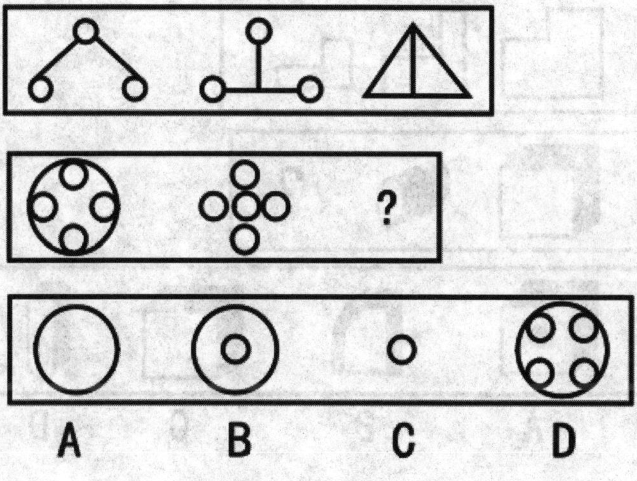

101. 缺　口

根据所给图形的规律，问号处应该填什么图形？

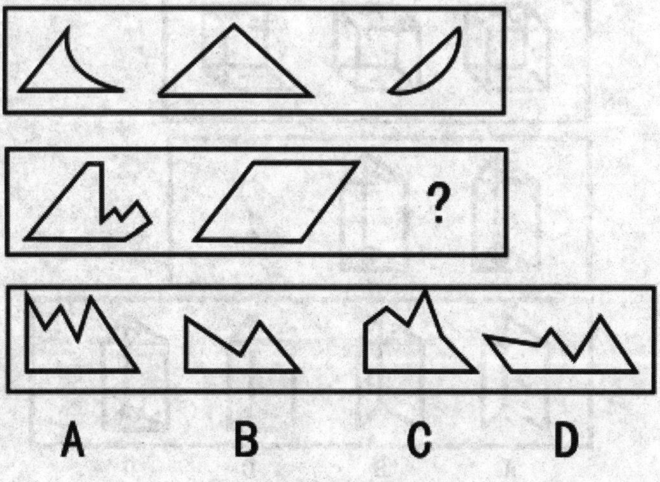

102. 光与影

根据所给图形的规律，问号处应该填什么图形？

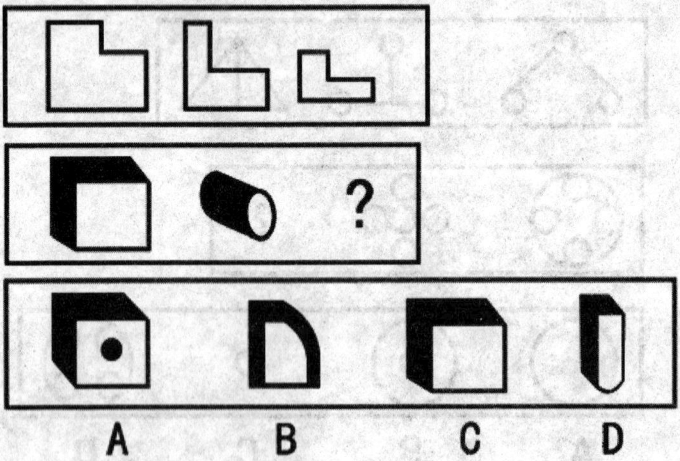

103. 立体图形

根据所给图形的规律，问号处应该填什么图形？

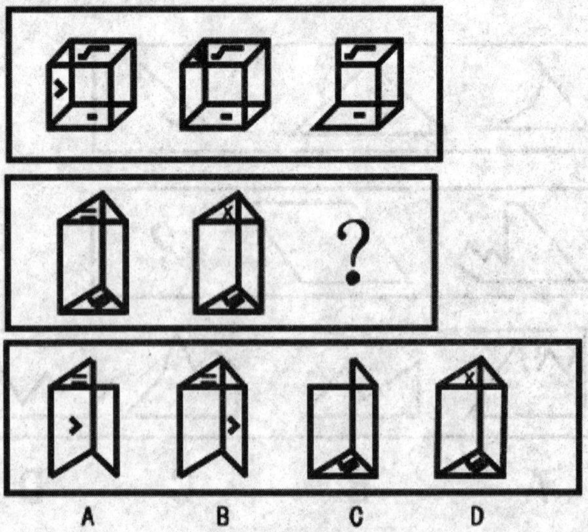

104. 折线段

根据所给图形的规律，问号处应该填什么图形？

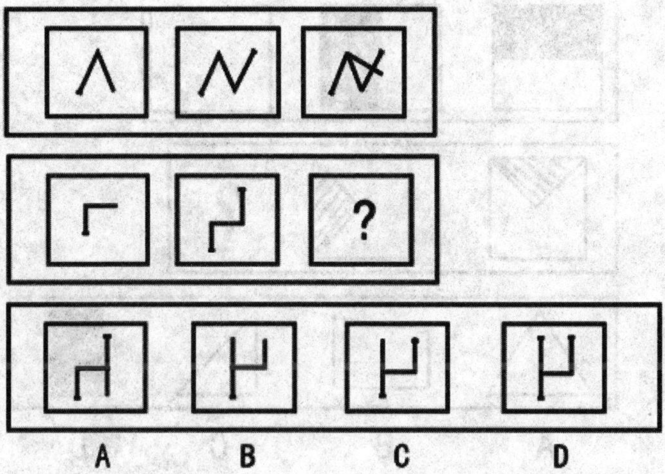

105. 阴　影

根据所给图形的规律，问号处应该填什么图形？

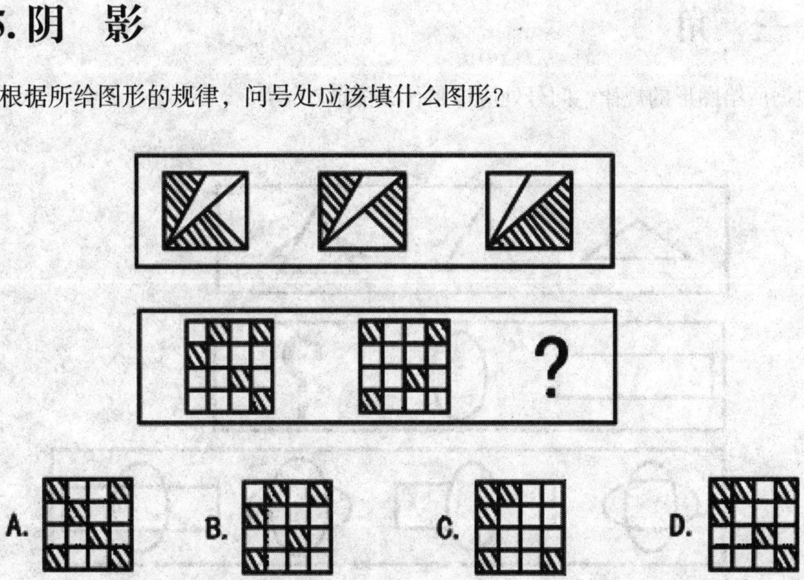

106. 正方形变换

根据所给图形的规律，问号处应该填什么图形？

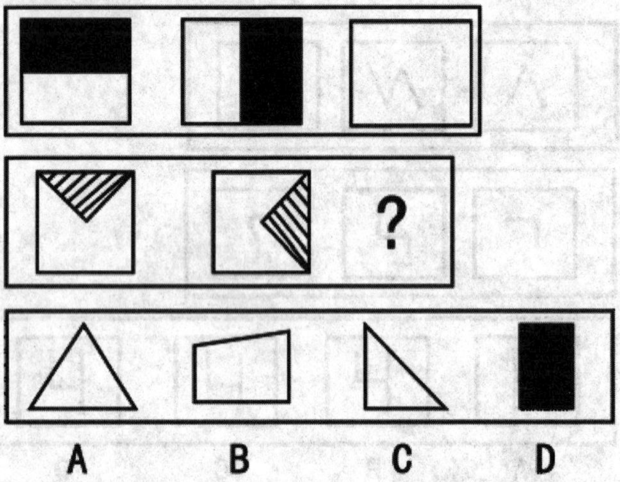

107. 三　角

根据所给图形的规律，问号处应该是什么图形？

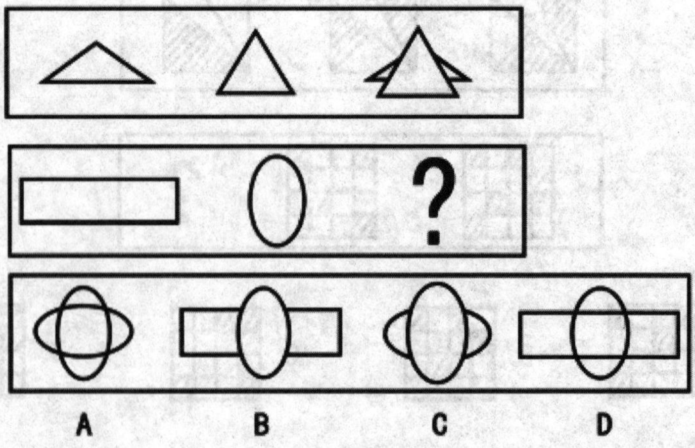

108. 共同的特点

根据所给图形的规律，问号处应该填什么图形？

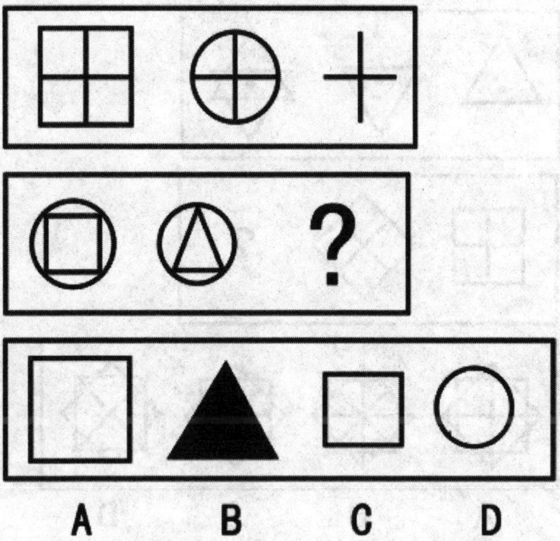

109. 折线组合

根据所给图形的规律，问号处应该填什么图形？

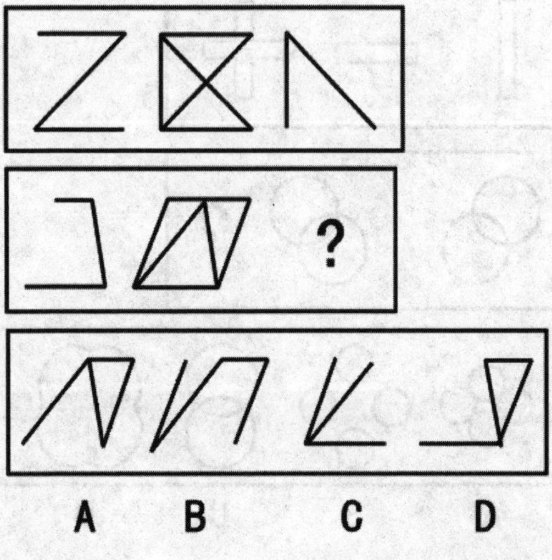

110. 元素组合

根据所给图形的规律，问号处应该填什么图形？

111. 十字架

根据所给图形的规律，问号处应该填什么图形？

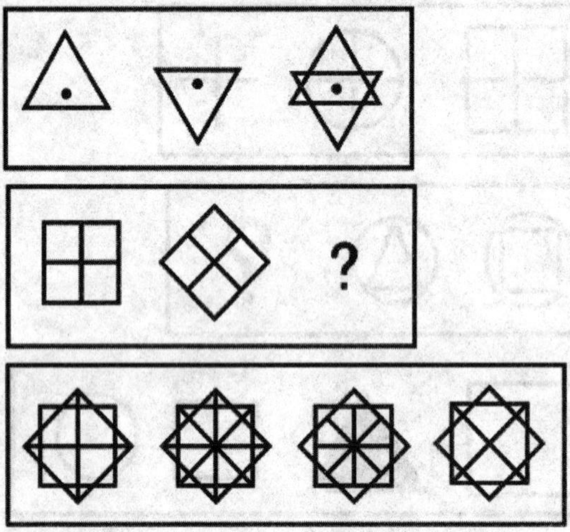

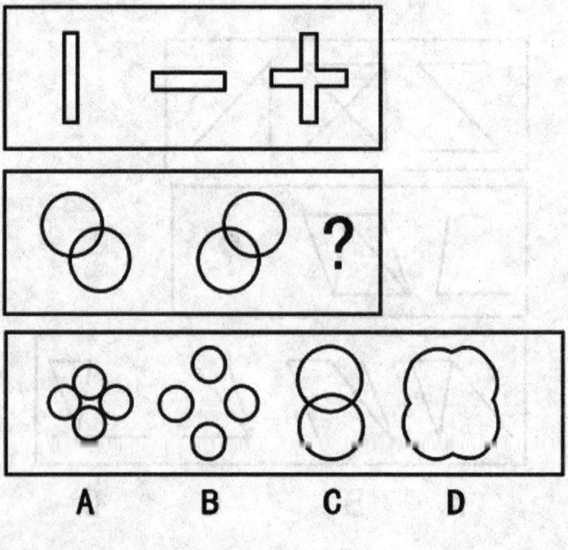

112. 三角形与正方形

根据所给图形的规律，问号处应该填什么图形？

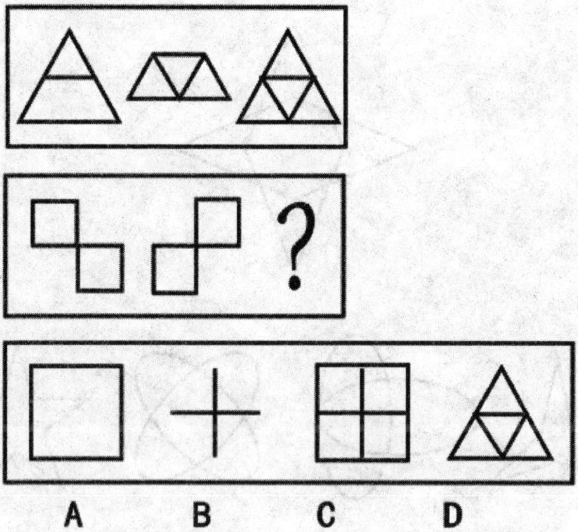

113. 直线组合

根据所给图形的规律，问号处应该填什么图形？

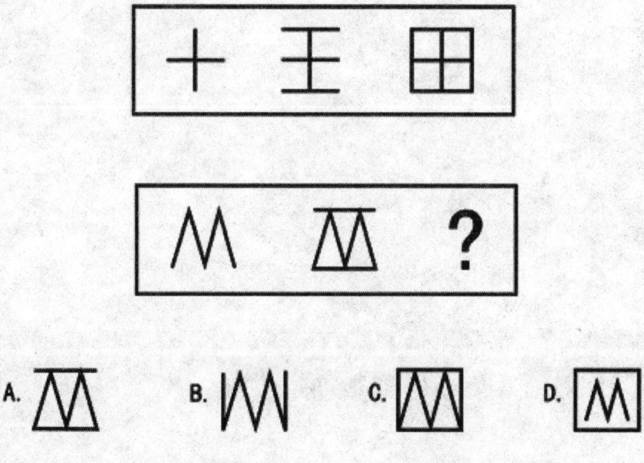

114. 近似图形

下列四个图形哪个与给出的图形最近似？

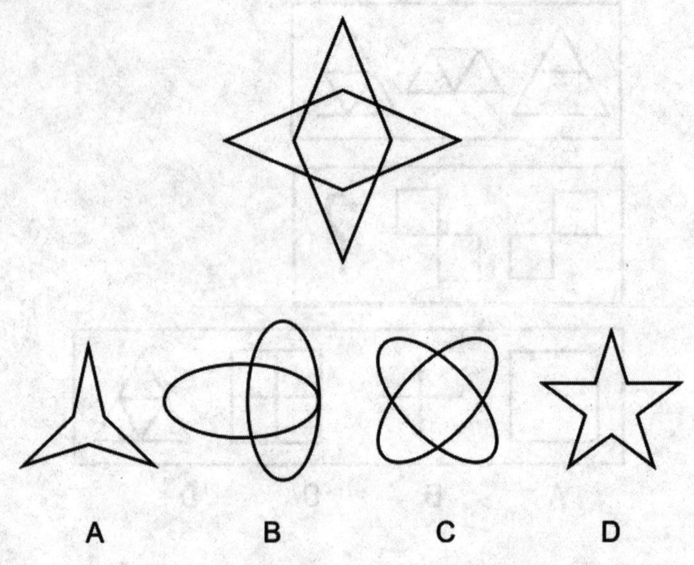

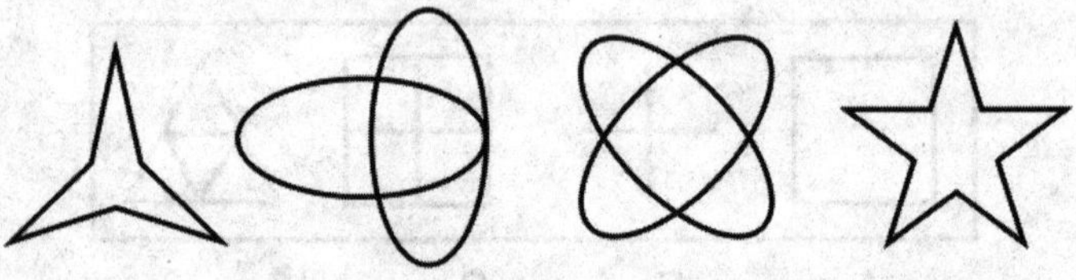

A　　B　　C　　D

第三篇　对称翻转

115. 斜　线

从选项中找出一个图形填在题目中的问号处，使所给的九个图形符合某一特定的规律。

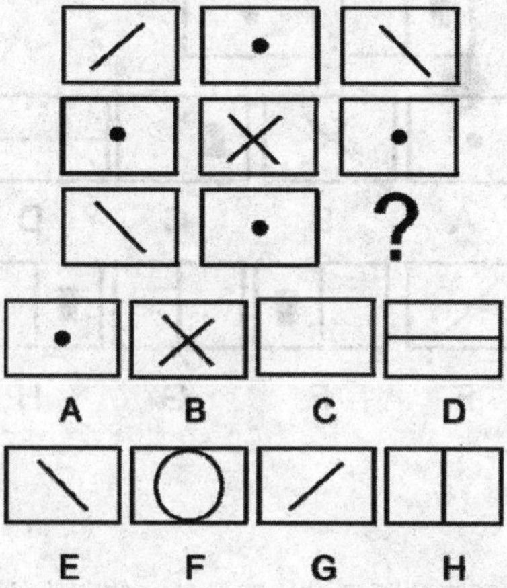

116. 变化的方块

从选项中找出一个图形填在题目中的问号处，使所给的九个图形符合某一特定的规律。

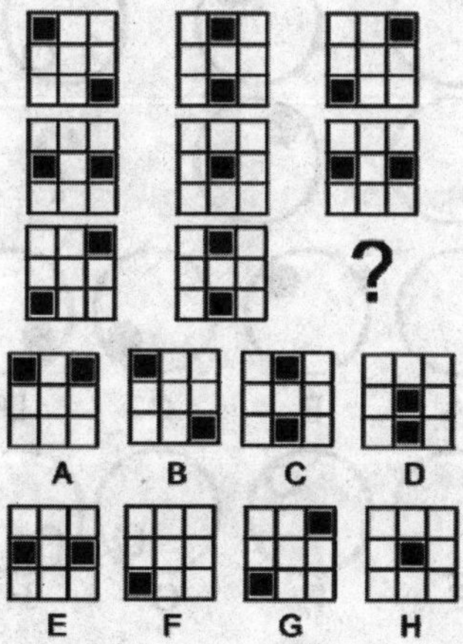

117. 特定的规律

从选项中找出一个图形填在题目中的问号处，使所给的九个图形符合某一特定的规律。

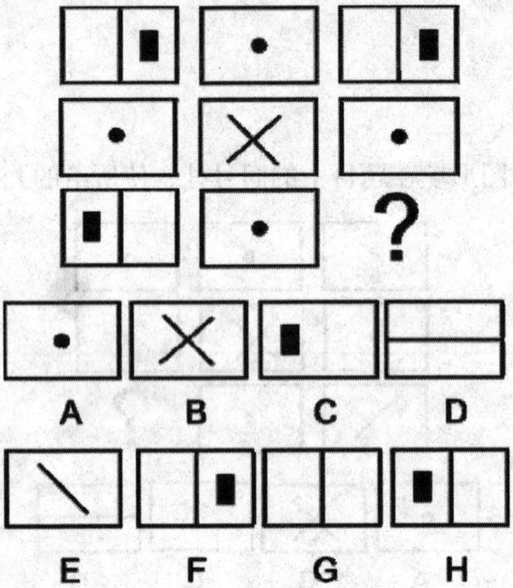

118. 奇怪的眼睛

从选项中找出一个图形填在题目中的问号处，使所给的九个图形符合某一特定的规律。

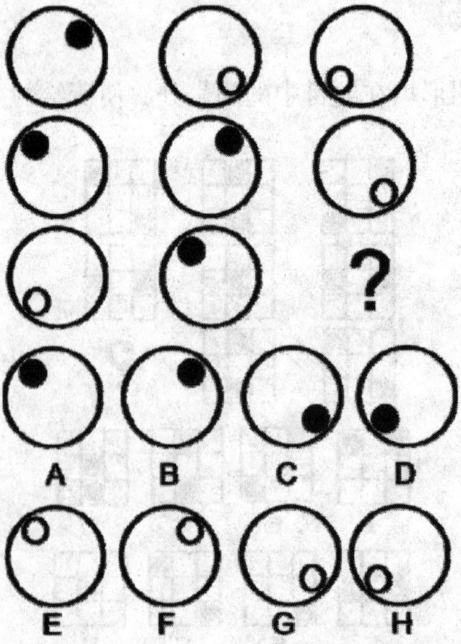

119. 九点连线

从选项中找出一个图形填在题目中的问号处，使所给的九个图形符合某一特定的规律。

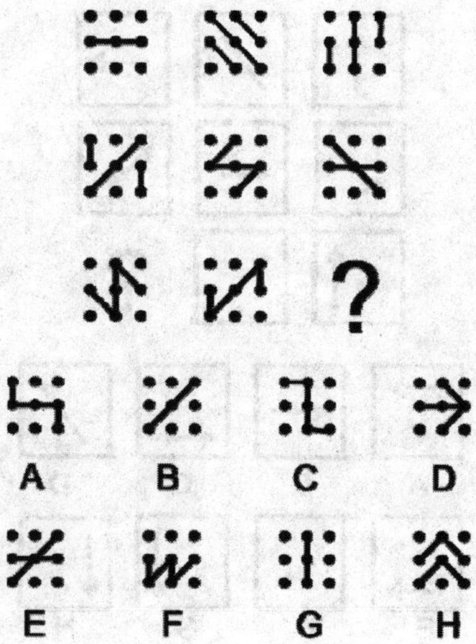

120. 四条线段

从选项中找出一个图形填在题目中的问号处，使所给的九个图形符合某一特定的规律。

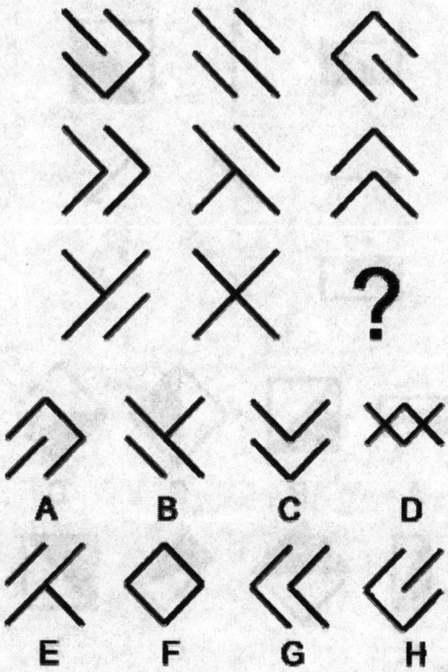

121. 直线与箭头

从选项中找出一个图形填在题目中的问号处，使所给的九个图形符合某一特定的规律。

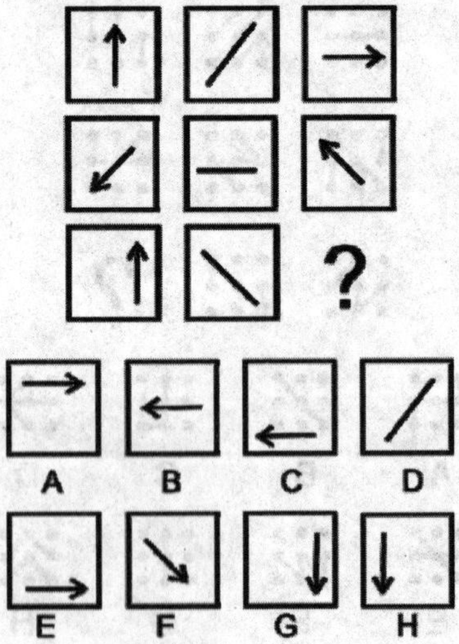

122. 双色方块

从选项中找出一个图形填在题目中的问号处，使所给的九个图形符合某一特定的规律。

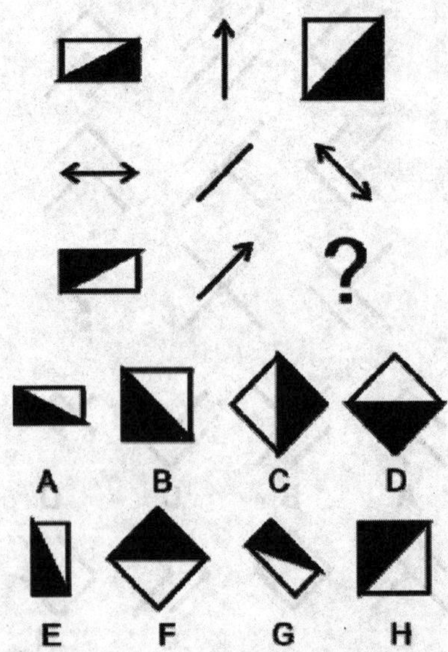

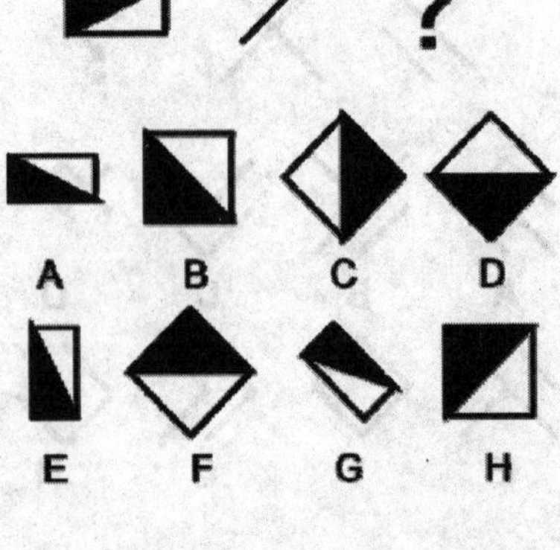

123. 直线与斜线

根据所给图形的规律，空白处应该填什么？

124. 骰子对比

根据所给图形的规律，问号处应该填什么？

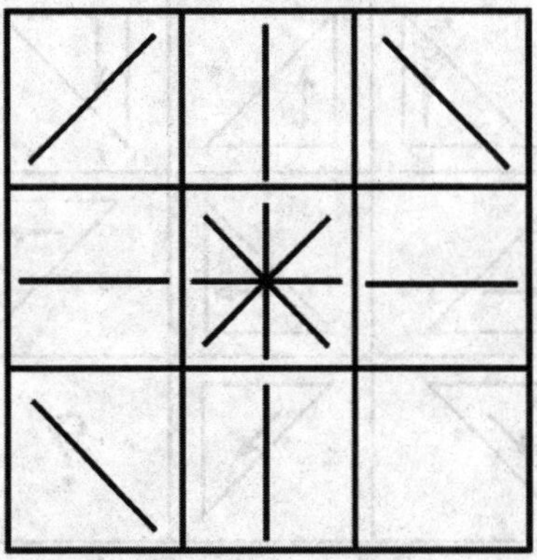

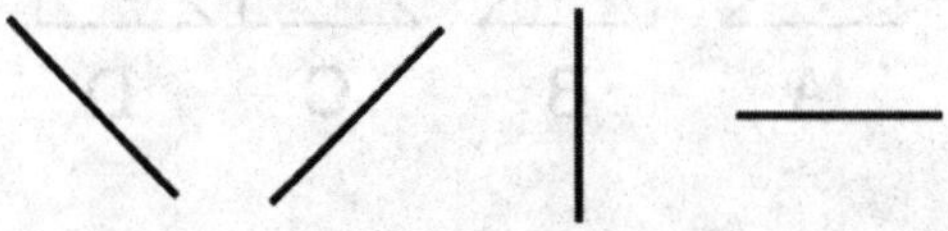

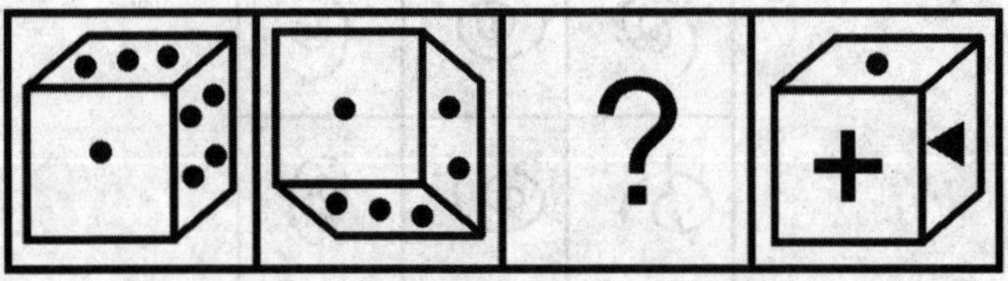

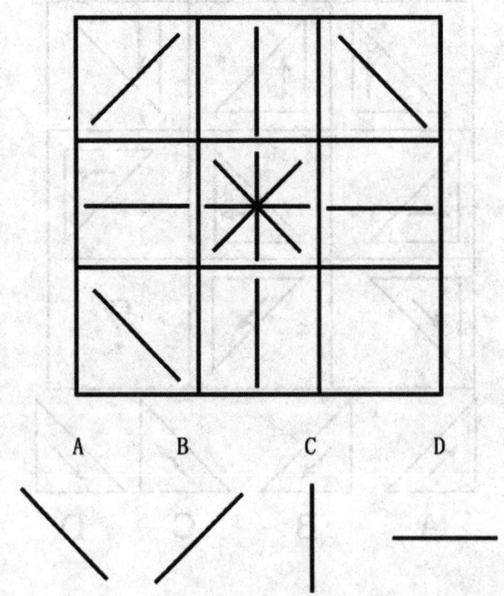

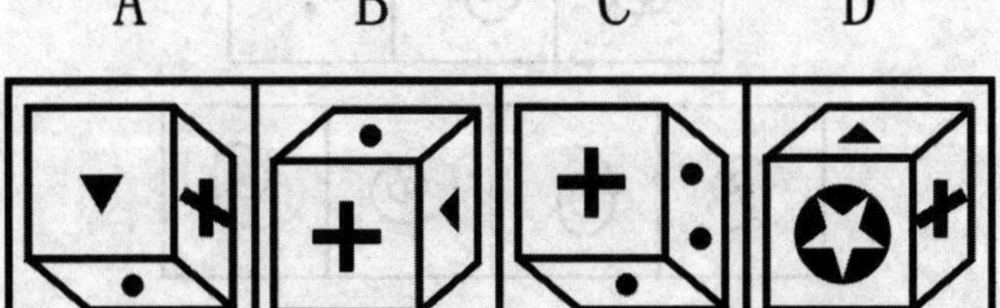

125. 带箭头的三角

根据所给图形的规律，问号处应该填什么图形？

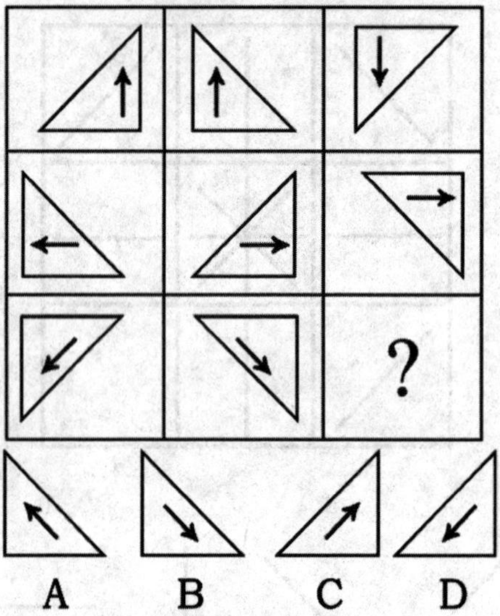

126. 螺旋线

根据所给图形的规律，问号处应该填什么图形？

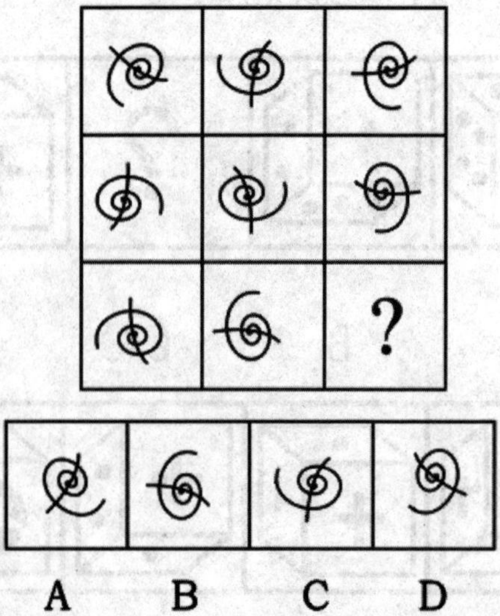

127. 黑色方块

根据所给图形的规律，问号处应该填什么图形？

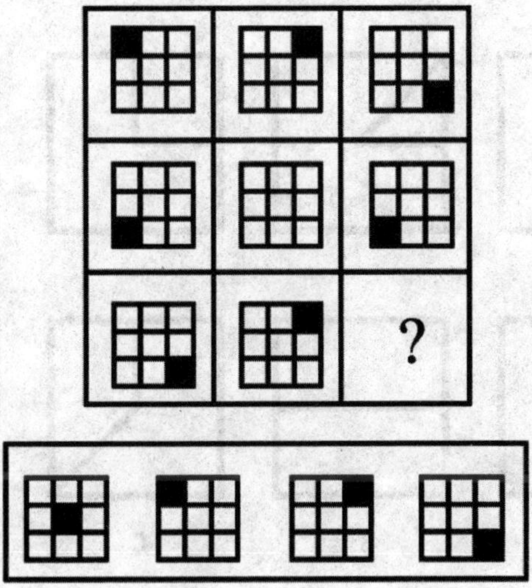

A　　B　　C　　D

128. 图形构成

根据所给图形的规律，空白处应该填什么图形？（图中斜线处为故意遮挡部分）

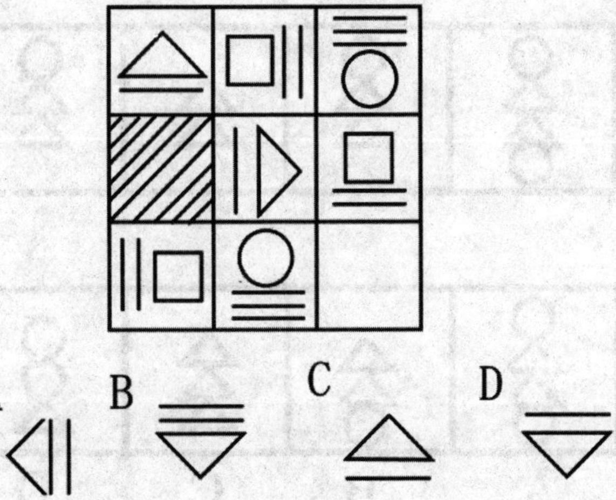

129. 折　线

根据所给图形的规律，下一个位置应该填什么图形？

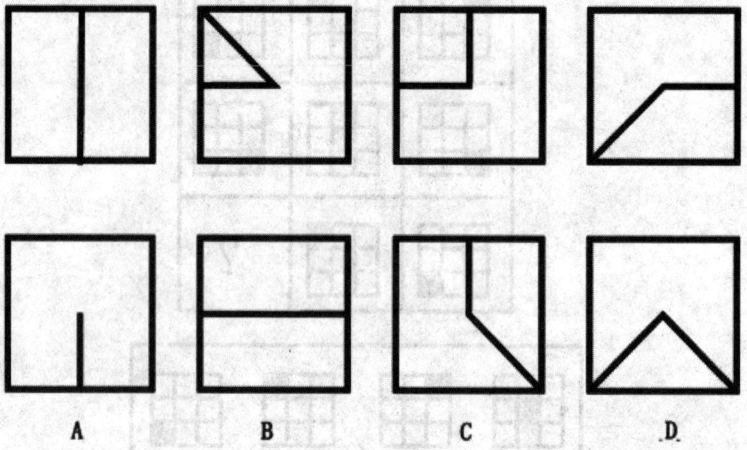

130. 三角和圆圈

按照所给图形的变化规律，下一幅图应该是什么样子的？

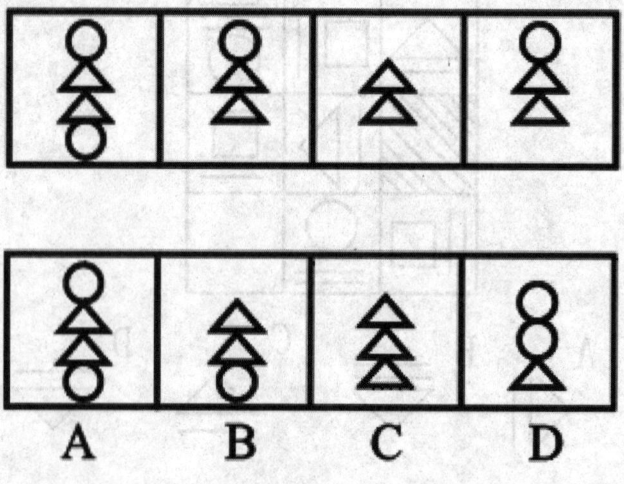

131. 砖　头

按照所给图形的变化规律，下一幅图应该是什么样子的？

132. 直线与椭圆

根据所给图形的规律，下一个图形应该是哪个？

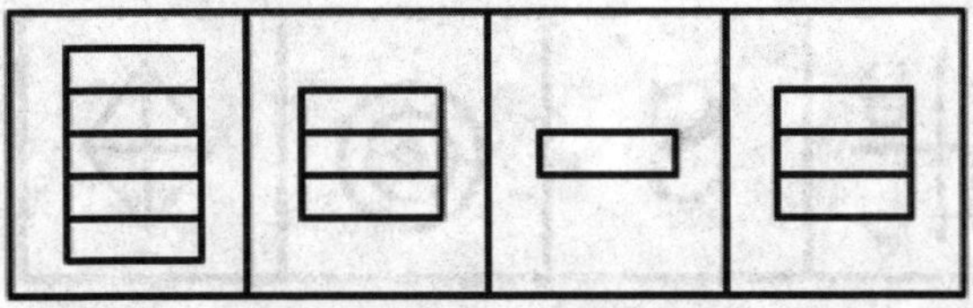

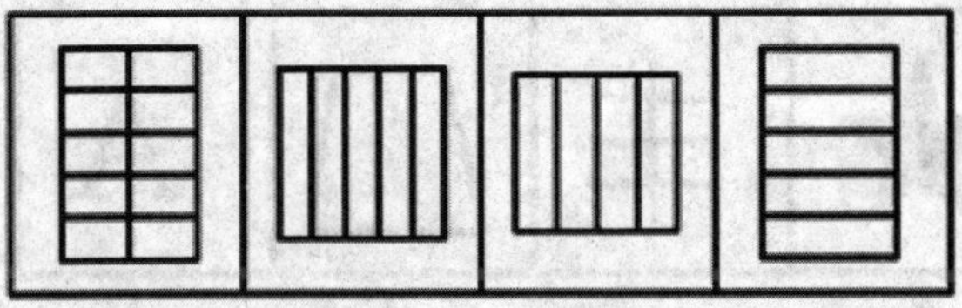

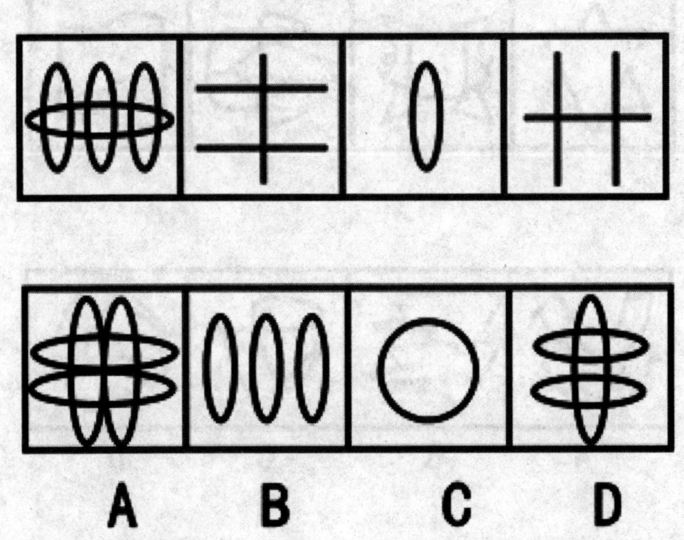

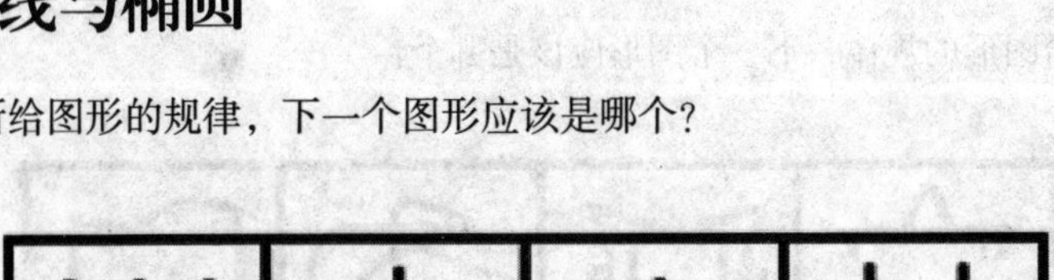

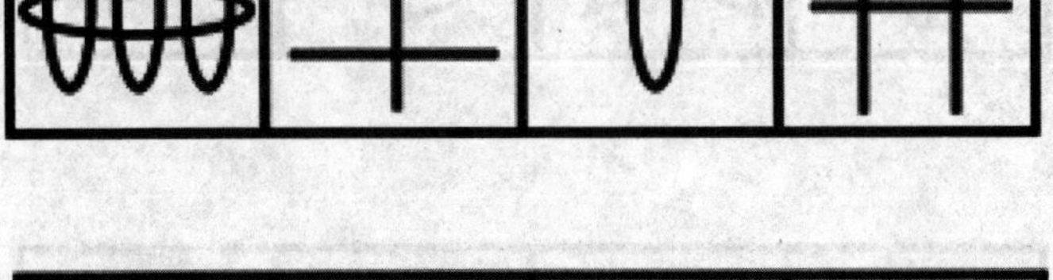

133. 美丽的图形

根据所给图形的规律，下一个图形应该是哪个？

134. 遮　挡

根据所给图形的规律，下一个图形应该是哪个？

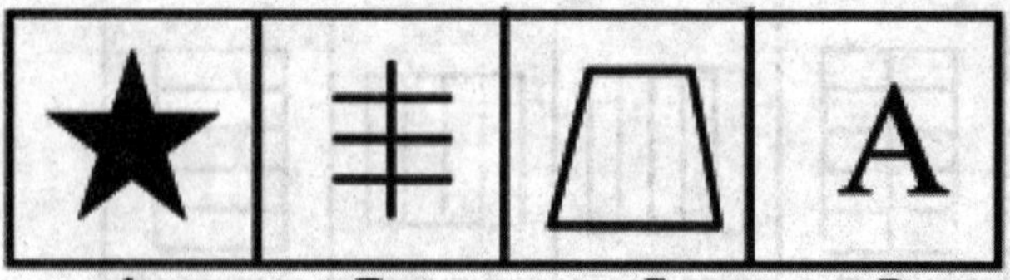

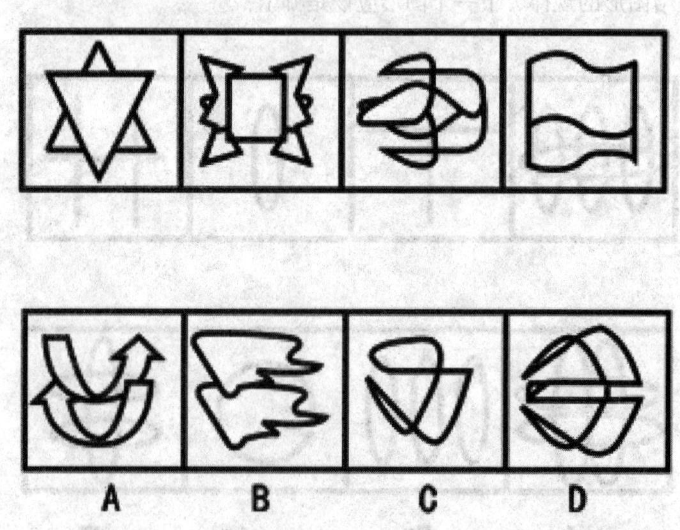

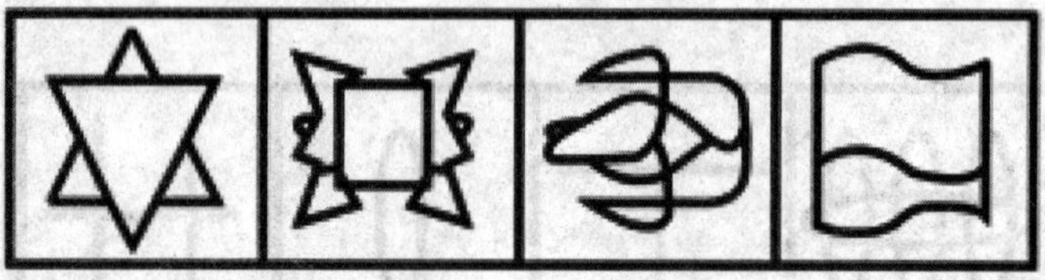

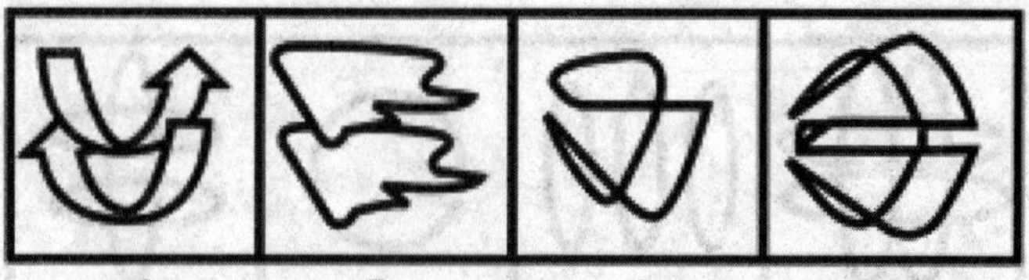

135. 雪 花

根据所给图形的规律，下一个图形应该是哪个？

136. 双色板

根据所给图形的规律，下一个图形应该是哪个？

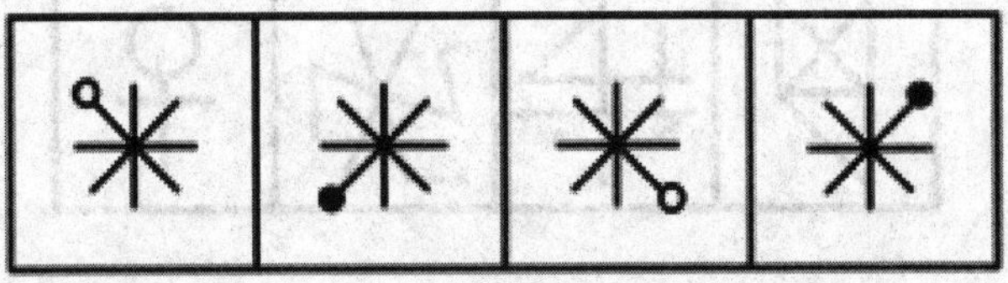

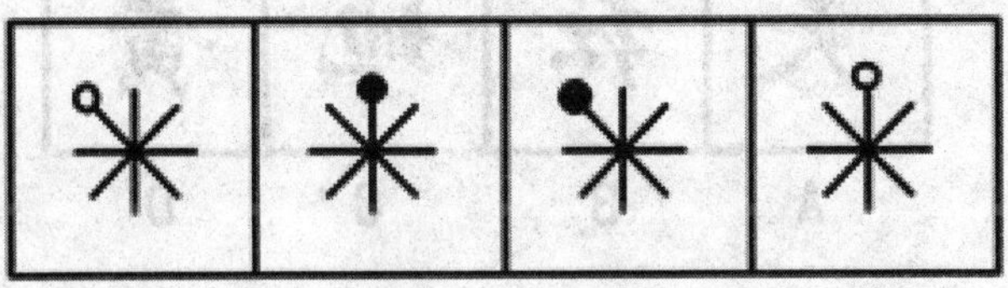

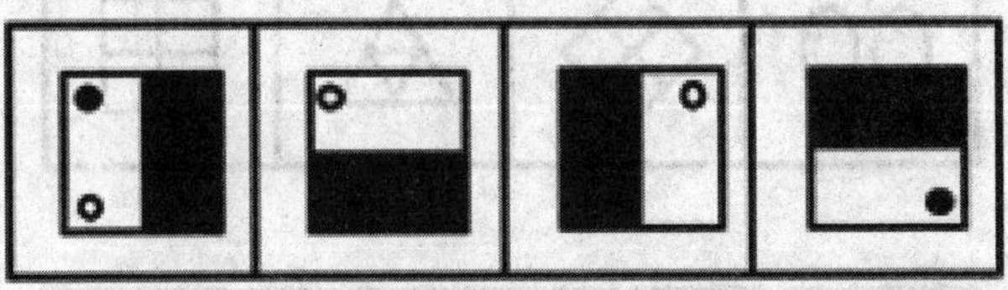

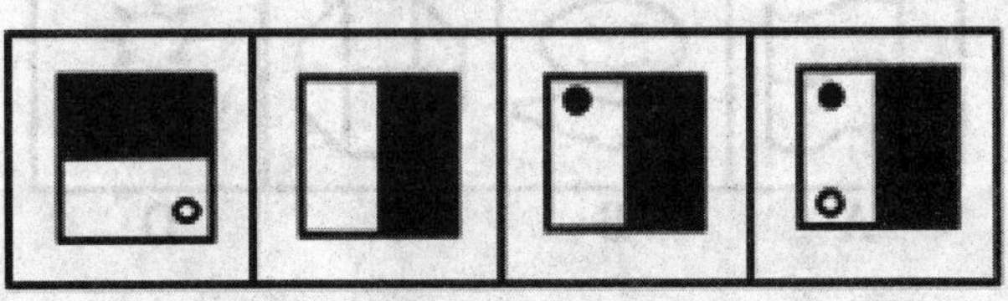

137. 线条与汉字

根据所给图形的规律，下一个图形应该是哪个？

138. 共同的特点

根据所给图形的规律，下一个图形应该是哪个？

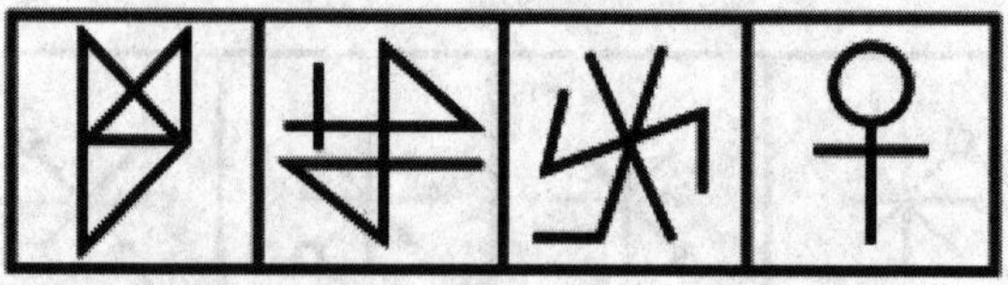

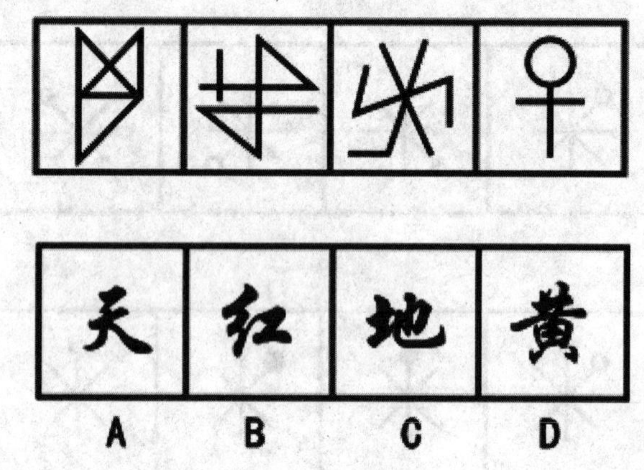

139. 卫　星

根据所给图形的规律，下一个图形应该是哪个？

140. 旋转的角度

根据所给图形的规律，下一个图形应该是哪个？

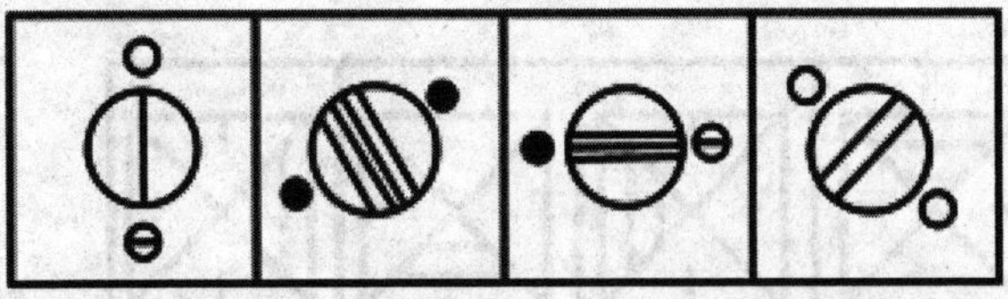

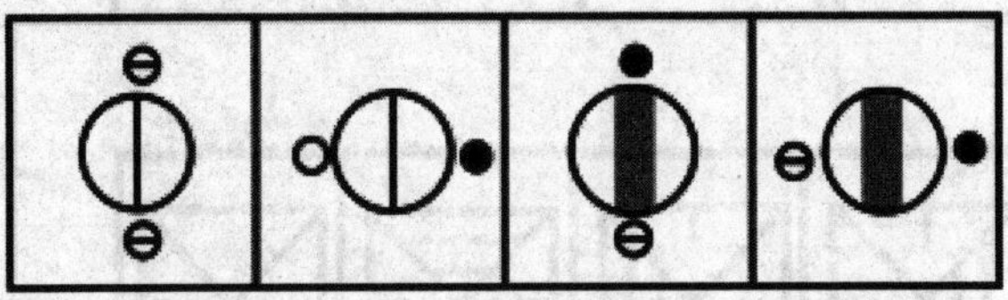

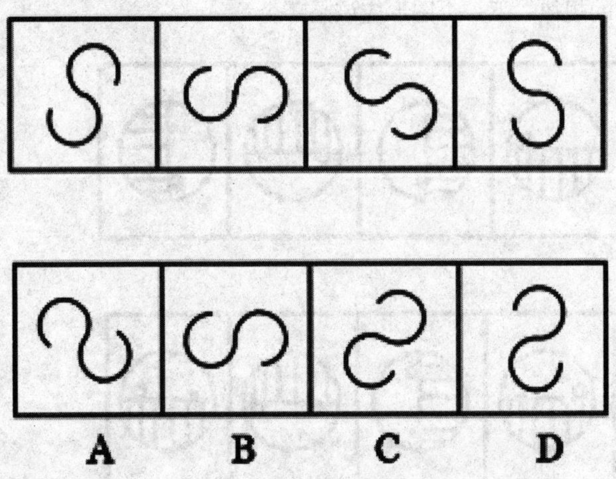

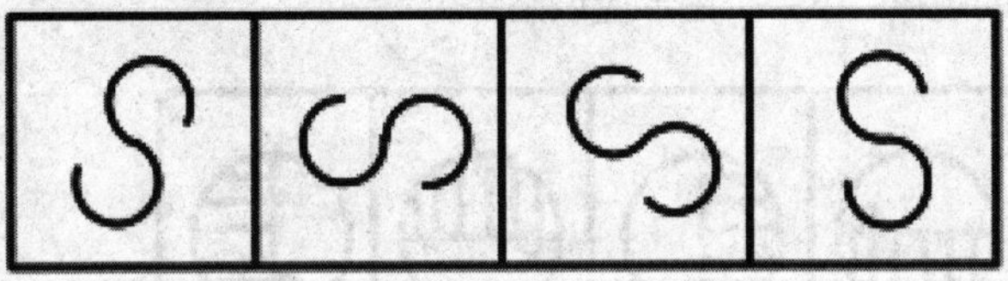

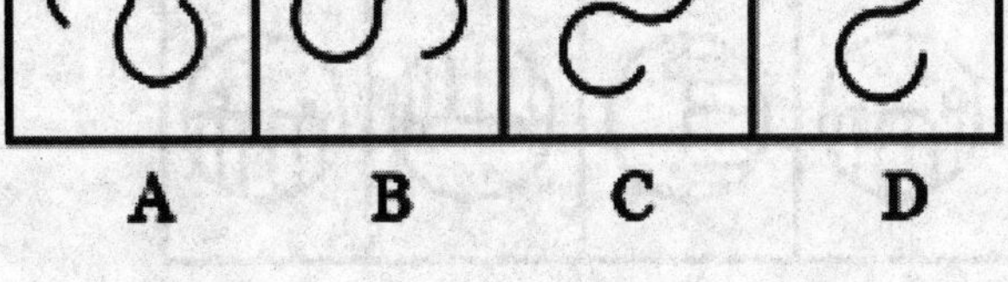

141. 分割的正方形

根据所给图形的规律，下一个图形应该是哪个？

142. 灰色半圆

根据所给图形的规律，下一个图形应该是哪个？

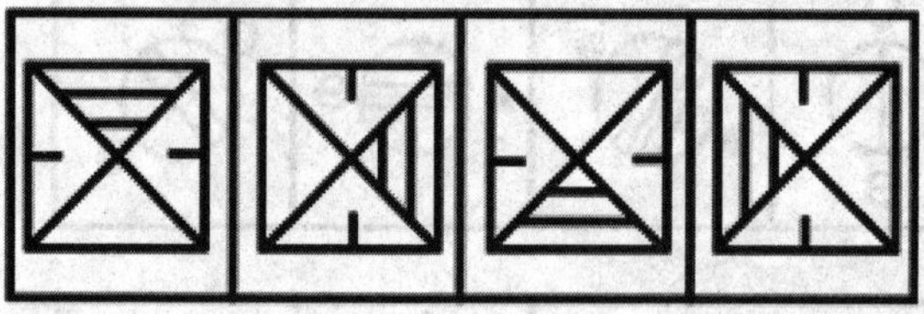

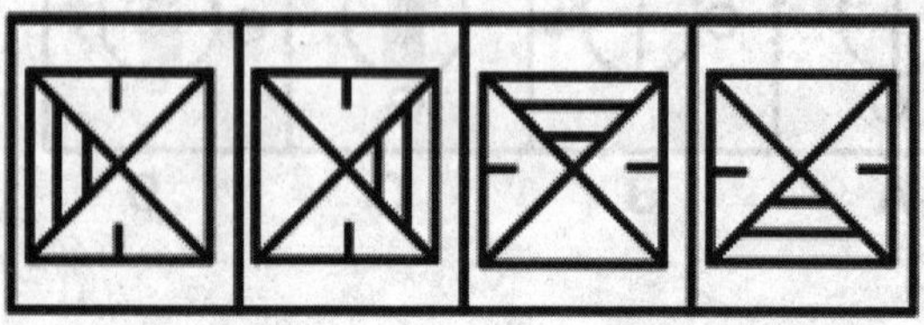

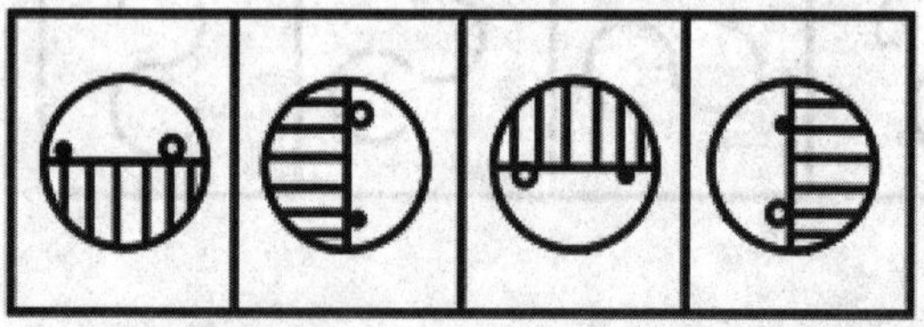

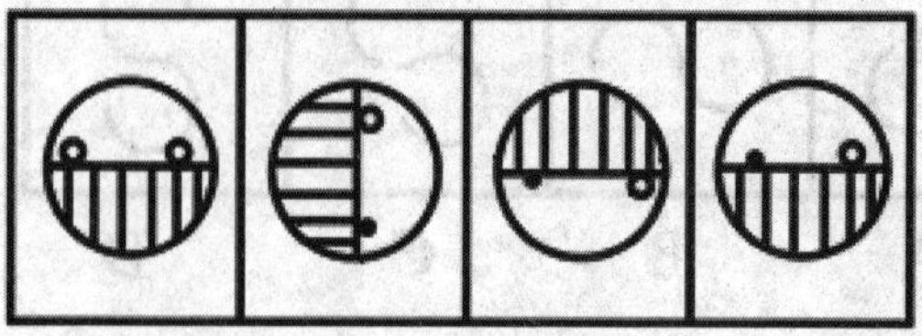

143. 椭圆阵列

根据所给图形的规律，下一个图形应该是哪个？

144. 双层图案

根据所给图形的规律，下一个图形应该是哪个？

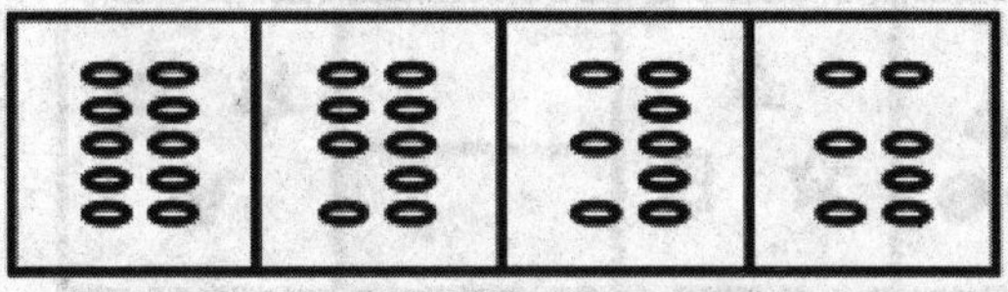

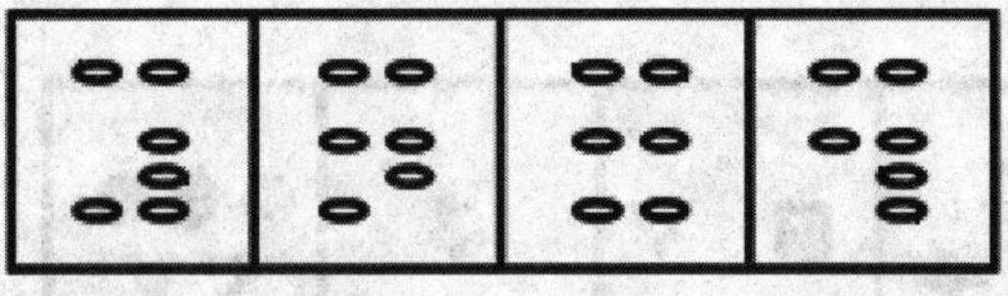

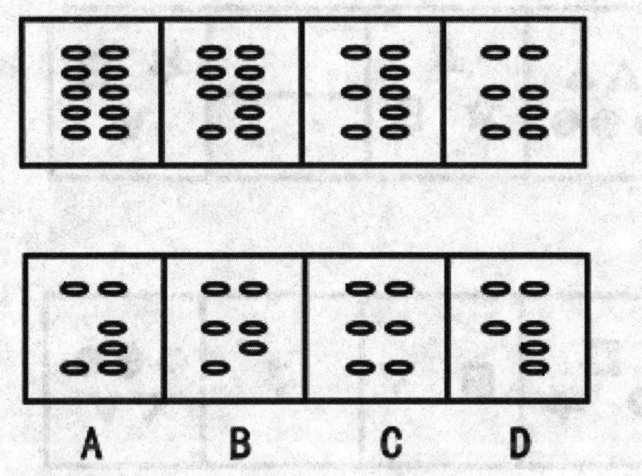

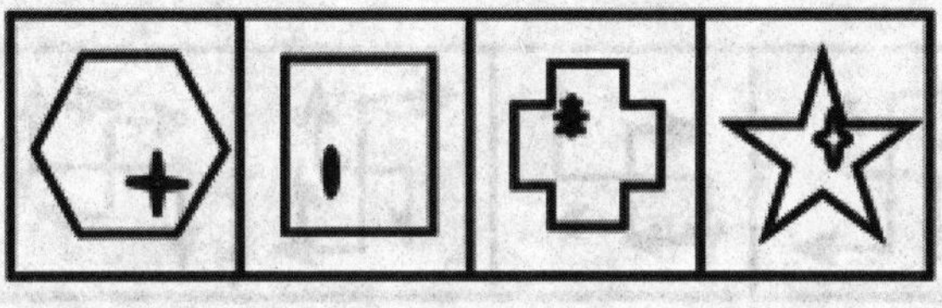

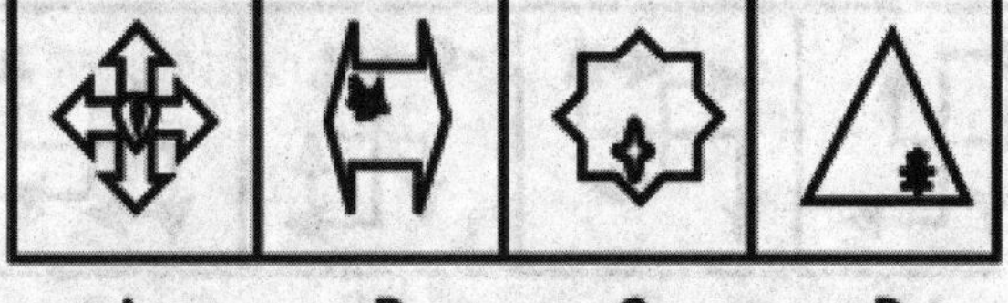

145. 有什么规律

根据所给图形的规律，下一个图形应该是哪个？

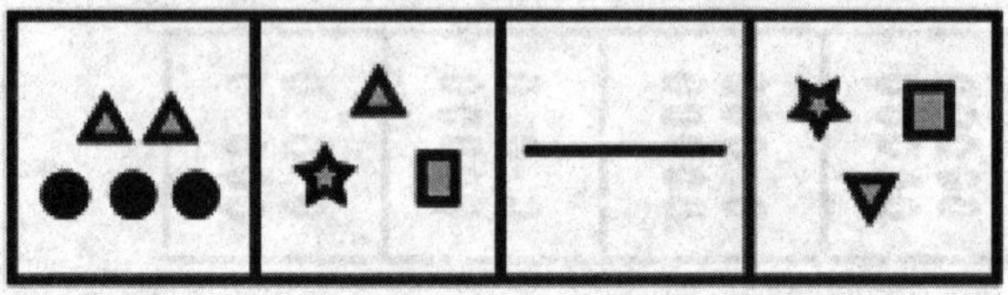

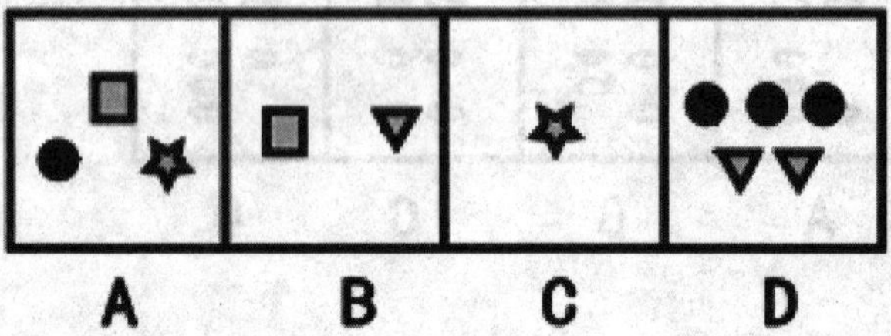

146. 转弯的箭头

根据所给图形的规律，下一个图形应该是哪个？

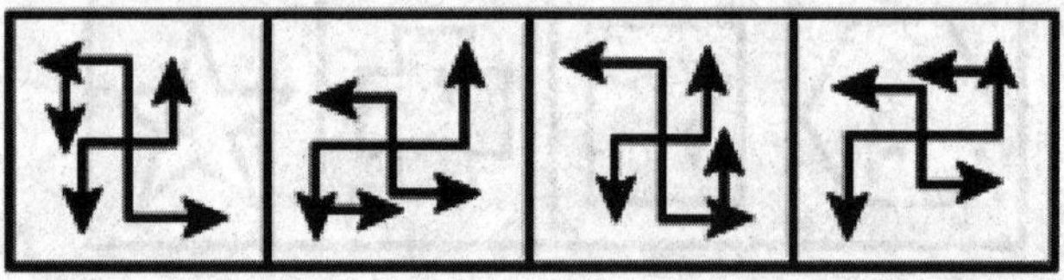

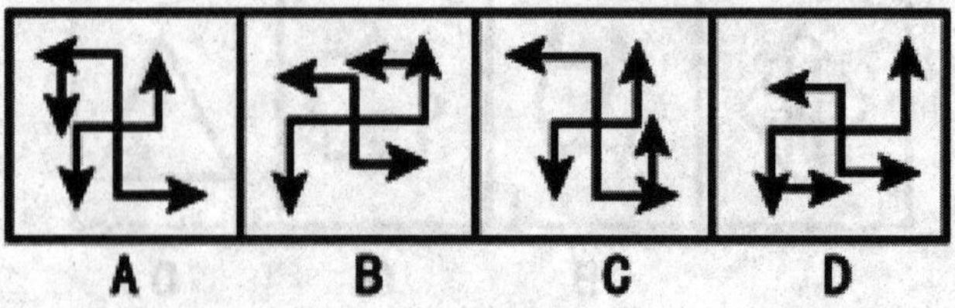

147. 图形组合

根据所给图形的规律，问号处应该填什么图形？

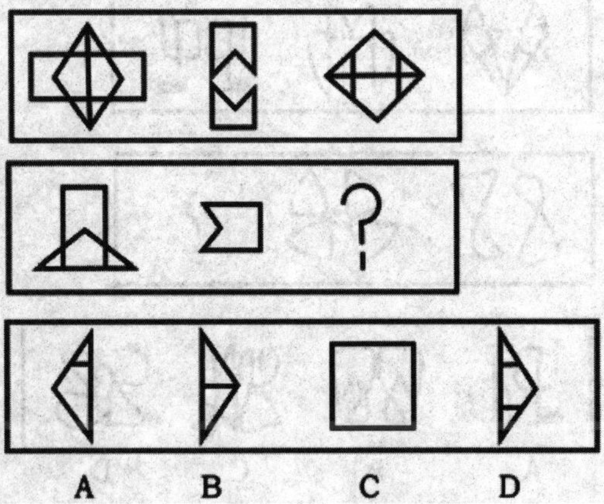

148. 字母也疯狂

根据所给图形的规律，问号处应该填什么图形？

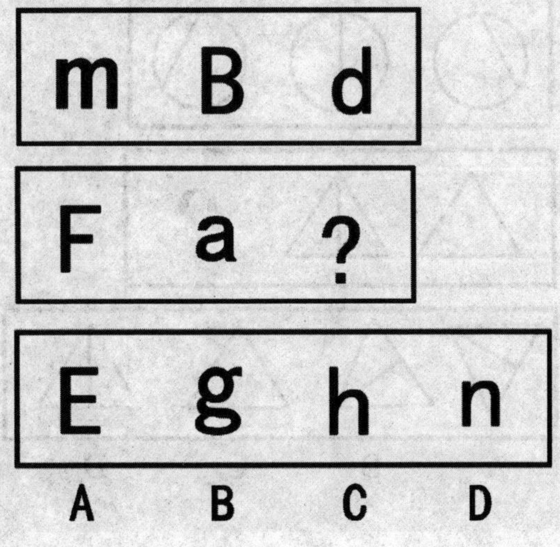

149. 没规律的线条

根据所给图形的规律，问号处应该填什么图形？

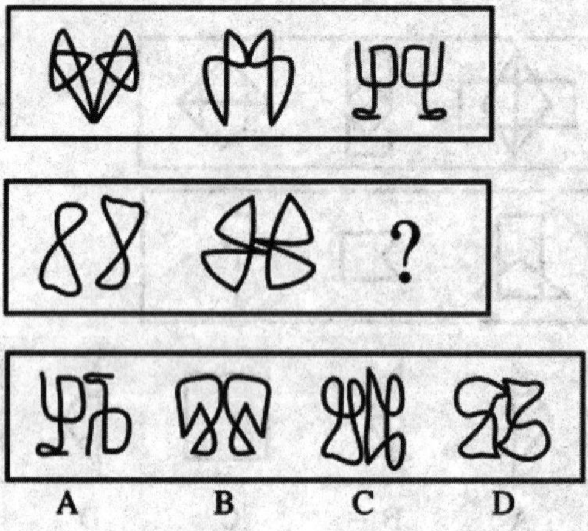

150. 圆圈与三角

根据所给图形的规律，问号处应该填什么图形？

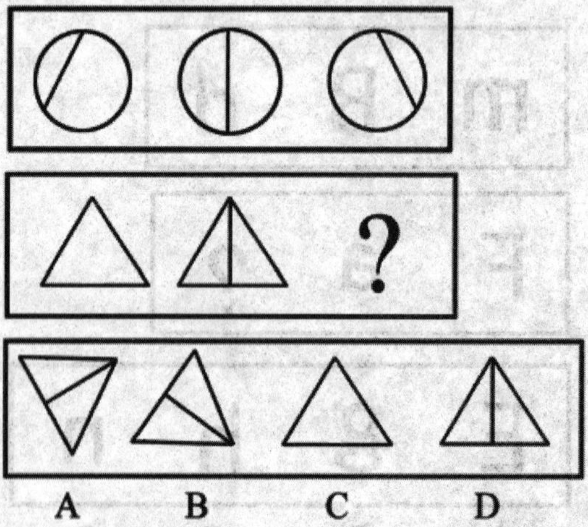

151. 轮 廓

根据所给图形的规律，问号处应该填什么图形？

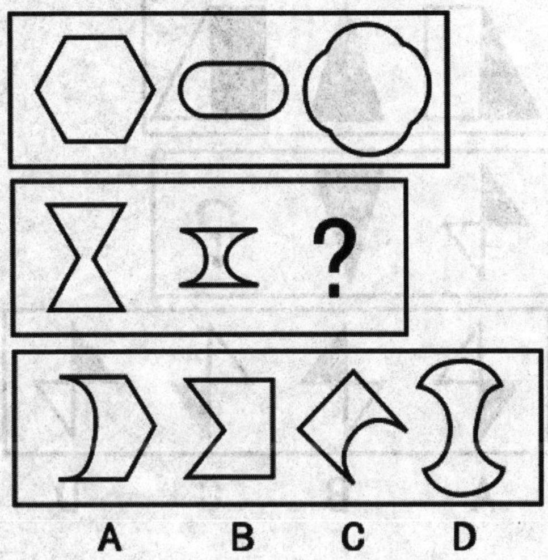

152. 带斜线的三角

根据所给图形的规律，问号处应该填什么图形？

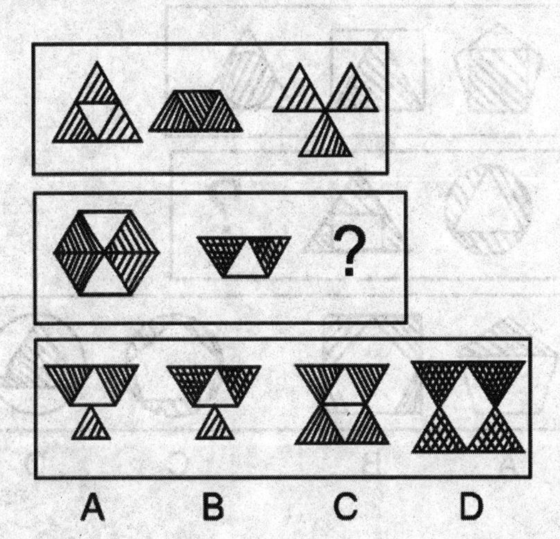

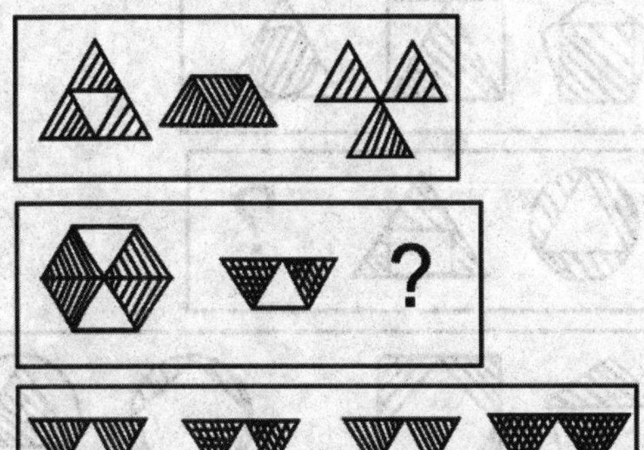

153. 双色拼图

根据所给图形的规律，问号处应该填什么图形？

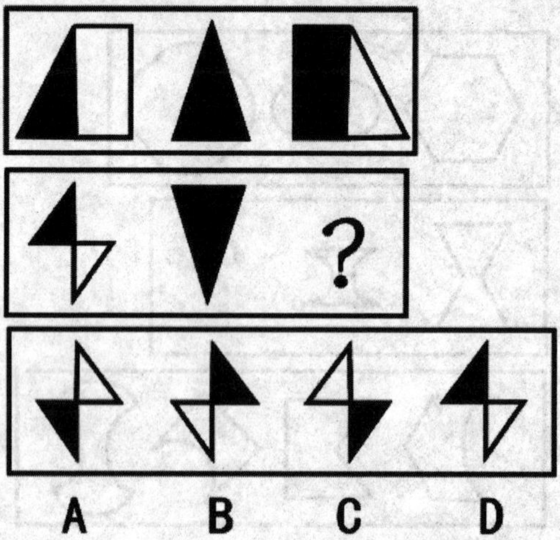

154. 阴影图形

根据所给图形的规律，问号处应该填什么图形？

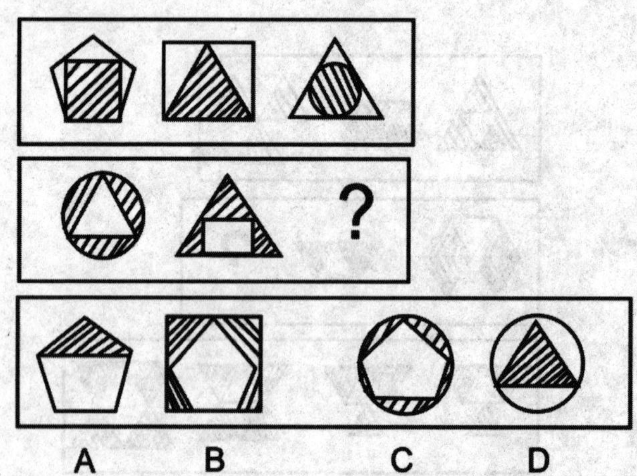

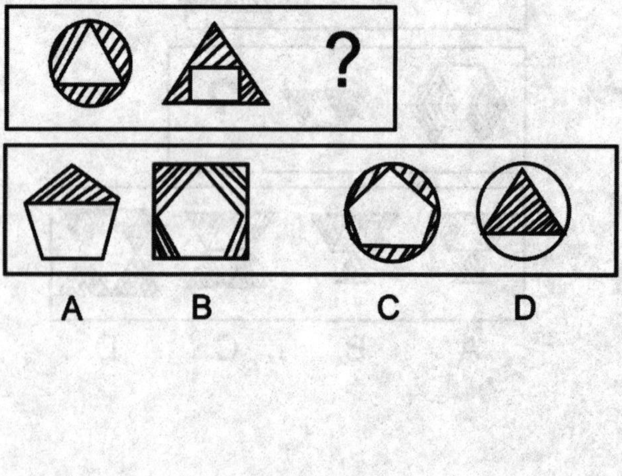

155. 另类箭头

根据所给图形的规律，问号处应该填什么图形？

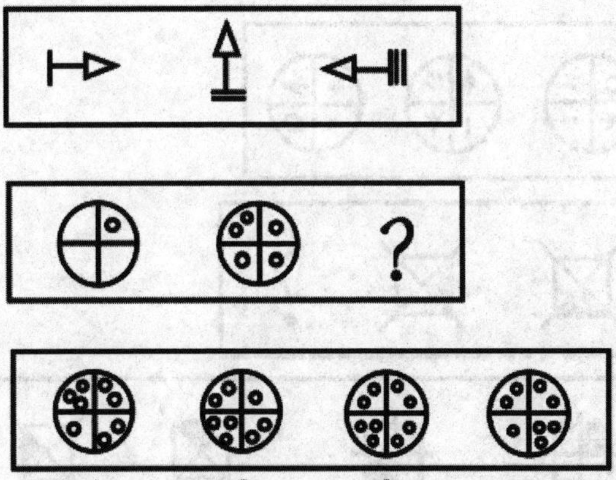

A　　B　　C　　D

156. 黑白变换

根据所给图形的规律，问号处应该填什么图形？

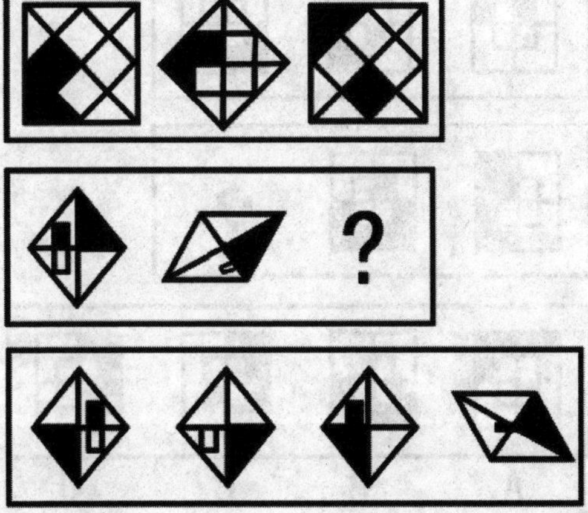

A　　B　　C　　D

157. 奇怪的旋转

根据所给图形的规律，问号处应该填什么图形？

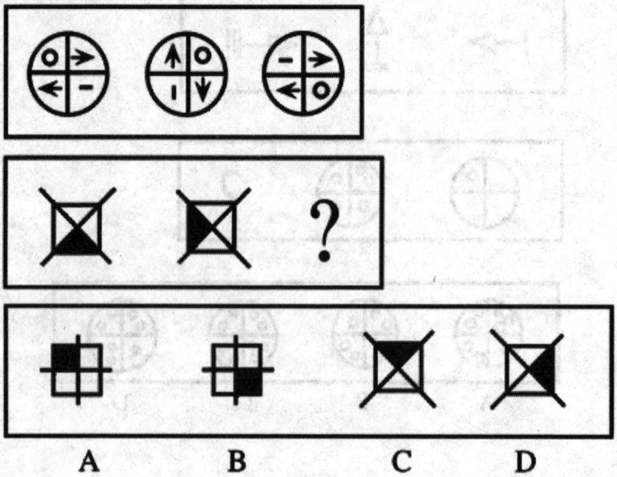

158. 黑白方格

根据所给图形的规律，问号处应该填什么图形？

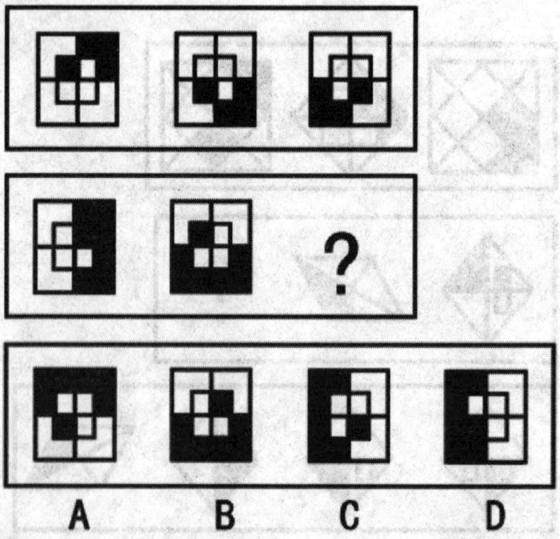

159. 砖　块

根据所给图形的规律，问号处应该填什么图形？

160. 变　形

根据所给图形的规律，问号处应该填什么图形？

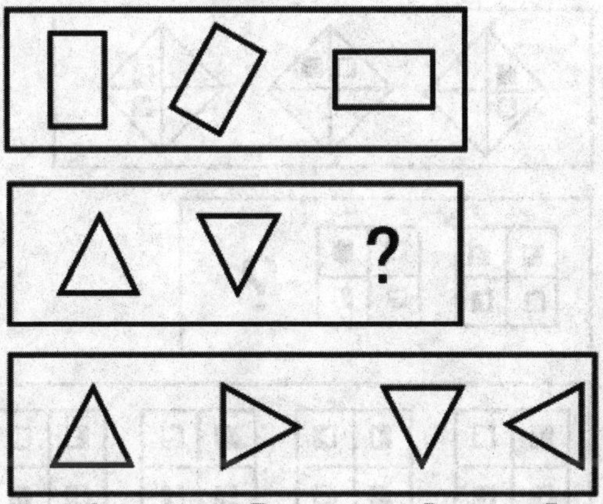

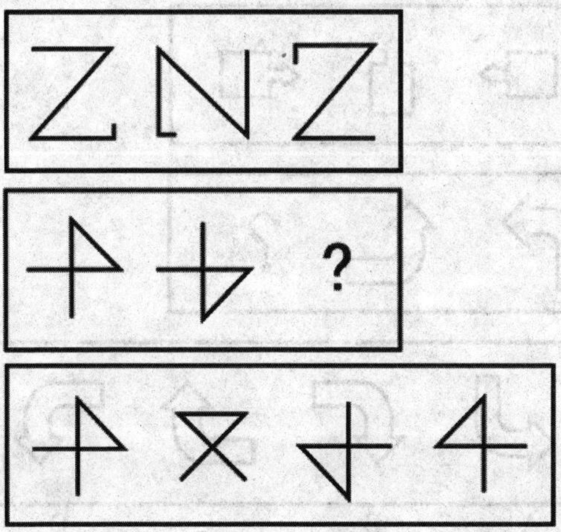

161. 黑白方块

根据所给图形的规律，问号处应该填什么图形？

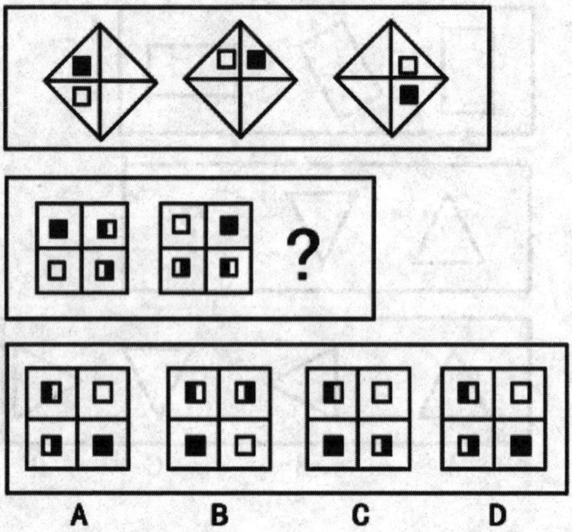

162. 不一样的箭头

根据所给图形的规律，问号处应该填什么图形？

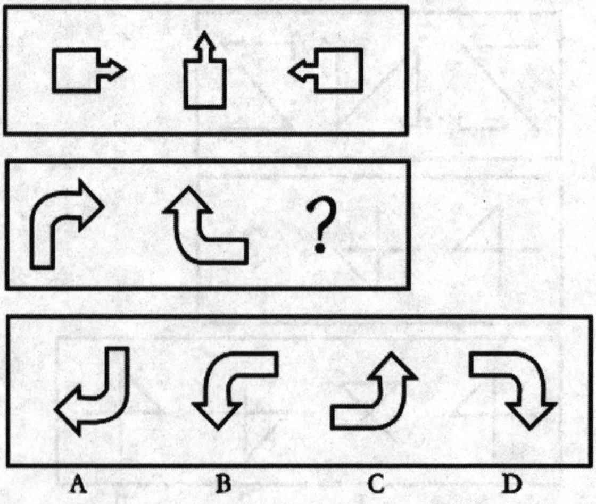

163. 阴　影

根据所给图形的规律，问号处应该填什么图形？

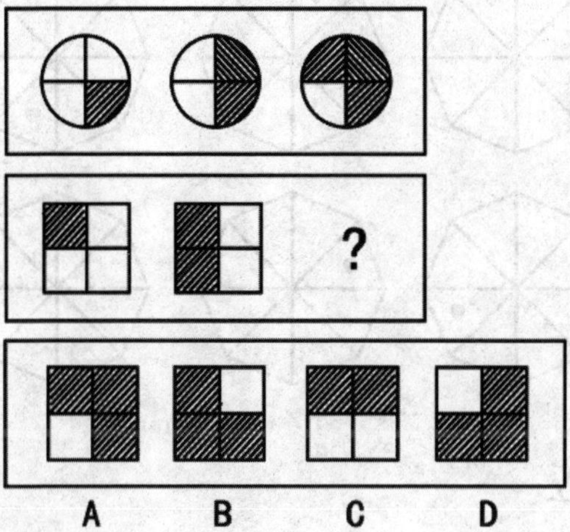

164. 两个方块

根据所给图形的规律，问号处应该填什么图形？

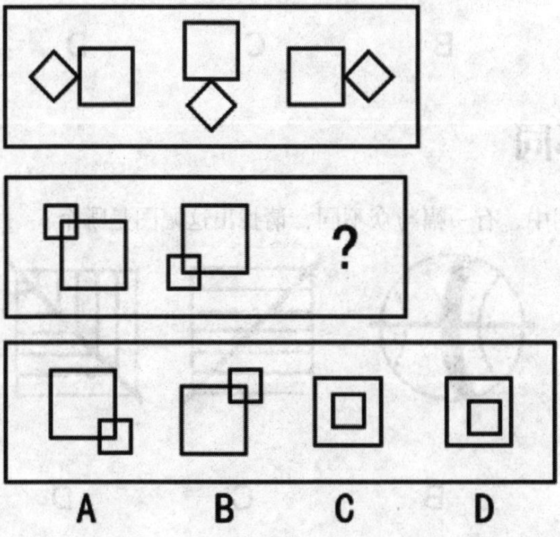

165. 旋　转

仔细观察前面五幅图的变化规律，确定最后一幅图中的心形应该标在哪里？

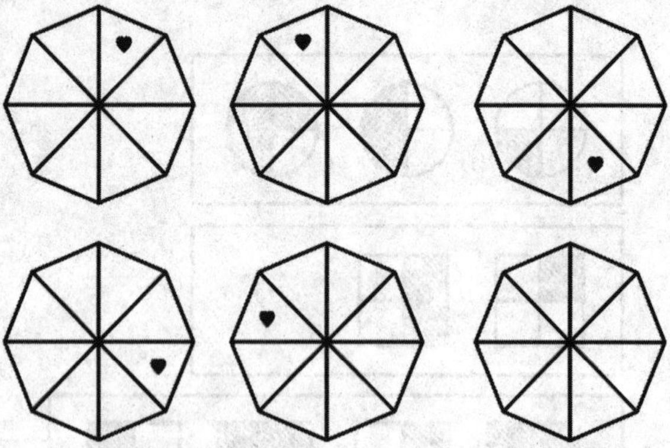

166. 两两对应

下面的五幅图中，其中四幅图两两对应，请找出余下那幅图是哪个？

A　B　C　D　E

167. 与众不同

下面的五幅图中，有一幅与众不同，请找出这幅图是哪个？

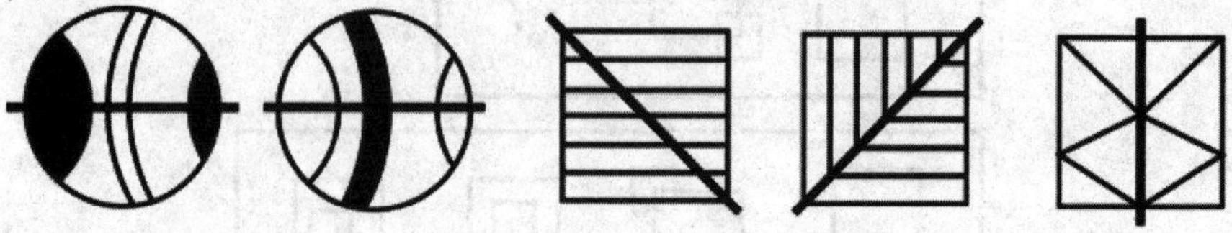

A　B　C　D　E

168. 找不同

下面的五幅图中，有一幅与众不同，请找出这幅图是哪个？

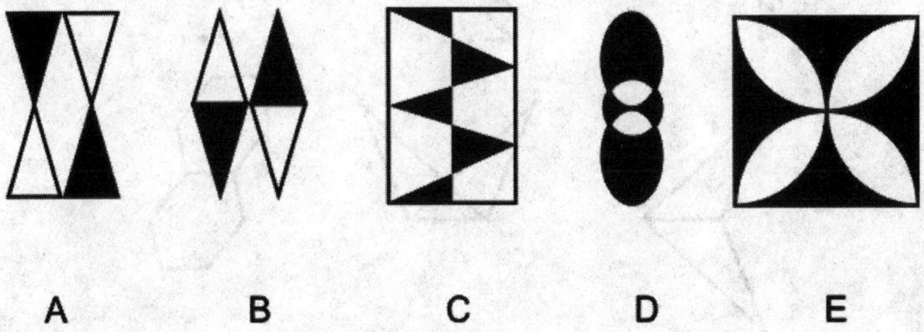

169. 对应关系（1）

下图中，如果图形1与图形2对应，那么与图形3对应的图形应该是哪个？

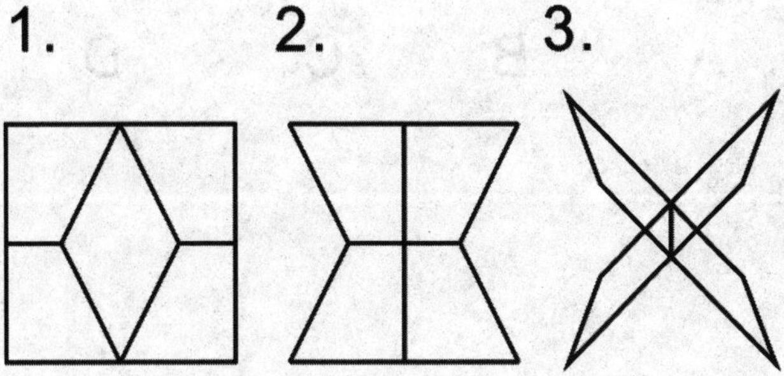

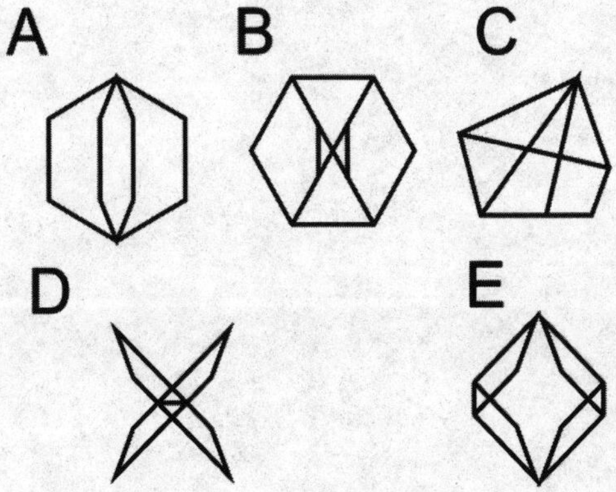

170. 对应关系（2）

下图中，如果图形1与图形2对应，那么与图形3对应的图形应该是哪个？

1.　　2.　　3.

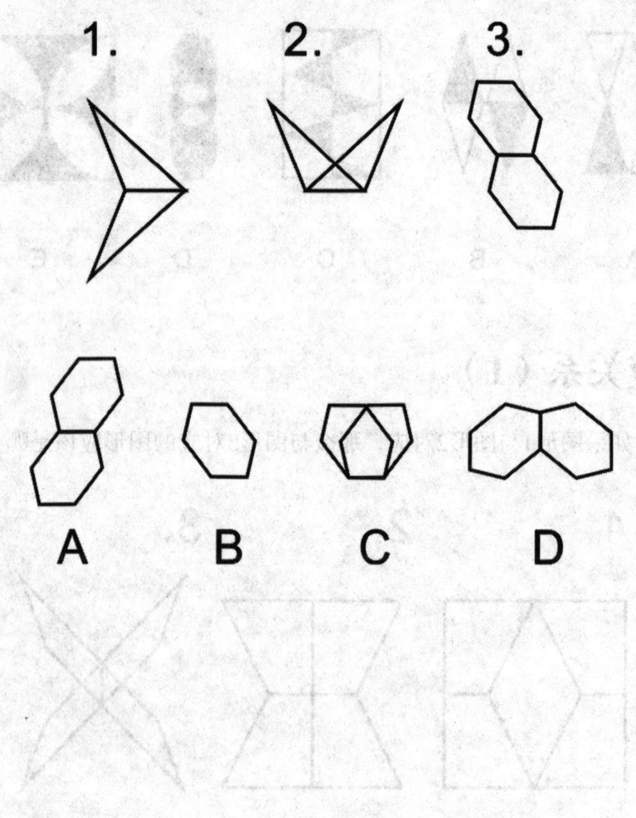

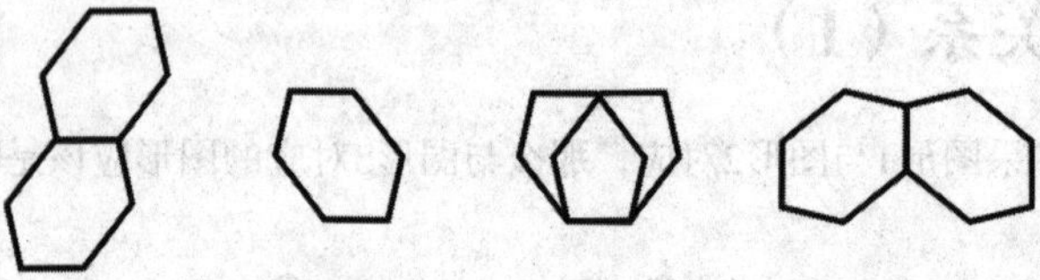

A　　B　　C　　D

第四篇　对应关系

171. 数字之谜

最后一个五角星的问号处应该填什么数？

172. 猜字母

按照图中字母排列的逻辑，问号处应该填哪一个字母？

173. 复杂的表格

下图是一些数字组成的表格，问号处代表什么数?

2	9	6	24
4	4	3	19
5	4	4	24
3	7	1	?

174. 缺少的数字

先分析一下表格中的数字排列有什么规律，然后依规律填出表格中问号处缺失的数字。

4	5	3	4	8
9	8	8	8	8
8	4	9	3	5
7	3	6	?	9

175. 按键密码

下面有三行数字，每行有八位，根据前两行数字之间的规律，请写出第三行问号处所代表的数字分别是多少？

55673685
92171564
2689????

176. D代表什么

如下图所示，A代表0，B代表9，C代表6，那么你知道D代表什么吗？

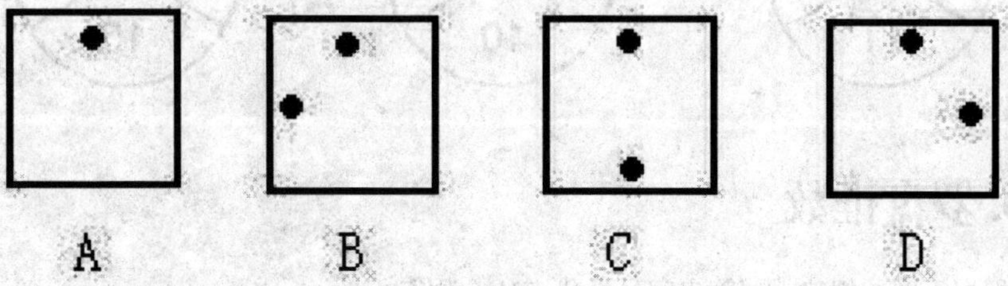

177. 五角星的数

找出下图中问号所代表的数。

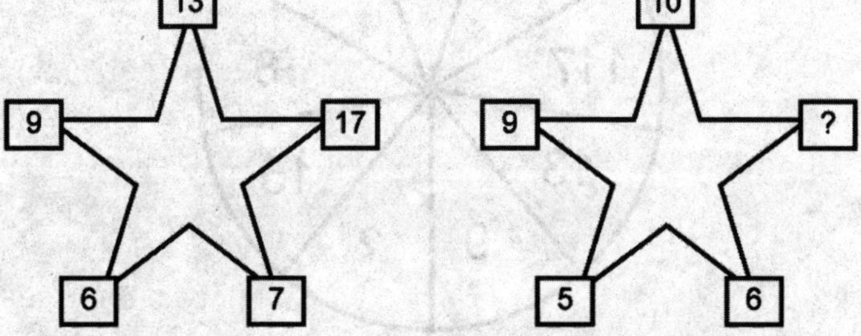

178. 填数字

你能看出最后一个三角形的右下角问号处应该是什么数字吗？

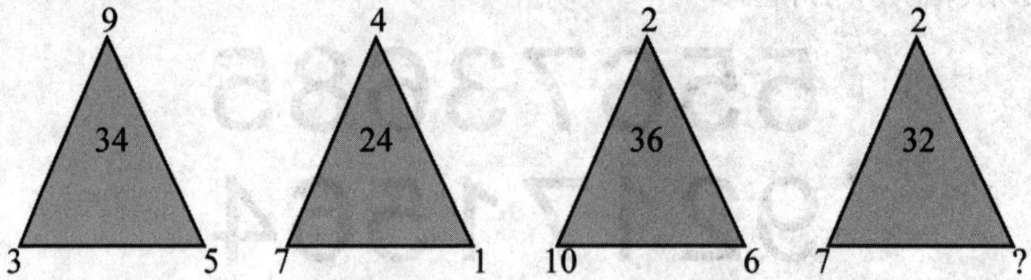

179. 分割圆环

如下图，最后一个被分割的圆环里的问号处应该填什么数？

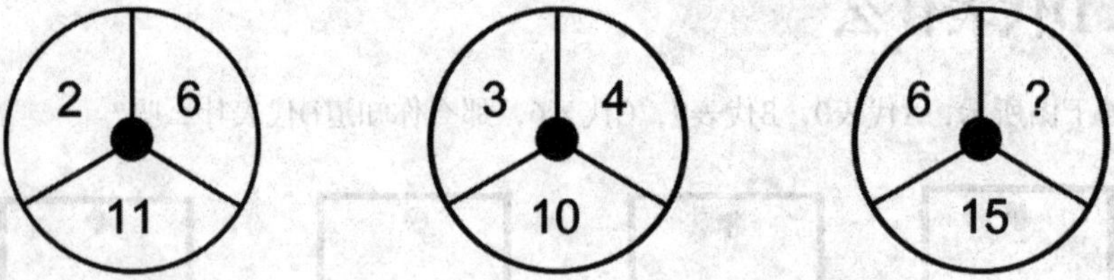

180. 罗盘推数

根据下图的规律，请算出问号处代表什么数字？

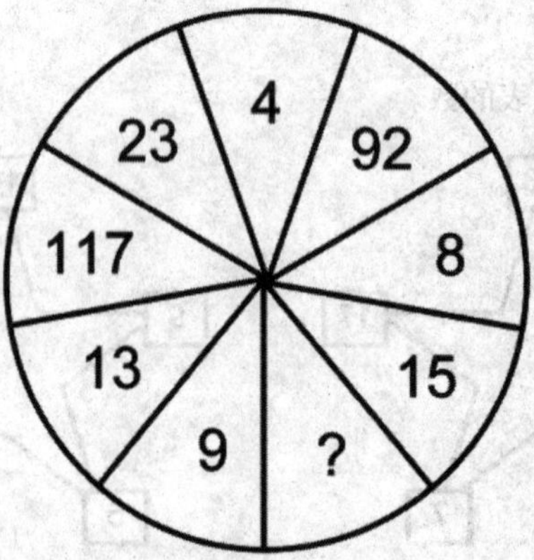

181. 补充数字

按图中的规律，问号处应该填什么数？

182. 数字箭靶

这个箭靶上有一些数字，根据变化规律，写出空格中的数。

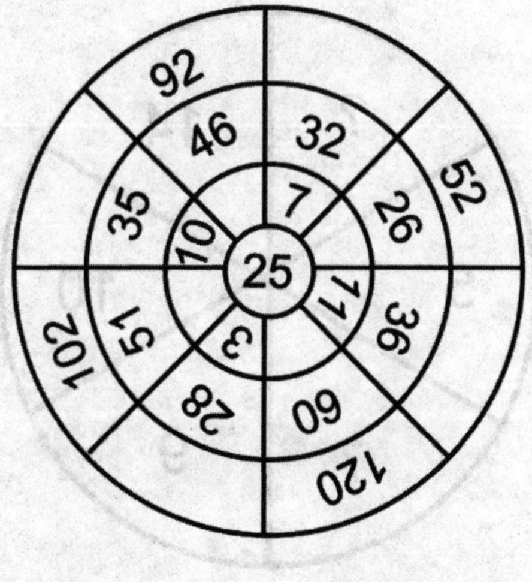

183. 圆环上的数字

根据下图中已给出的各个数字之间的逻辑关系，选择一个正确的答案填入问号处。

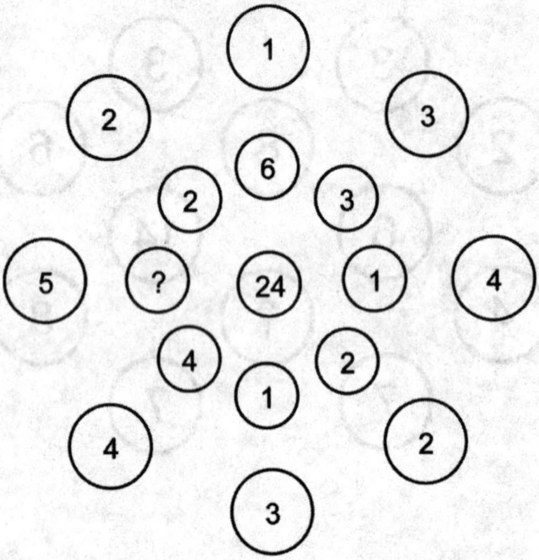

A.8　B.3　C.6　D.1　E.5　F.2

184. 对应数

根据下图中扇形内的数字排列规律，填出问号处对应的数。

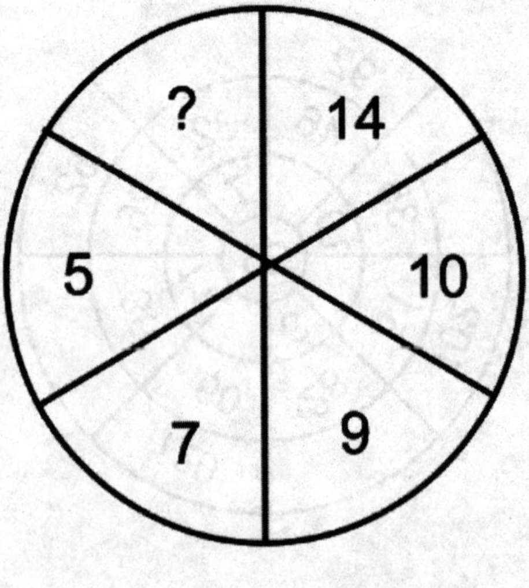

185. 数字填空

按照下图中数字的排列规则，问号处应该填什么数字？

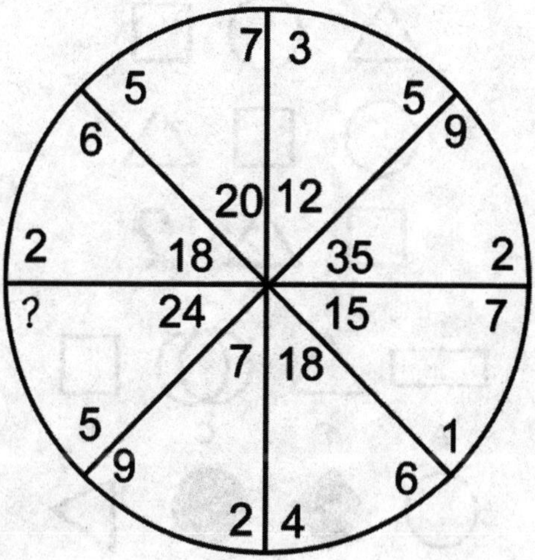

186. 灰色九宫格

从选项中找出一个图形填在题目中的问号处，使所给的九个图形符合某一特定的规律。

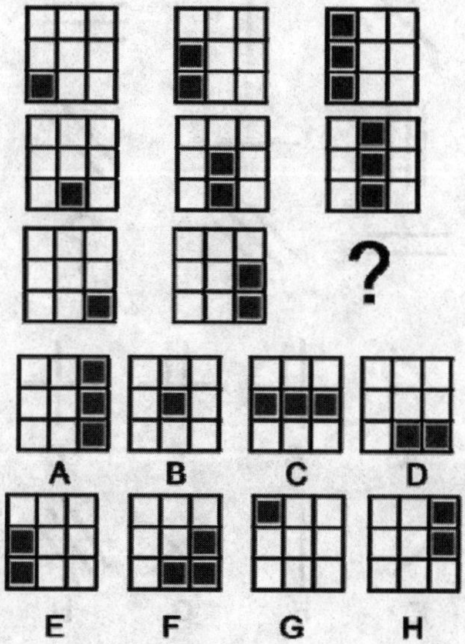

187. 圆三角方块

从选项中找出一个图形填在题目中的问号处，使所给的九个图形符合某一特定的规律。

188. 三条直线

从选项中找出一个图形填在题目中的问号处，使所给的九个图形符合某一特定的规律。

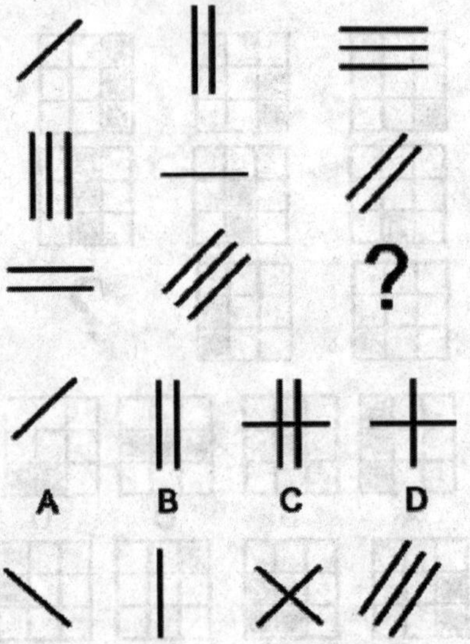

189. 三叶草

从选项中找出一个图形填在题目中的问号处，使所给的九个图形符合某一特定的规律。

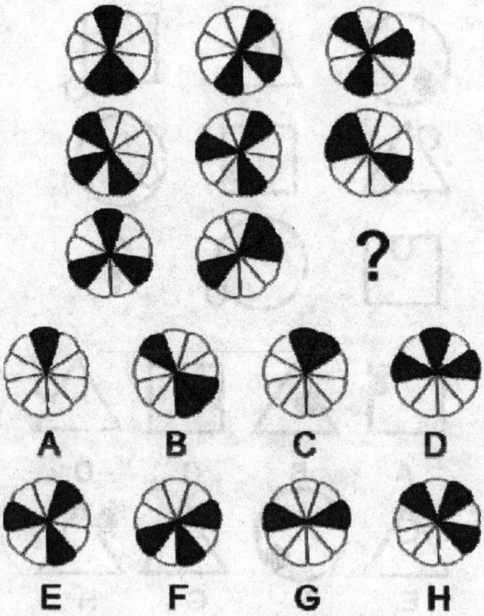

190. 黑与白

从选项中找出一个图形填在题目中的问号处，使所给的九个图形符合某一特定的规律。

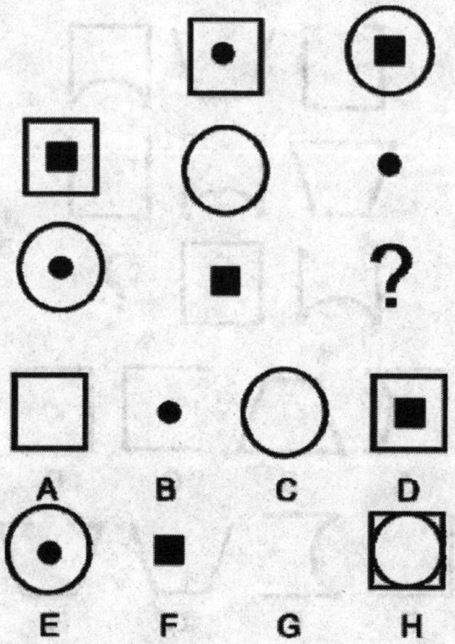

191. 黑白点

从选项中找出一个图形填在题目中的问号处，使所给的九个图形符合某一特定的规律。

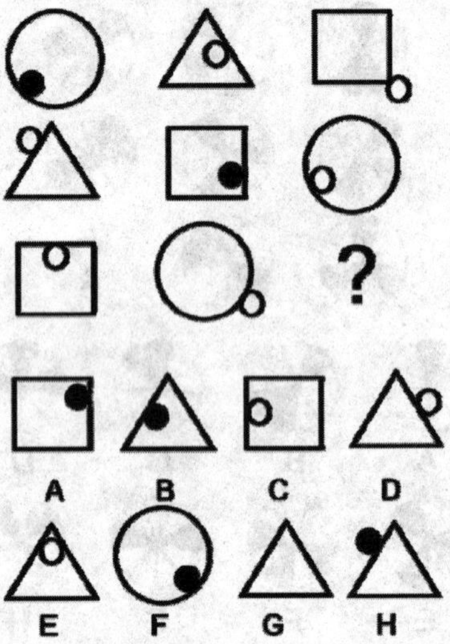

192. 开　口

从选项中找出一个图形填在题目中的问号处，使所给的九个图形符合某一特定的规律。

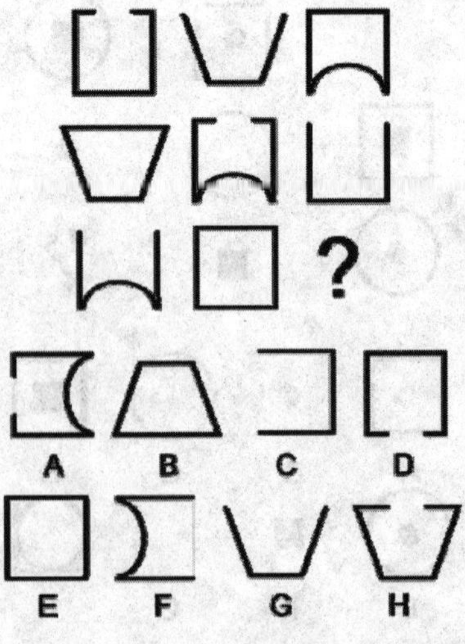

193. 图形组合

从选项中找出一个图形填在题目中的问号处，使所给的九个图形符合某一特定的规律。

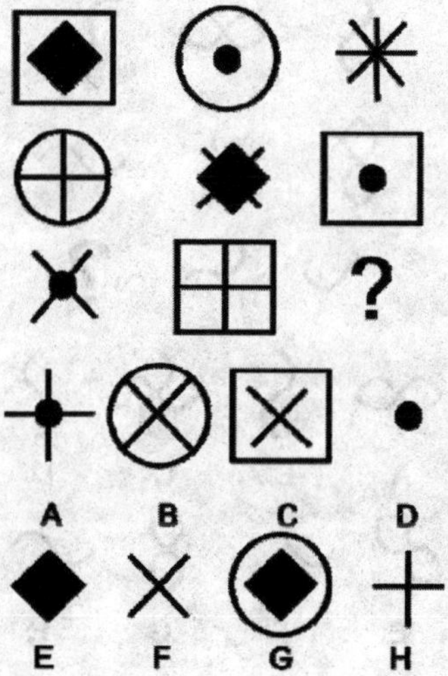

194. 花瓣变化

从选项中找出一个图形填在题目中的问号处，使所给的九个图形符合某一特定的规律。

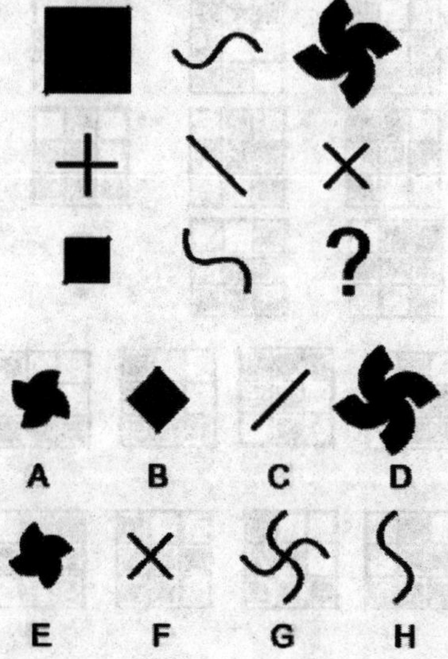

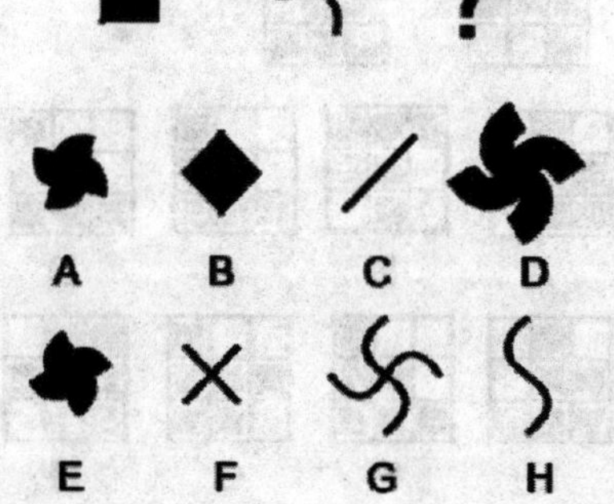

195. 两条曲线

从选项中找出一个图形填在题目中的问号处，使所给的九个图形符合某一特定的规律。

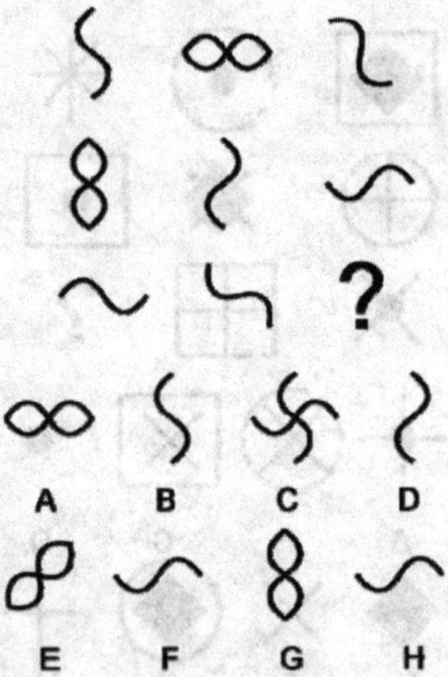

196. 三色柱状图

从选项中找出一个图形填在题目中的问号处，使所给的九个图形符合某一特定的规律。

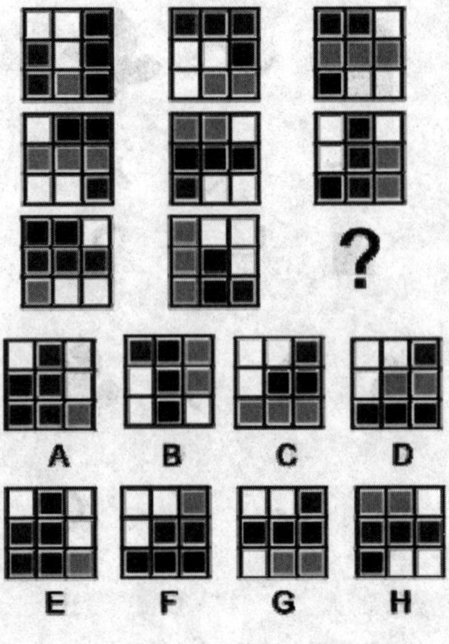

197. 组合关系

根据所给图形的规律，空白处应该填什么？

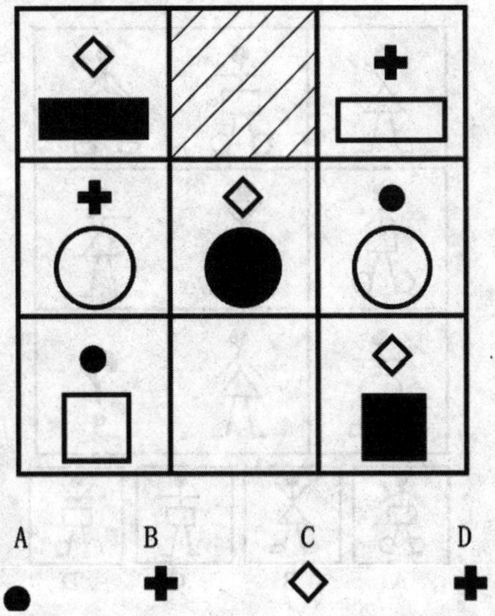

198. 位置关系

根据所给图形的规律，空白处应该填什么？

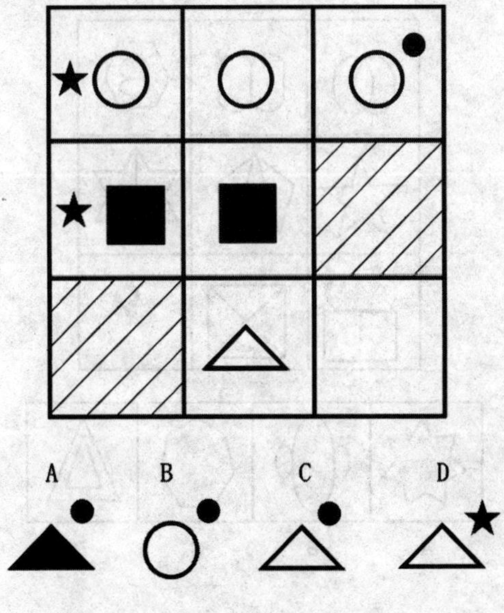

199. 跳舞的人

根据所给图形的规律，问号处应该填什么图形？

200. 复杂的规律

根据所给图形的规律，问号处应该填什么图形？

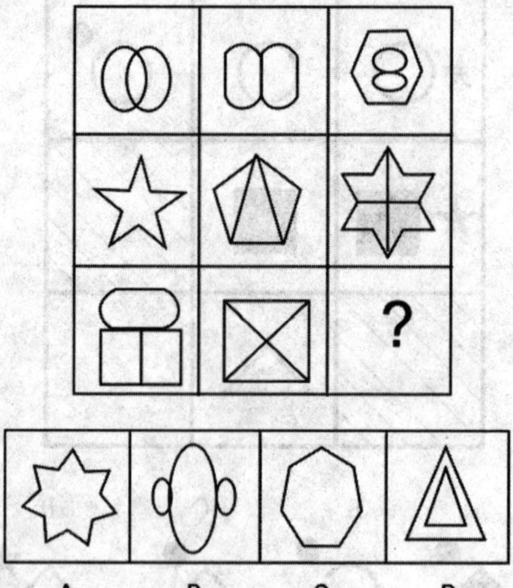

201. 九宫图案

根据所给图形的规律，问号处应该填什么图形？

202. 男人女人

根据所给图形的规律，问号处应该填什么图形？

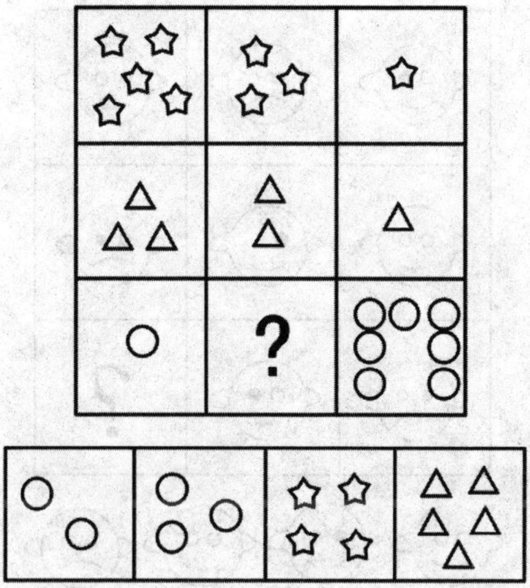

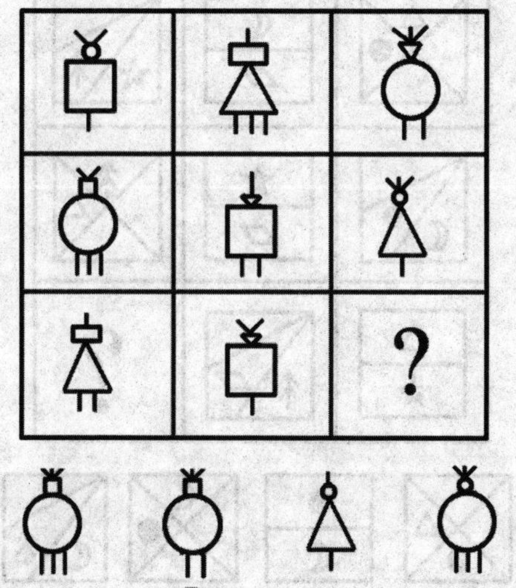

203. 大头娃娃

根据所给图形的规律，问号处应该填什么图形？

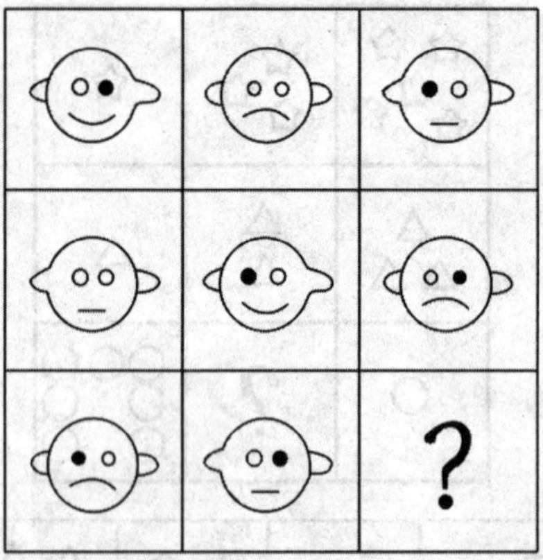

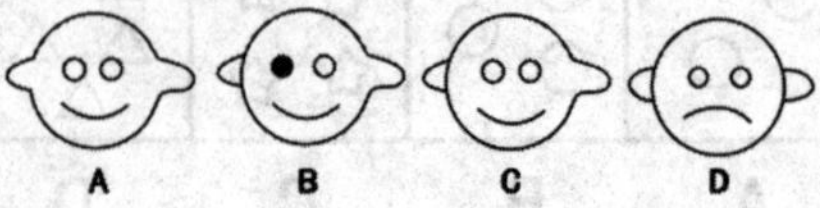

204. 日月星辰

根据所给图形的规律，问号处应该填什么图形？

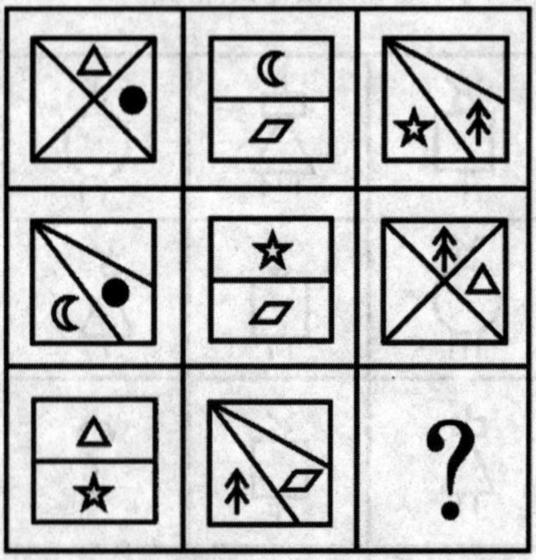

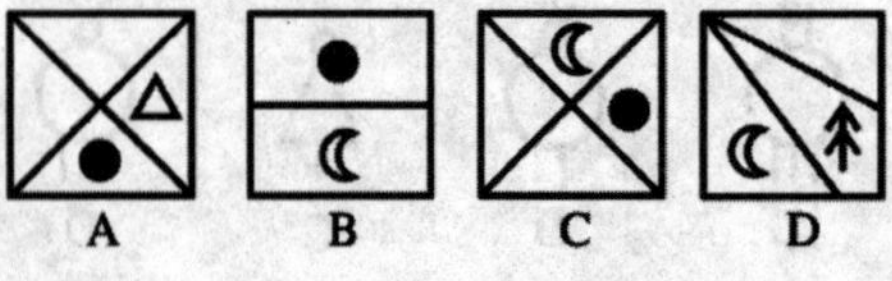

205. 黑白图形

根据所给图形的规律，空白处应该填什么图形？

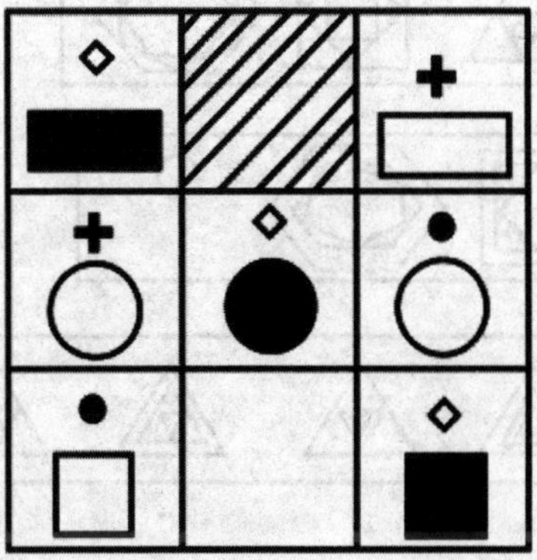

206. 图标组合

根据所给图形的规律，下一个图形应该是哪个？

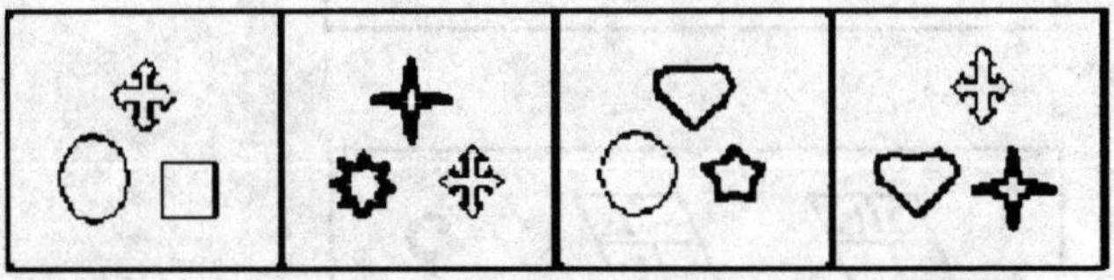

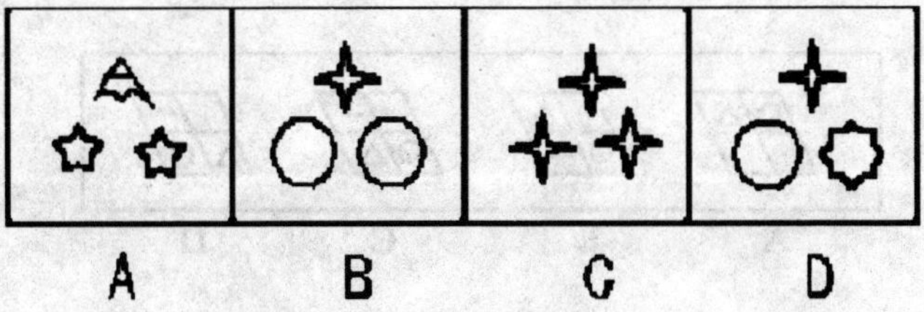

207. 多边形

根据所给图形的规律，问号处应该填什么图形？

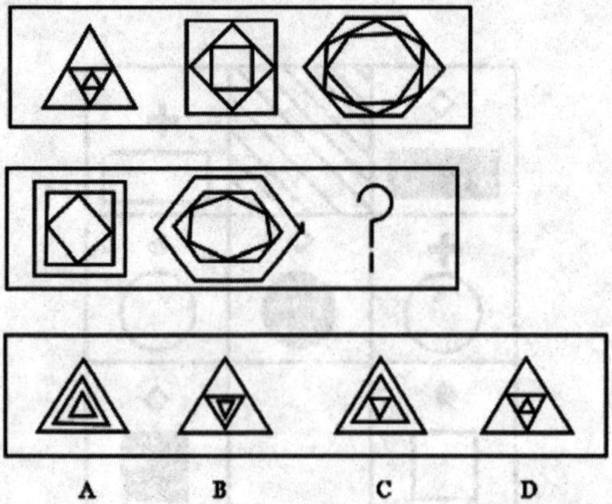

208. 有趣的方格

根据所给图形的规律，问号处应该填什么图形？

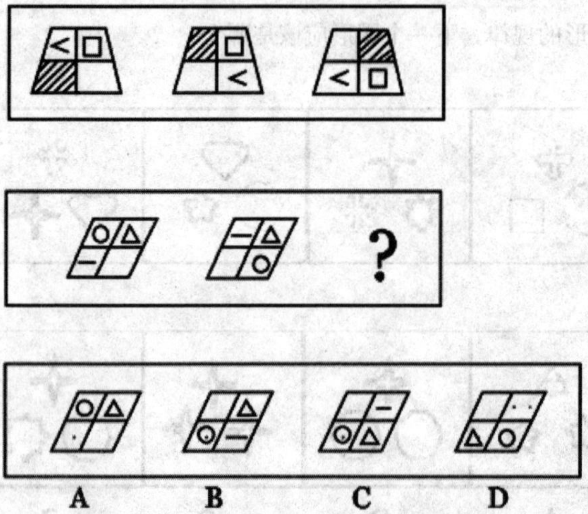

209. 奇怪的规律

根据所给图形的规律，问号处应该填什么图形？

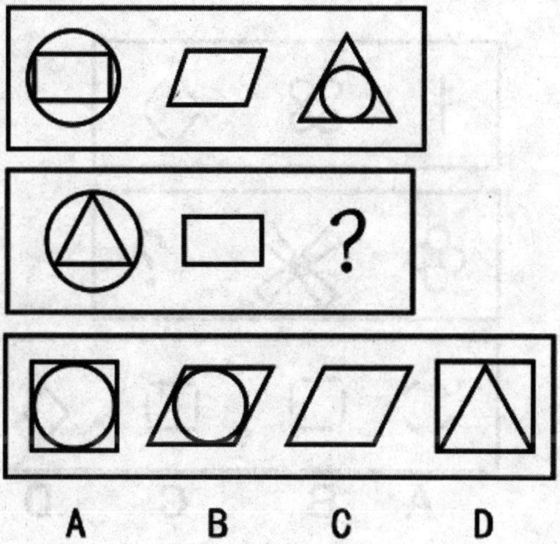

210. 三角形

根据所给图形的规律，问号处应该填什么图形？

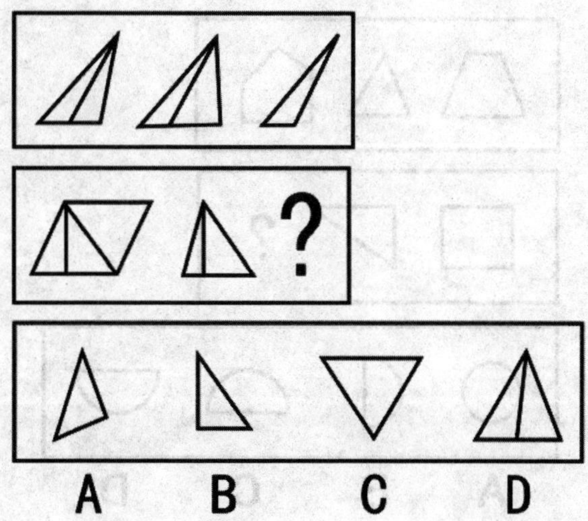

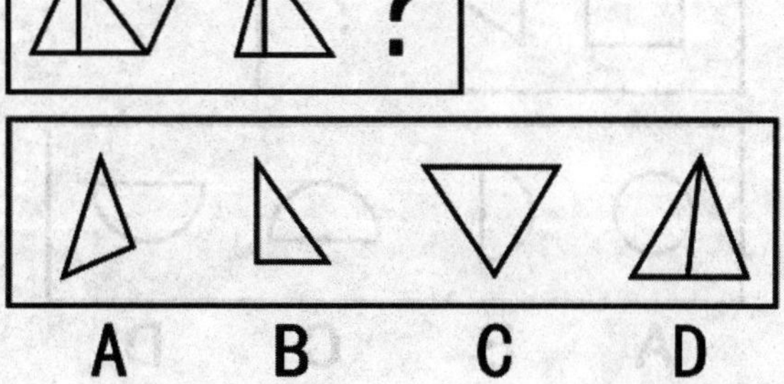

211. 花瓣图形

根据所给图形的规律，问号处应该填什么图形？

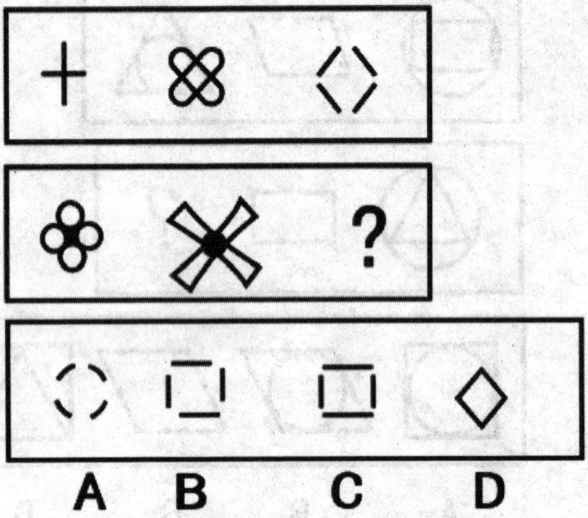

212. 简单的规律

根据所给图形的规律，问号处应该填什么图形？

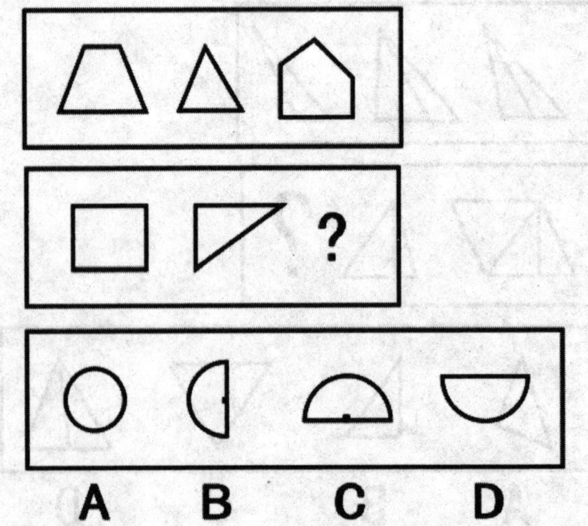

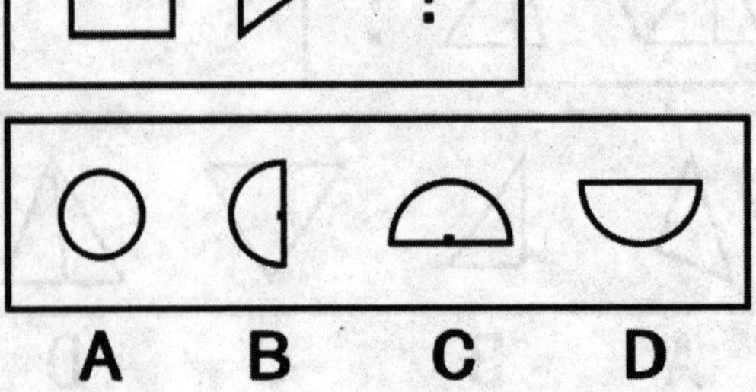

213. 复杂的图形

根据所给图形的规律，问号处应该填什么图形？

214. 小圆圈

根据所给图形的规律，问号处应该填什么图形？

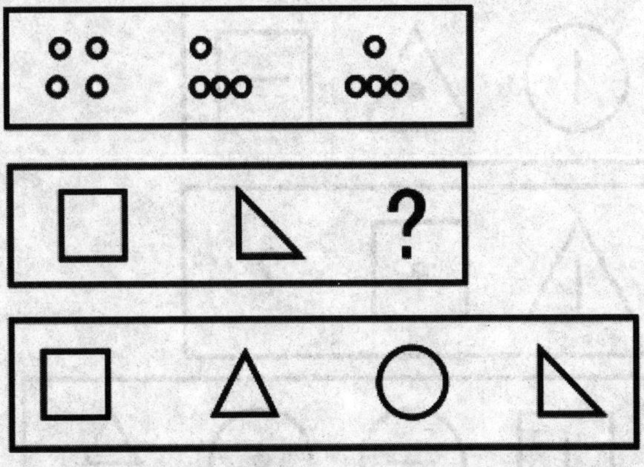

215. 图形对比

根据所给图形的规律，问号处应该填什么图形？

216. 对应关系

根据所给图形的规律，问号处应该填什么图形？

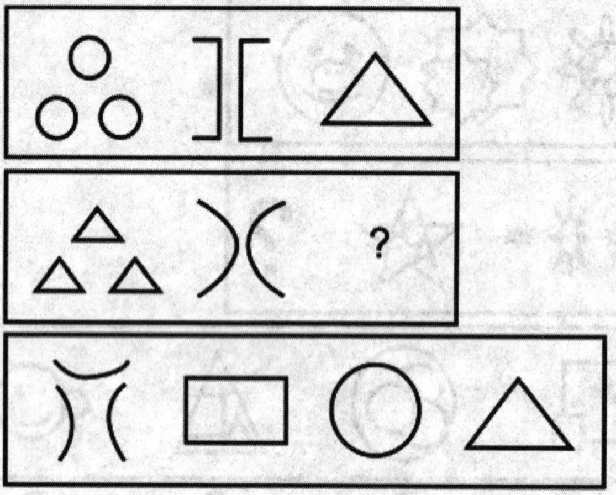

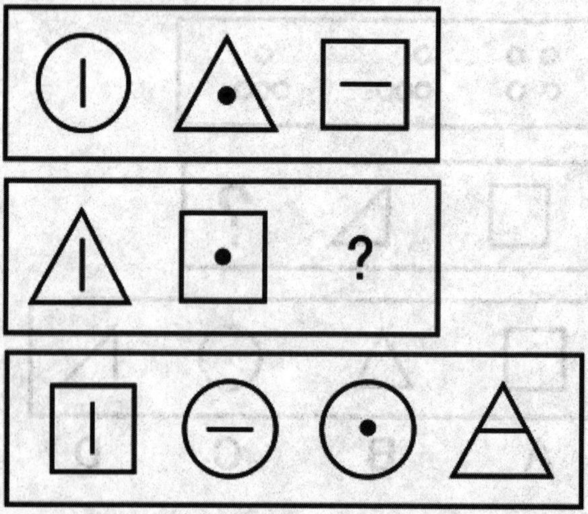

217. 切割图形

根据所给图形的规律，问号处应该填什么图形？

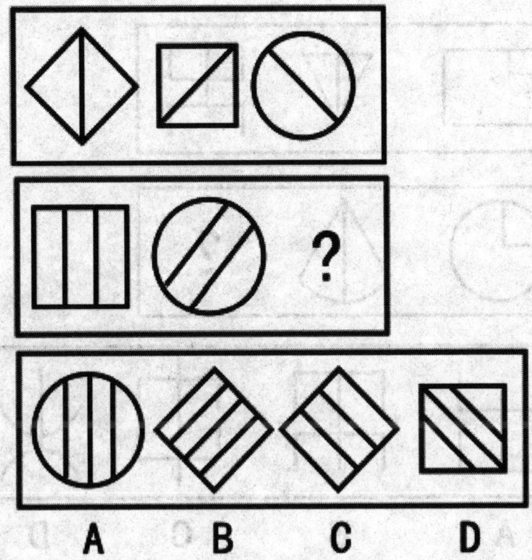

218. 三角与扇形

根据所给图形的规律，问号处应该填什么图形？

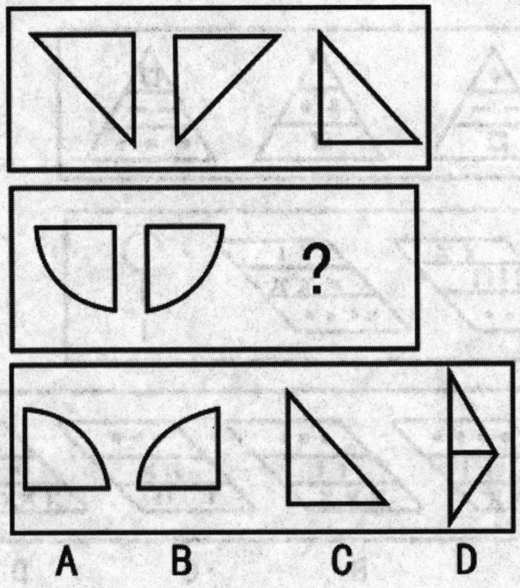

219. 直线和曲线

根据所给图形的规律，问号处应该填什么图形？

220. 金字塔

根据所给图形的规律，问号处应该填什么图形？

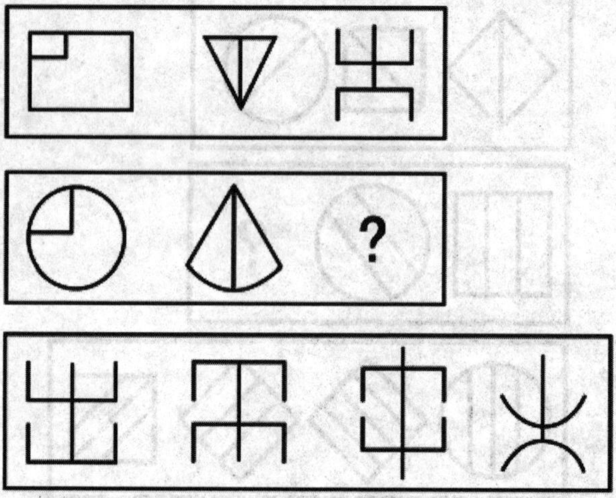

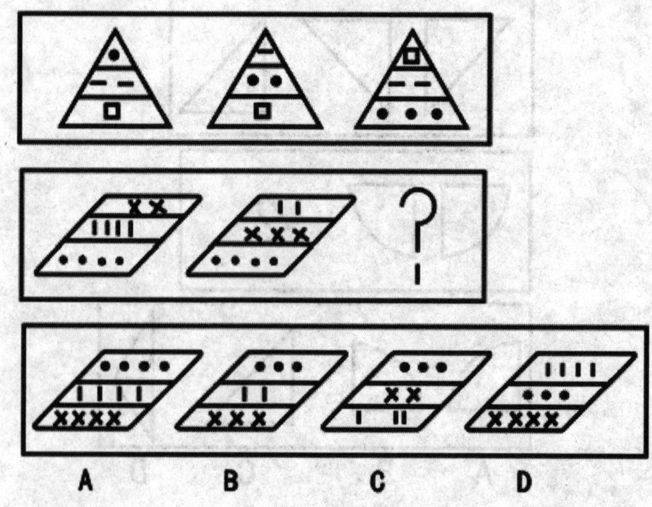

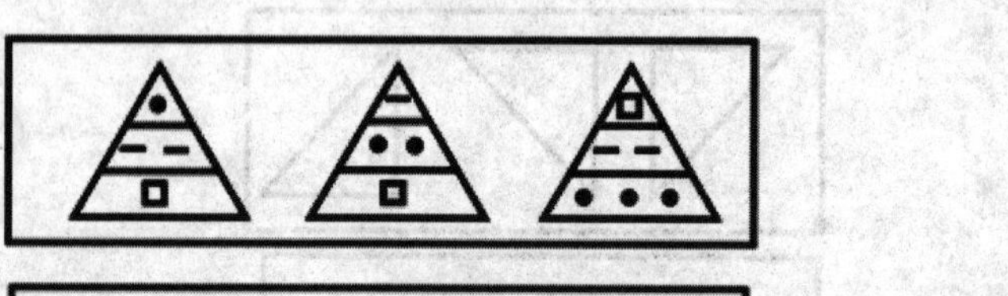

221. 黑白图案

根据所给图形的规律，问号处应该填什么图形？

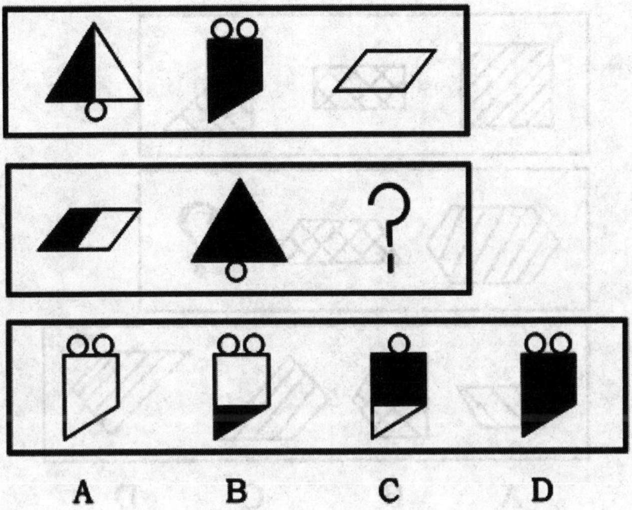

222. 笑 脸

根据所给图形的规律，问号处应该填什么图形？

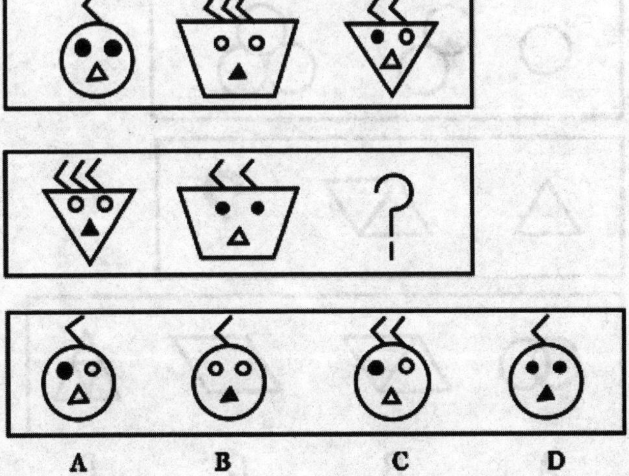

223. 斜　线

根据所给图形的规律，问号处应该填什么图形？

224. 圆与三角形

根据所给图形的规律，问号处应该填什么图形？

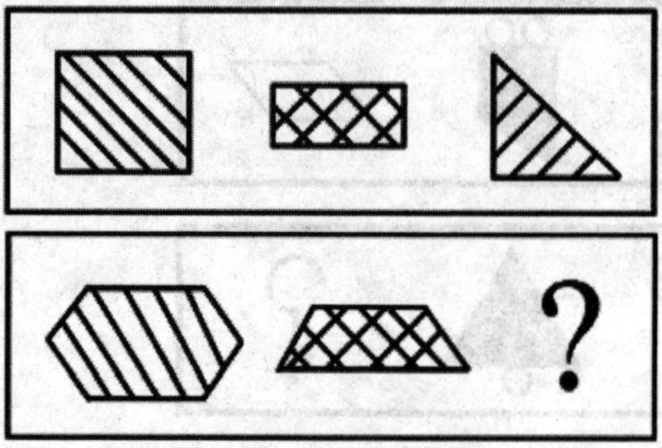

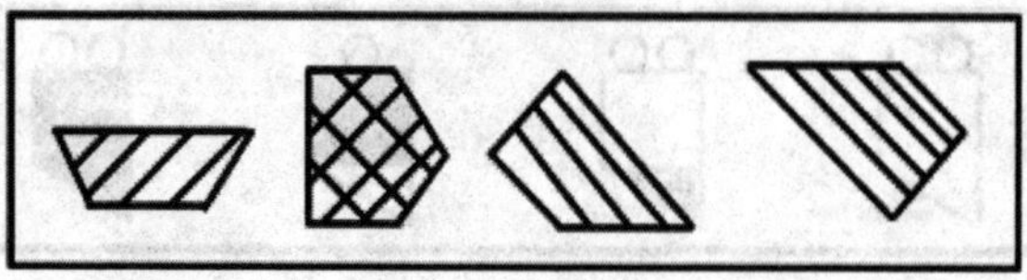

225. 简单的规则

根据所给图形的规律，下一个图形应该是哪个？

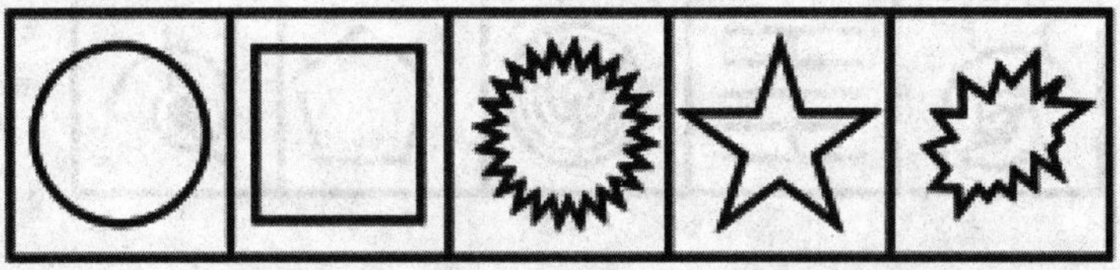

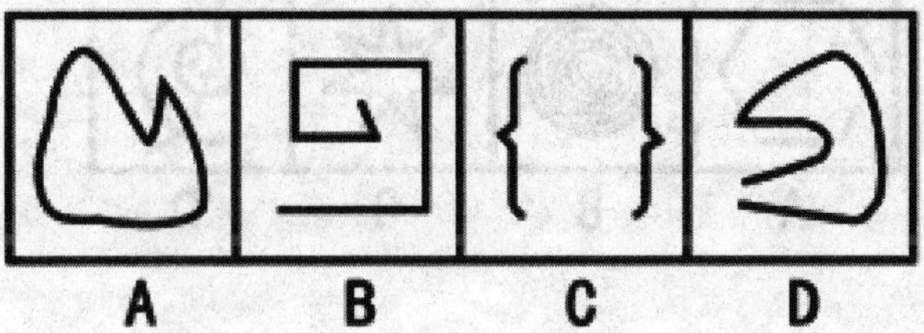

226. 找共同点

下面给出的四个选项中，哪一个图形与所给图形是同一类的？

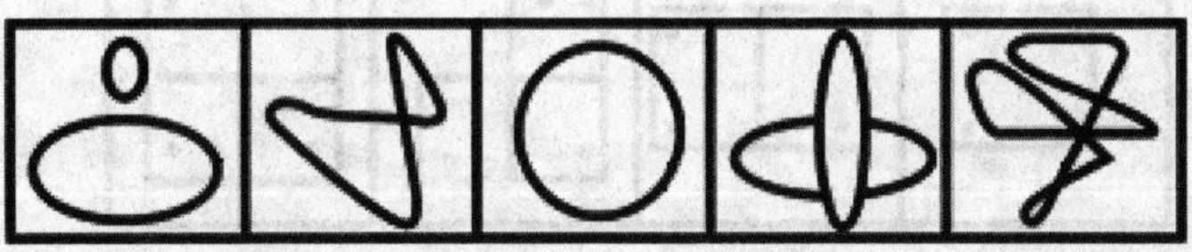

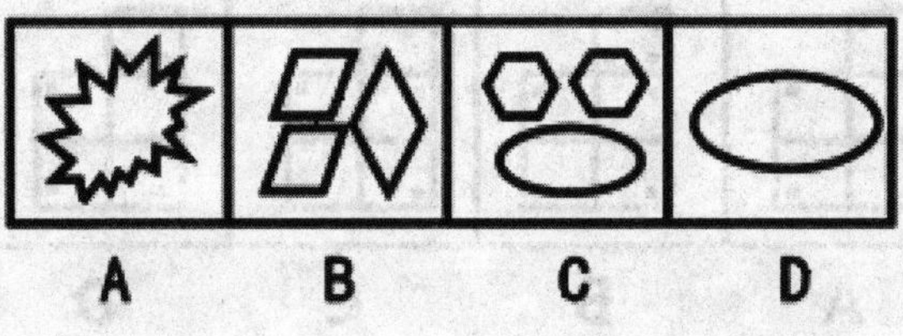

227. 螺旋曲线

根据所给图形的规律，问号处应该填什么图形？

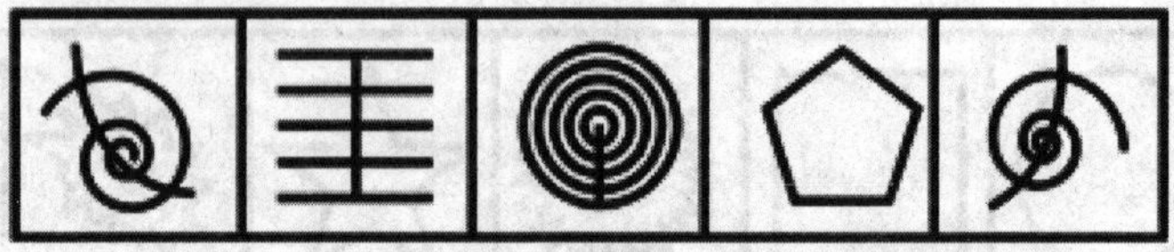

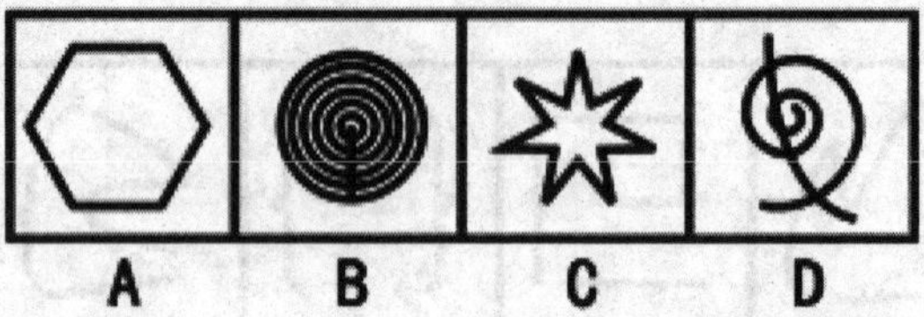

228. 钉木板

按照所给图形的变化规律，下一幅图应该是什么样子的？

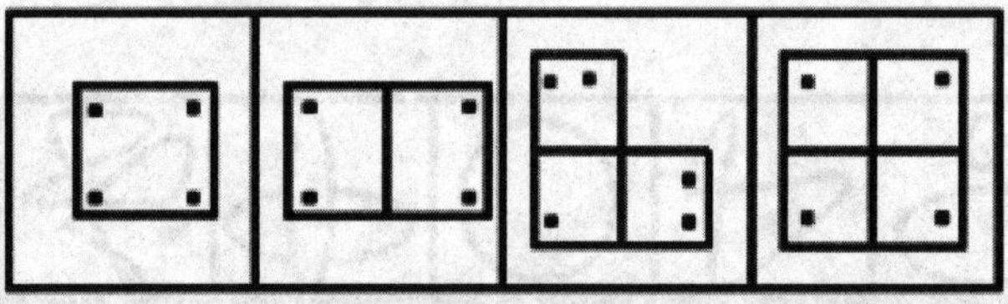

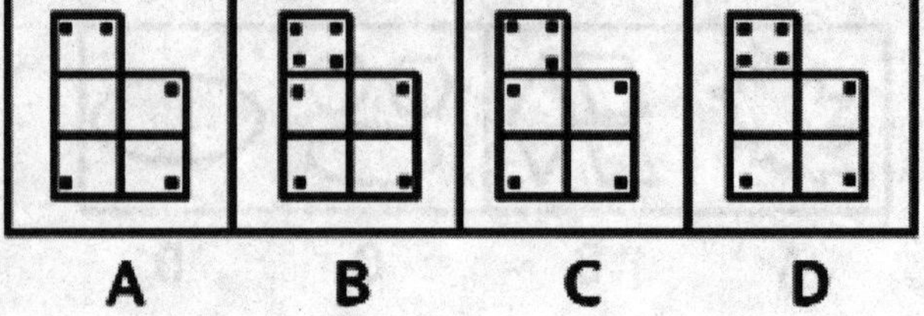

229. 直线三角圆圈

根据所给图形的规律，下一个图形应该是哪个？

230. 小图标

根据所给图形的规律，下一个图形应该是哪个？

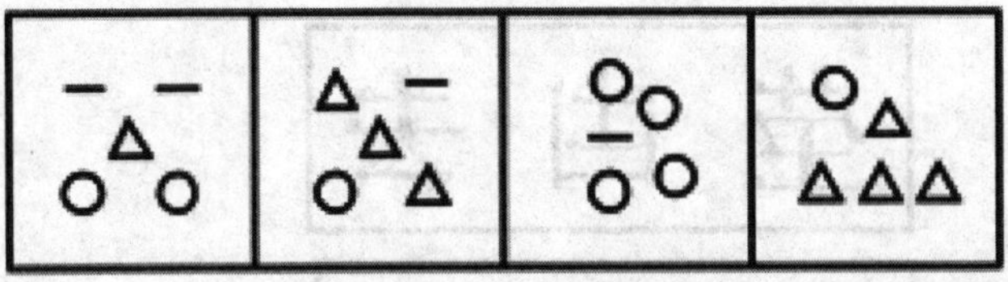

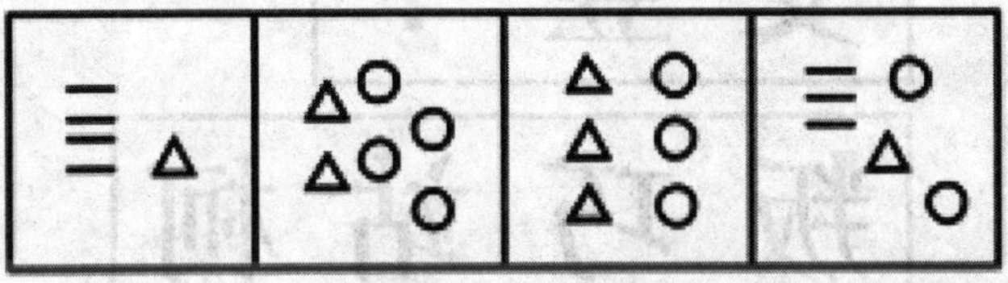

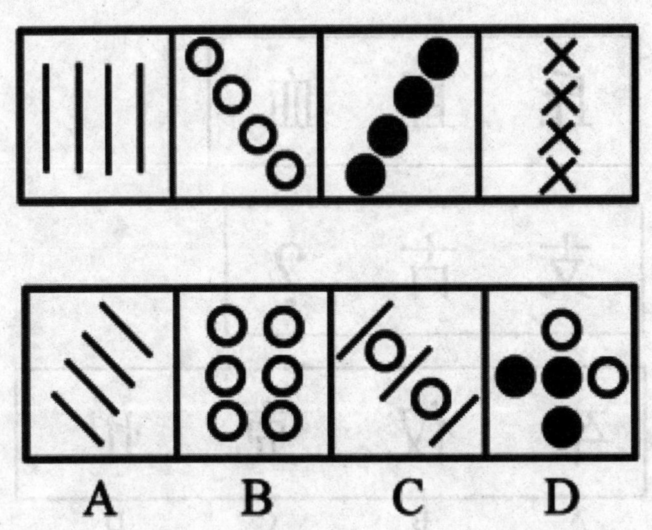

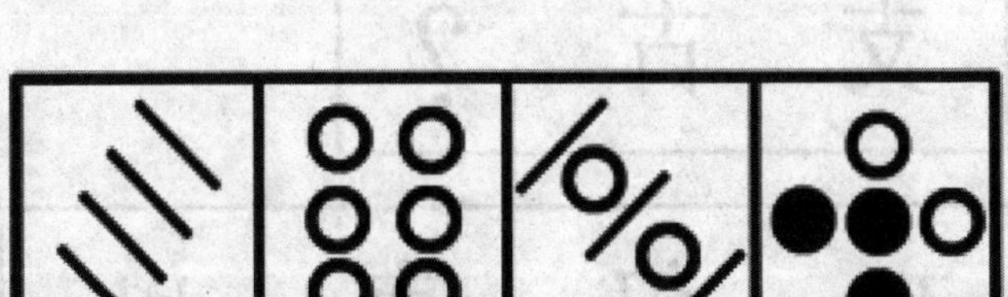

231. 汉字有规律

根据所给图形的规律，问号处应该填什么图形？

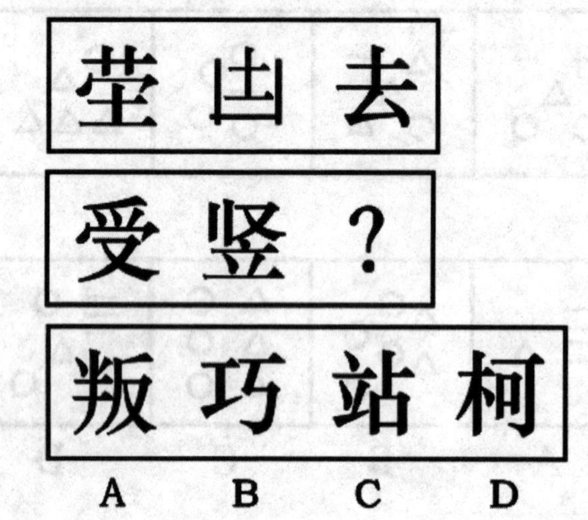

232. 汉字的规律

根据所给图形的规律，问号处应该填什么图形？

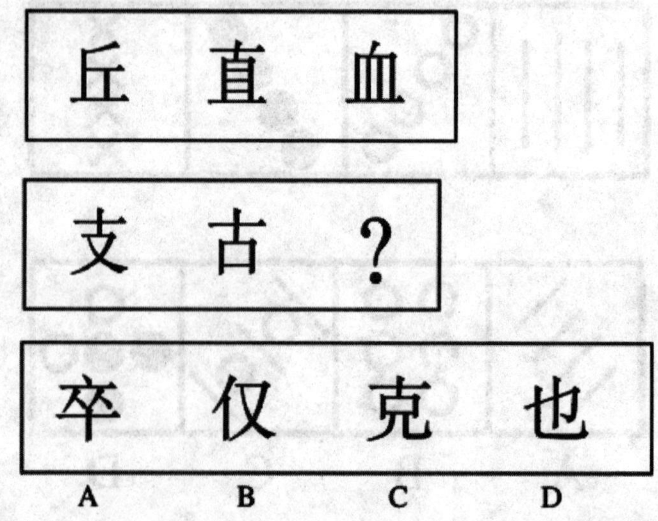

233. 奇妙的规律

根据所给图形的规律，问号处应该填什么图形？

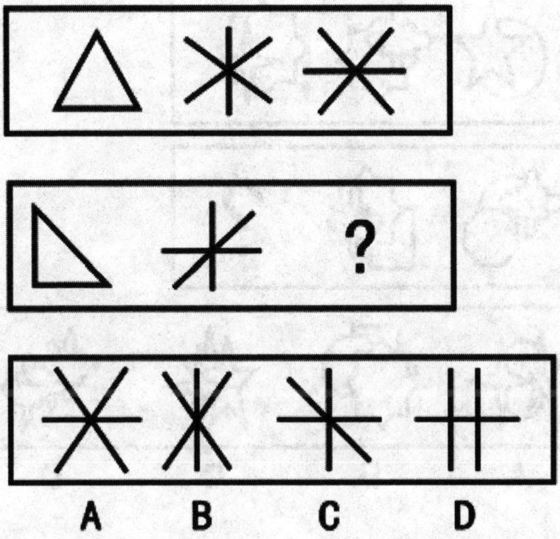

234. 不同的规律

下面四个图形中，哪一个与其他三幅图的规律不同？

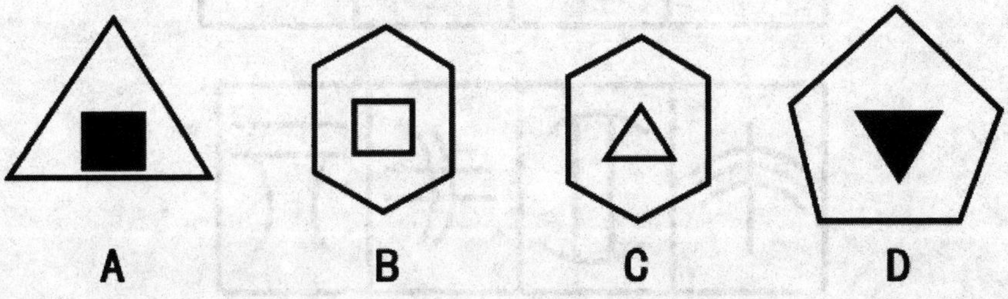

235. 星光闪闪

根据所给图形的规律，问号处应该填什么图形？

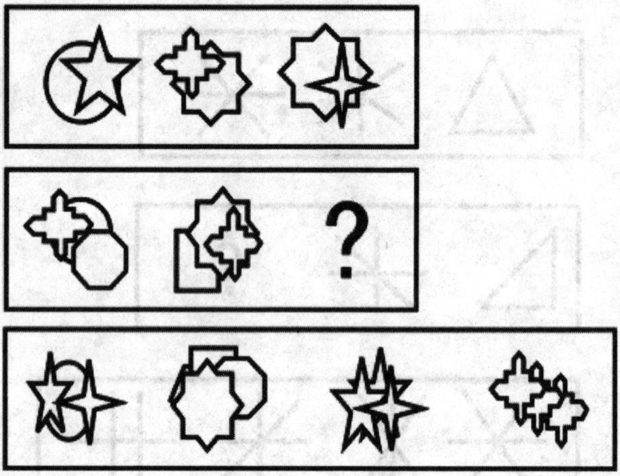

A B C D

236. 直线与弧线

从四个选项中找出一个与所给图形规律相同的图形。

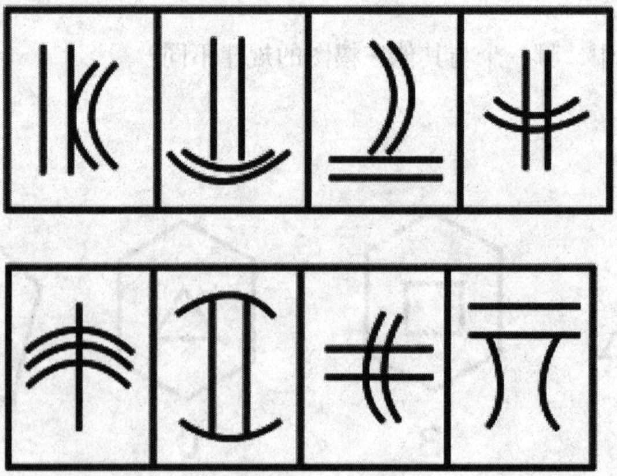

A B C D

237. 字母逻辑

根据所给图形的规律，问号处应该填什么图形？

T	L	V	
N	H	?	
A	M	I	E
A	B	C	D

238. 跳舞的孩子

根据所给图形的规律，问号处应该填什么图形？

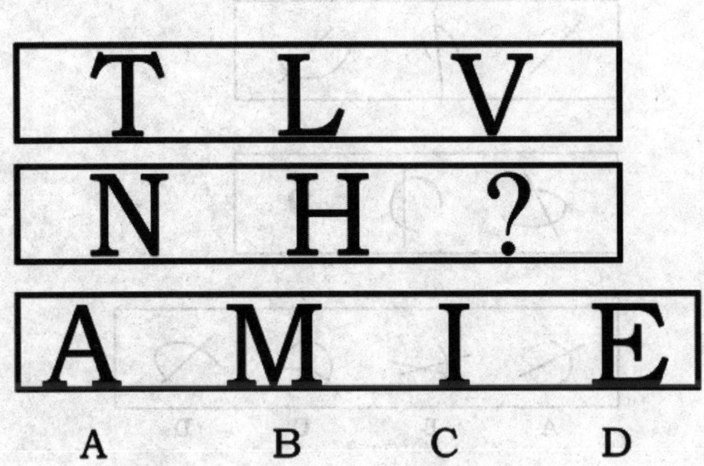

239. 曲　线

根据所给图形的规律，问号处应该填什么图形？

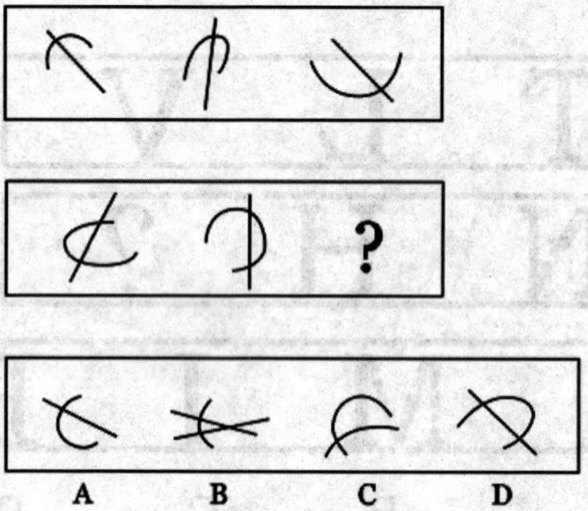

240. 直　线

根据所给图形的规律，问号处应该填什么图形？

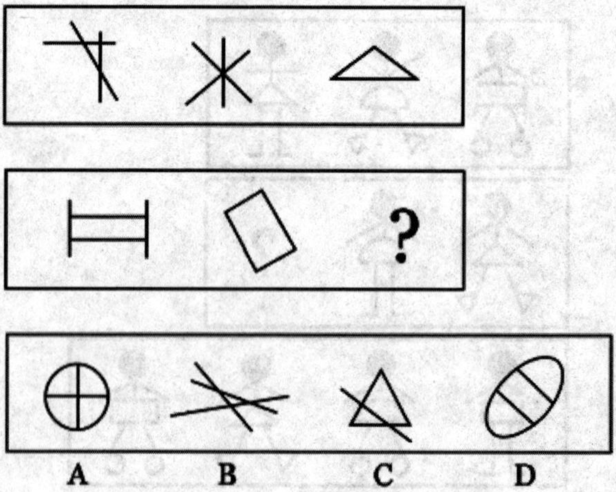

241. 复杂曲线

根据所给图形的规律，问号处应该填什么图形？

242. 折线与直线

根据所给图形的规律，问号处应该填什么图形？

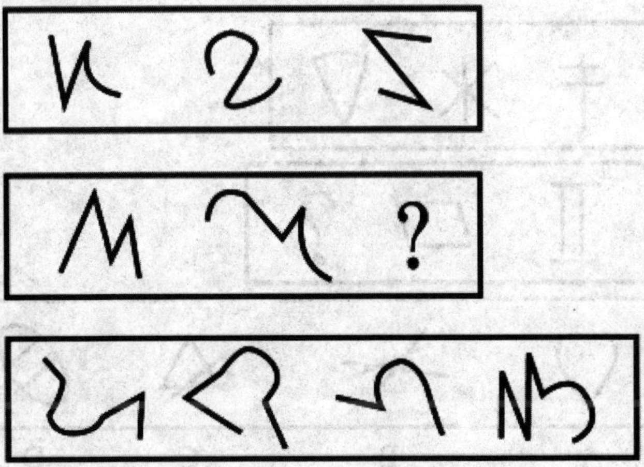

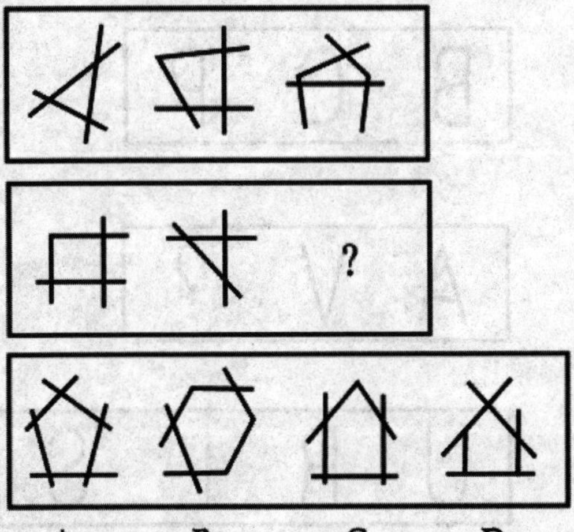

243. 找规律

根据所给图形的规律，问号处应该填什么图形？

244. 字母的规律

根据所给图形的规律，问号处应该填什么图形？

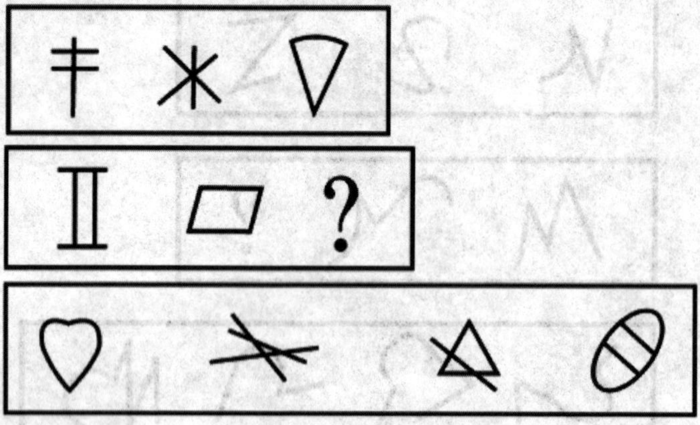

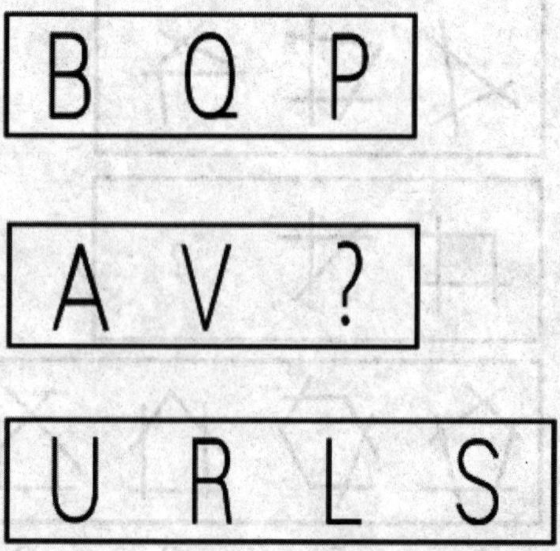

245. 神奇的规律

根据所给图形的规律，问号处应该填什么图形？

246. 方格阵列

根据所给图形的规律，问号处应该填什么图形？

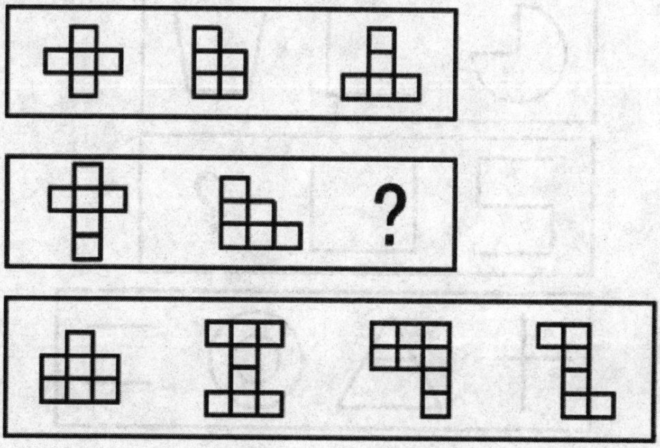

247. 曲线组合

根据所给图形的规律，问号处应该填什么图形？

248. 线条的规律

根据所给图形的规律，问号处应该填什么图形？

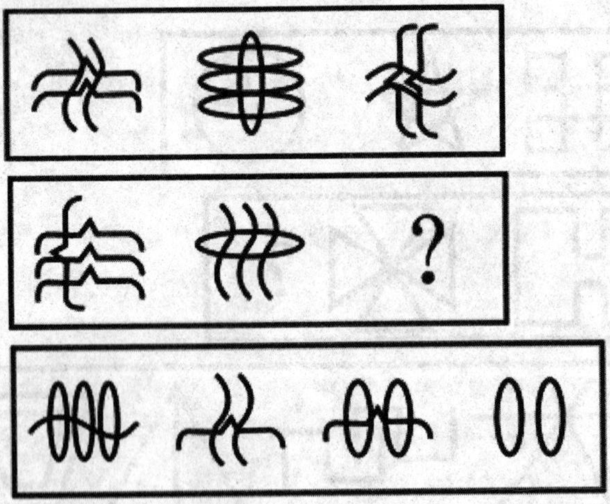

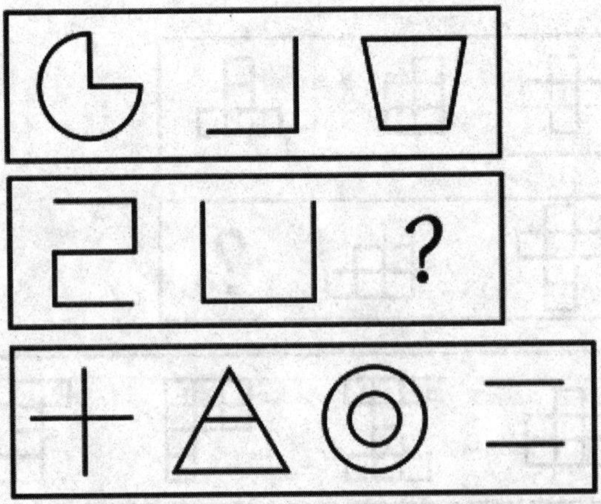

249. 立体图

根据所给图形的规律，问号处应该填什么图形？

250. 阴影的共性

根据所给图形的规律，问号处应该填什么图形？

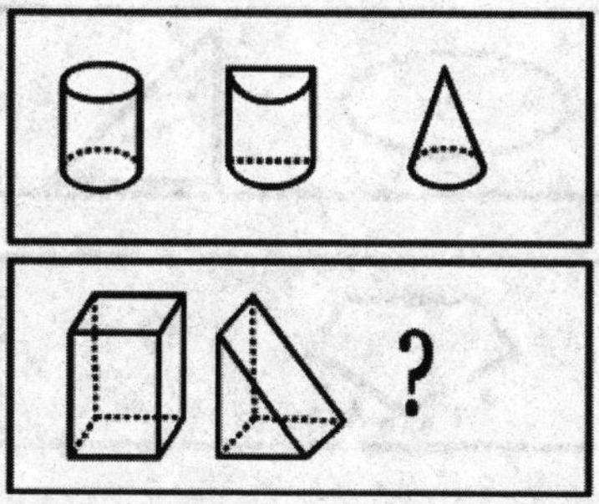

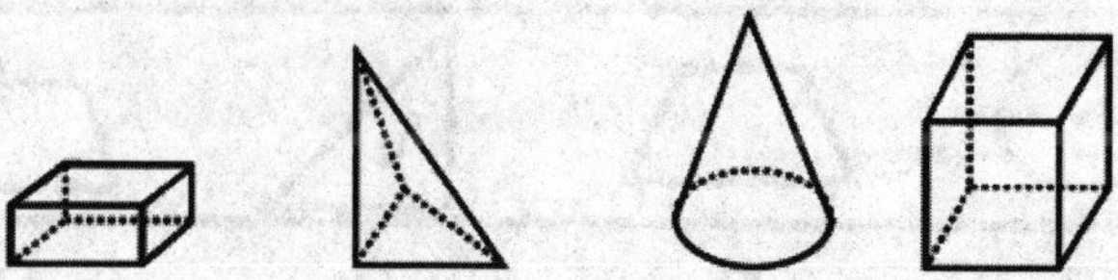

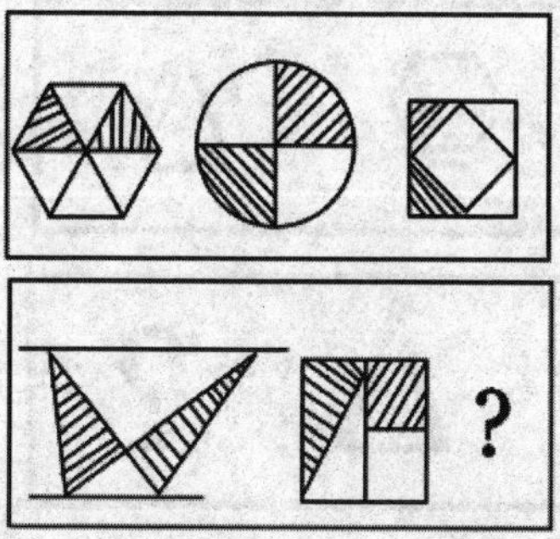

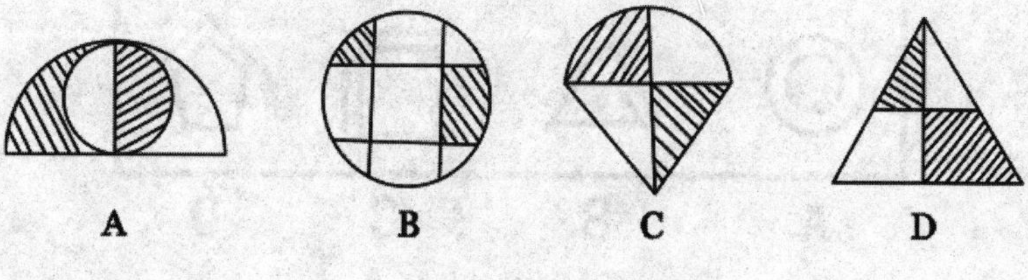

251. 小圆点

根据所给图形的规律，问号处应该填什么图形？

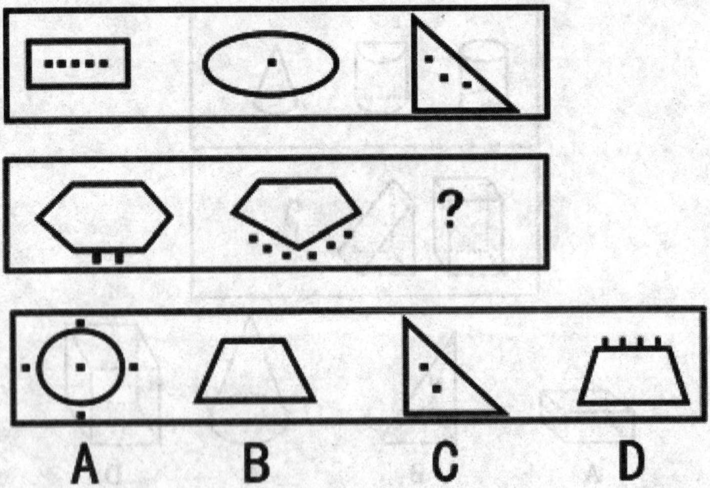

252. 双层边线

根据所给图形的规律，问号处应该填什么图形？

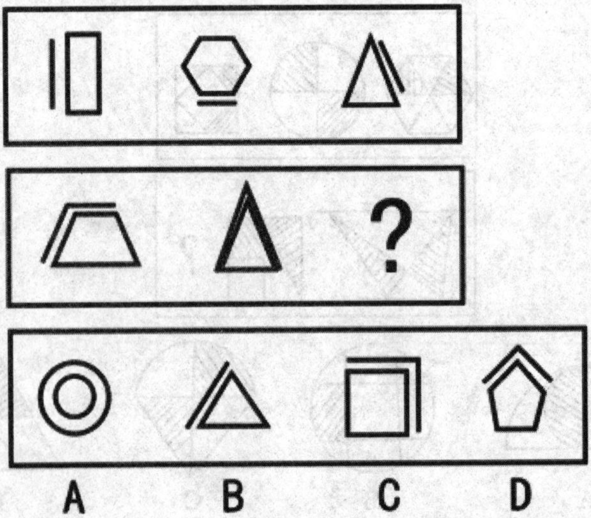

253. 线条推理

根据前面三幅图的规律，问号处应该画一个什么图形？

第五篇　数字规律

254. 找数字规律

根据下面数字之间的规律，问号处的数字应该是多少？

1，8，27，？，125，216

255. 组成单词

用下面6个字母（可重复使用），可以构成一个常用的英文单词，你能把它找出来吗？

B，D，E，G，O，Y

256. 写数列

把下面这个数列按照它的规律继续写下去。

1，10，3，9，5，8，7，7，9，6，？，？

257. 下一个数字

根据给出的数字规律，找出问号处的数字是多少？

2，3，5，7，11，13，？

258. 字母排列

根据给出的字母之间的规律，找出问号处是什么字母？

B，A，C，B，D，C，E，D，F，？

259. 代表什么

如果圆代表1，五角星代表10，正方形代表4，那么正六边形代表多少？

260. 排列规律

找出下列数字的排列规律，确定问号处的数字应该是多少？

9，12，21，48，？

261. 数字找规律

请从逻辑的角度，在后面的横线上填入后续的数字。

1，3，6，10，______

262. 数字找规律

请从逻辑的角度，在后面的横线上填入后续的数字。

21，20，18，15，11，______

263. 数字找规律

请从逻辑的角度，在后面的横线上填入后续的数字。

8，6，7，5，6，4，______

264. 数字找规律

请从逻辑的角度，在后面的横线上填入后续的数字。

65536，256，16，______

265. 数字找规律

请从逻辑的角度，在后面的横线上填入后续的数字。

1，0，–1，0，______

266. 数字找规律

请从逻辑的角度，在后面的横线上填入后续的数字。

3968，63，8，3，______

267. 智力测验

在我们的许多职场考试中有不少类似于下面的智力测验。每一项智力测试都与数学逻辑思维有关。

请在行末填上空缺的数字：2，5，8，11，______

268. 智力测验

请在行末填上空缺的数字：7，10，9，12，11，______

269. 智力测验

请在行末填上空缺的数字：2，7，24，77，______

270. 填数字

按照给出的数字之间的规律，横线处应该填几？

0，7，26，63，______

271. 猜数字

请从逻辑的角度，在后面的横线上填入后续的数字。

30，32，35，36，40，______

272. 猜数字

请从逻辑的角度，在后面的空格中填入后续数字。

30，32，35，36，40，______

273. 猜数字

请从逻辑的角度，在后面的横线上填入后续的数字。

1，2，2，4，8，______，256

274. 猜数字

请从逻辑的角度，在后面的横线上填入后续的数字。

1，10，3，5，______，0

275. 猜数字

请从逻辑的角度，在后面的横线上填入后续的数字。

0，1，3，______，10，11，13，18

276.数字的规律

按照给出的数字规律，横线处应该填几？

1，2，5，29，______

277. 有名的数列

根据给出的数字规律，你知道问号处代表的数是什么吗？

1，1，2，3，5，8，13，21，？

278. 有名的数列

根据给出的数字规律，你能推断出问号处代表什么数吗？

1，3，4，7，11，18，29，？

279. 天才测验

按照给出的数字规律，填出问号处的数字。

3/5，7/20，13/51，21/104，？

280. 天才测验

按照给出的数字规律，填出问号处的数字。

118，199，226，235，？

281. 天才测验

按照给出的数字规律，填出问号处的数字。

7，10，？，94，463

282. 天才测验

按照给出的数字规律，填出问号处的数字。

0，2，8，18，？

283. 天才测验

按照给出数字的规律，填出所缺数字：

260，216，128，108，62，54，？，27

284. 天才测验

按照给出的数字规律，填出问号处的数字。

2，20，42，68，？

285. 天才测验

按照给出的数字规律，填出问号处的数字。

8，24，12，？，18，54

286. 天才测验

按照给出的数字规律，填出问号处的数字。

7/2，4，7，14，49，？

287. 天才测验

按照给出的数字规律，填出问号处的数字。

8，10，16，34，？

288. 下一个数字是什么

125，77，49，29，？

根据给出的数字规律，请问问号处应是什么数字？

289. 寻找数字规律

根据给出的数字规律，你知道问号处应是什么数字吗？

0、2、4、8、12、18、24、32、40、？

290. 字母旁的数字

根据给出的各组字母与数字间的联系，请问：字母W旁的问号应该是多少呢？

G7　M13　U21　J10　W？

291. 猜字母

按照给出的字母规律，问号处应该填什么？

O，T，T，F，F，S，S，E，？

第六篇　立体思维

292. 猜字母

按照给出的字母规律，问号处应该填什么？

F，G，H，J，K，？

293. 猜字母

按照给出的字母规律，问号处应该填什么？

Q，W，E，R，T，？

294. 字母找规律

请从逻辑的角度，在后面的横线上填入后续的字母。

A，D，G，J，______

295.智力测验

按照给出的字母规律，请在横线上填入空缺的字母。

E，H，L，O，S，______

296. 填字母

按照给出的字母规律，问号处应该填什么？

M、T、W、T、F、？、？

297. 缺的是什么字母

按照给出的字母规律，问号处应该填什么？

J、F、M、A、？、？、J、A、S、？、？、D

298. 绳结

请看下面两个绳结图，用力拉绳子的两端，这两个结会怎么样？是结死还是打开呢？

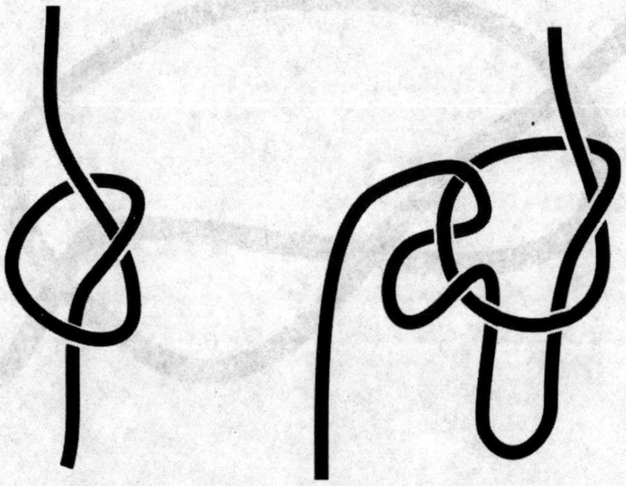

299. 没打结的绳子

找出下图中哪几幅图形中的绳子不会打成结?

300. 结的影子

你在地上看到一段绳子。但光线太暗，你看不清绳结相交处哪头在上哪头在下。如果它打成一个结，那么拉绳子的一端它就会收紧。这可能吗？如果绳子完全随机放置，你能算出这段绳子打了结的概率吗?

301. 拉绳子

用力拉这根绳子的两端，请问最后绳子会挂在中间的钉子上吗？

302. 几根绳子

请仔细观察下面四幅图形，其中只有一个是由两根绳子构成的，其余的三个都是由一根绳子构成的。你知道是哪个吗？

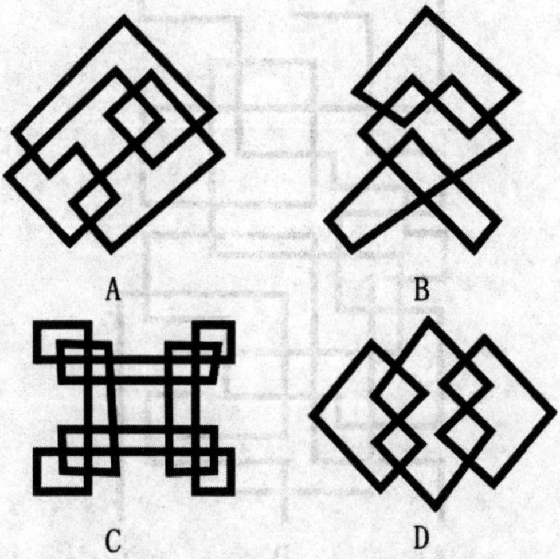

303. 是否连在一起

下图中的纸带一共有几条？如果不止一条，是连在一起的还是分开的？

304. 电路

下面是一个电路的一部分，请确定哪两根线路是相通的？

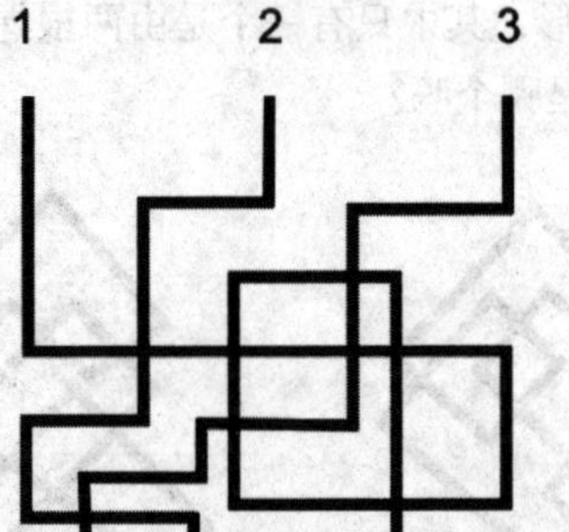

305. 解开铁环

下面有三个连在一起的铁环，你能只打开其中的一个环，就把三个铁环都分开吗？

306. 第三根铅笔

请找出下图中从上面数第三根铅笔是哪一个？

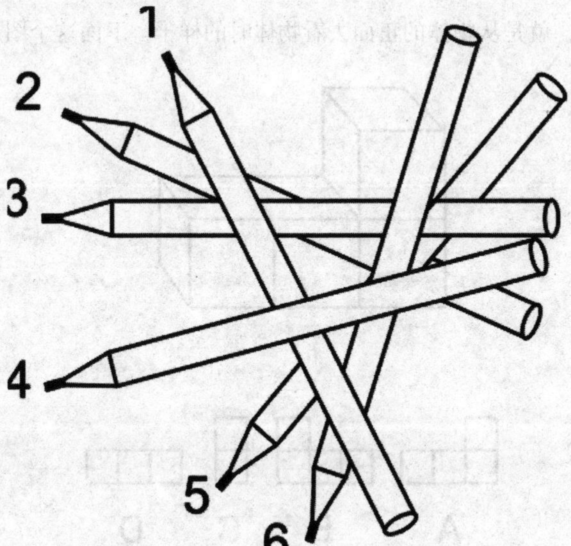

307. 展开图

下图是一个立方体，请问这个立方体是由下面的那个展开图折叠成的？

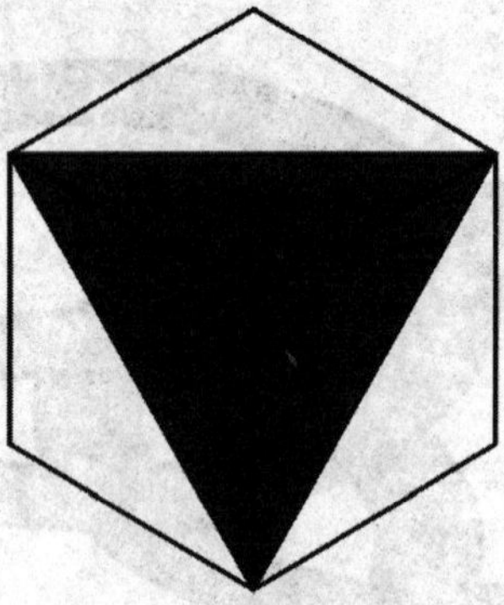

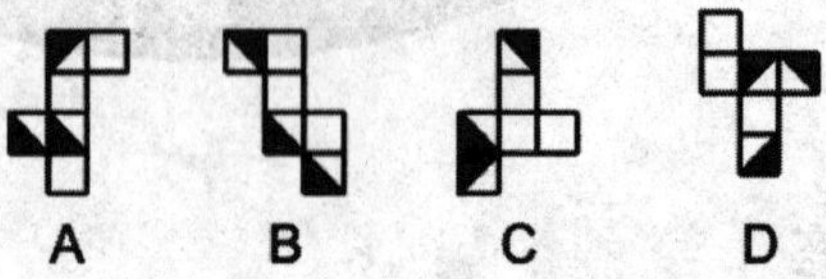

308. 正视图（1）

所谓正视图，就是从物体的正面去看物体时的样子。下面这个图形的正视图是哪个呢？

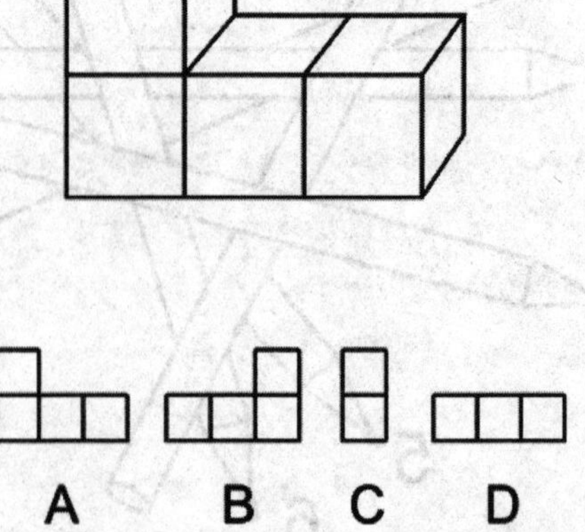

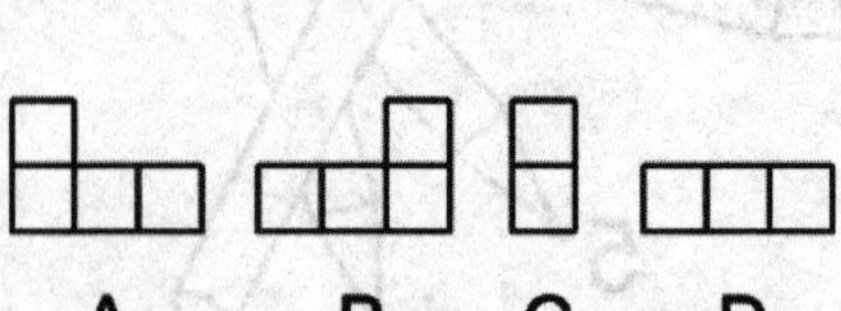

309. 正视图（2）

所谓正视图，就是从物体的正面去看物体时的样子。下面这个图形的正视图是哪个呢？

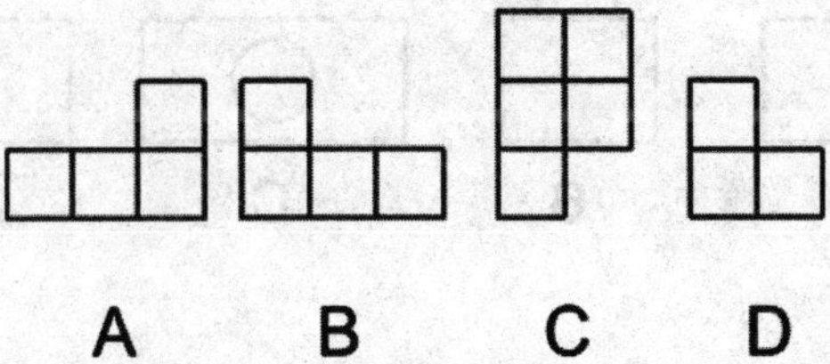

310. 左视图

所谓左视图，就是从物体的左侧面去看物体时的样子。下面这个图形的左视图是哪个呢？

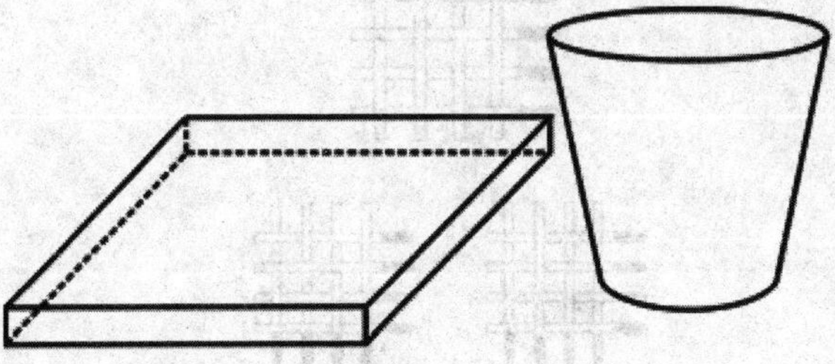

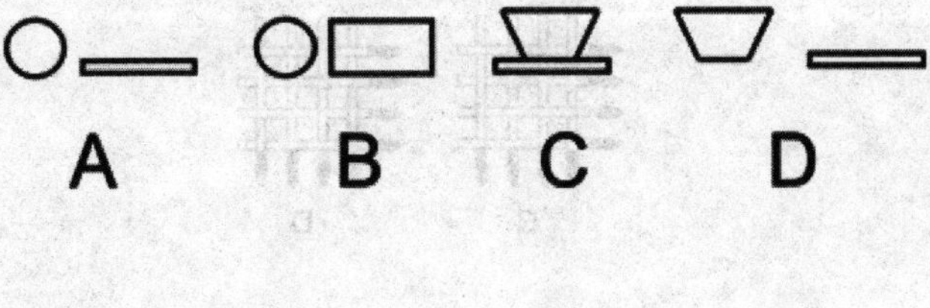

311. 俯视图

所谓俯视图，就是从物体的上面去看物体时的样子。下面这个图形的俯视图是哪个呢？

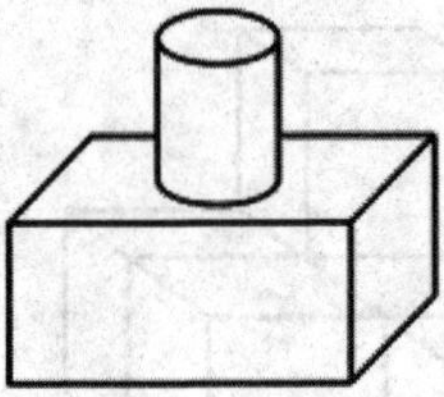

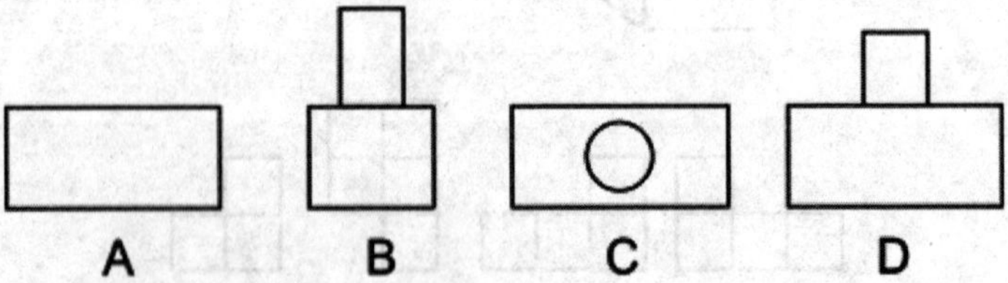

312. 翻　身

请把下图中用火柴摆成的图形按箭头方向从上到下翻转过来，你知道结果应该是哪个吗？

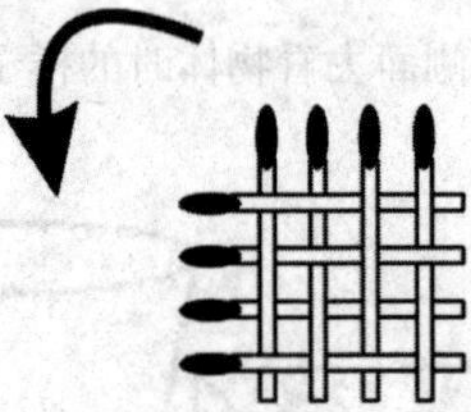

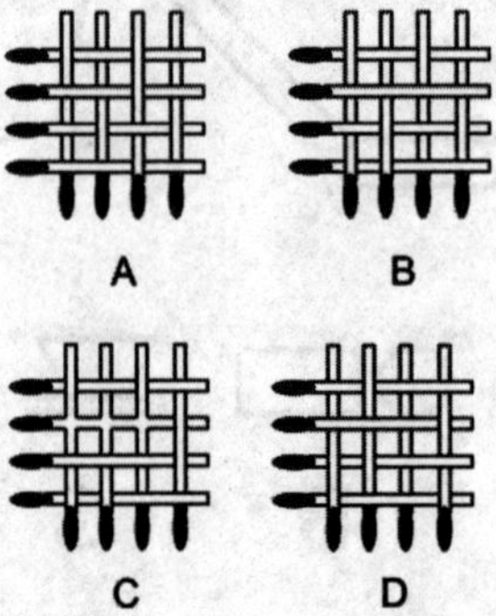

313. 折叠立方体

下面的四个立方体哪个是由上面的图形折叠而成的？

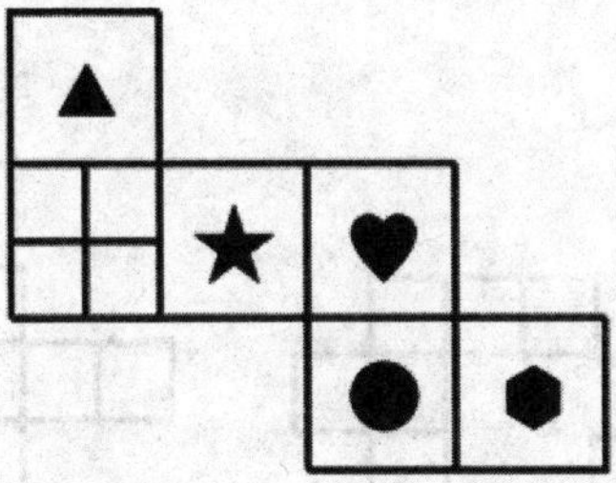

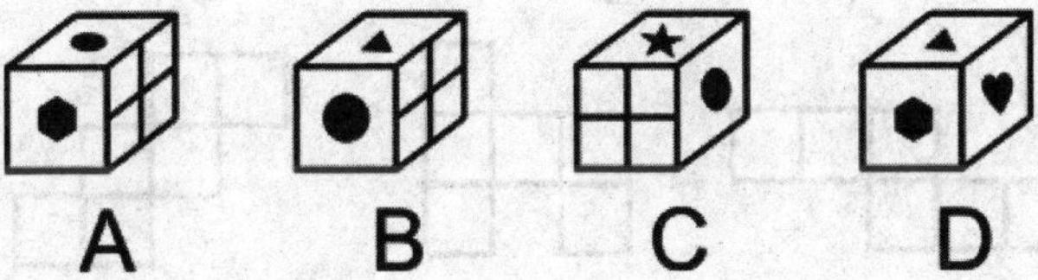

314. 折不出的立方体

下面的五个立方体哪个不能由上面的图形折叠出来？（每一面上的小图案只起标示作用，不考虑其角度）

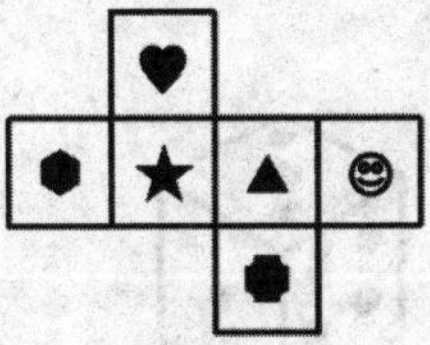

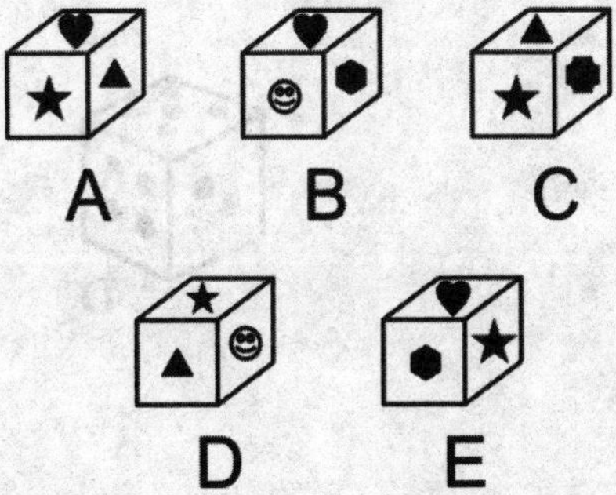

315. 立方体网格

一个立方体有6个面，但下面的方格都能构成立方体吗？观察下面的方格，哪些可以构成立方体？

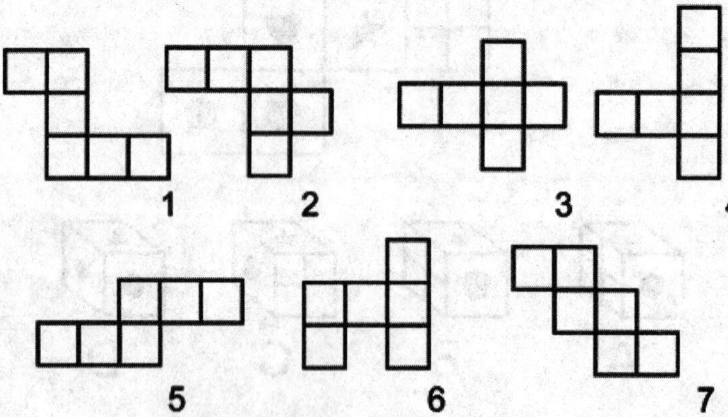

316. 骰子构图

在A、B、C、D、E五个骰子中，哪一个是左边的骰面无法构成的？

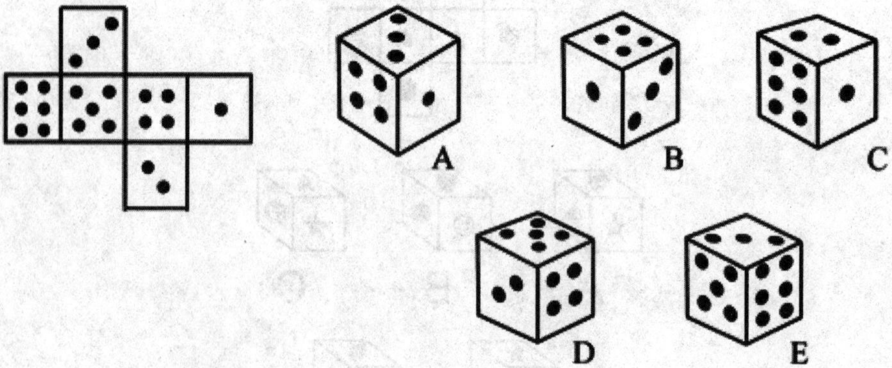

317. 骰子推理

一个立方体的六个面，分别写着a、b、c、d、e、f六个字母，根据以下4张图，推测b的对面是什么字母。

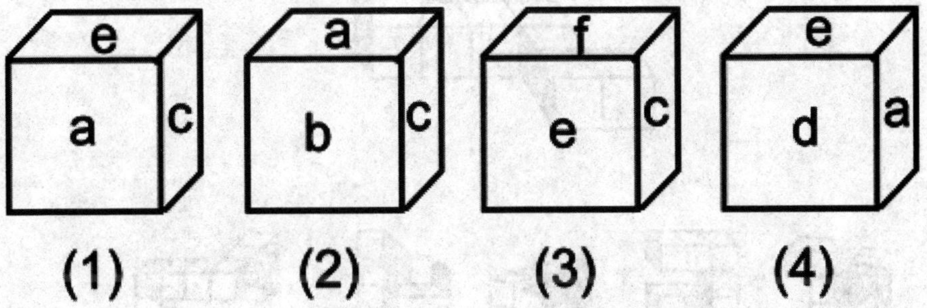

318. 图案盒子

下面a、b、c、d中哪一个盒子是用左边的硬纸折成的？

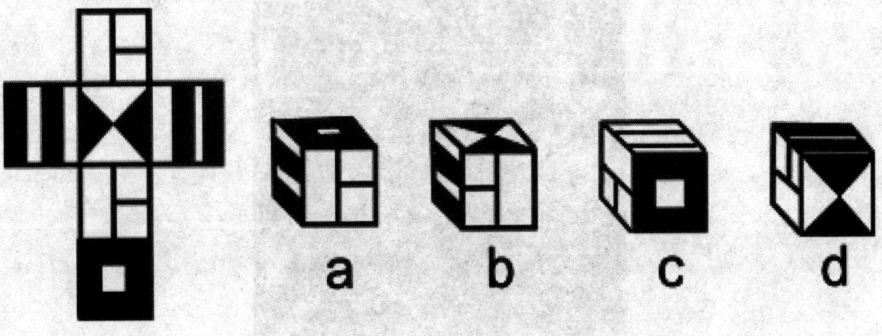

319. 找正确的图形

一个人在观察下图中的立体图形时，画出了不同角度的图形。但是其中只有一个是正确的。你知道是哪一个吗？

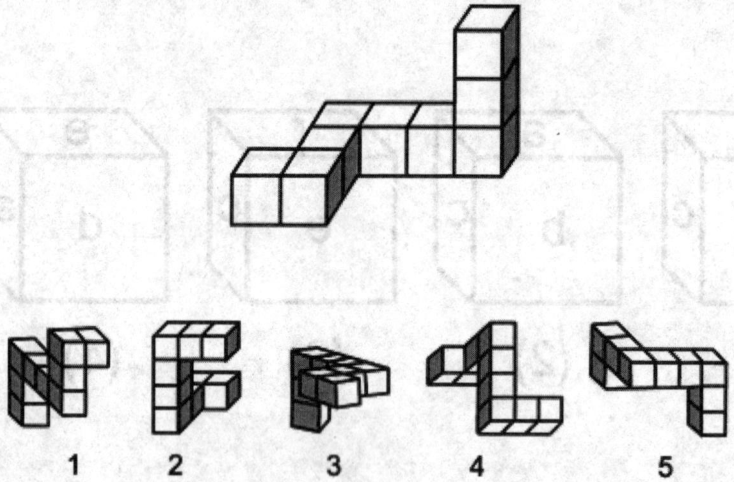

320. 内立克立方体组合幻觉

从下面这些立方体中随便找一个，仔细观察，想象它的立体形状。然后试着将它“颠倒过来”，你能做到吗？

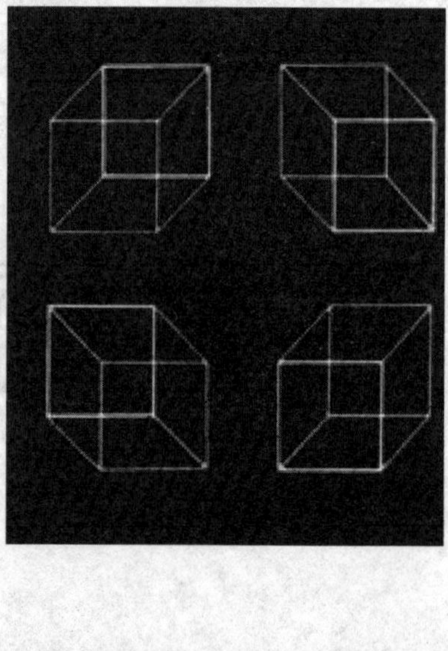

321. 平行

仔细观察图片，这些水平线是平行的吗？

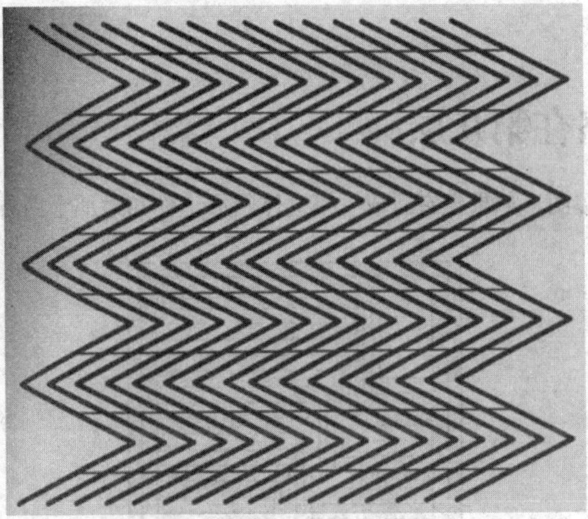

322. 平面还是立体

仔细看这幅图，你看到的是立体的还是平面的？

第七篇　变化思维

323. 白方格在第几层

仔细观察这幅图，如果把它看成一幅立体图形，你知道那个白方格在第几层吗？

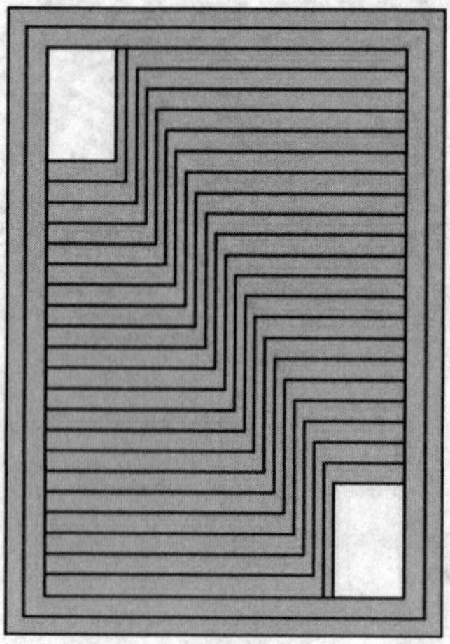

324. 上升的线

你能使这些线从纸上升起来吗？

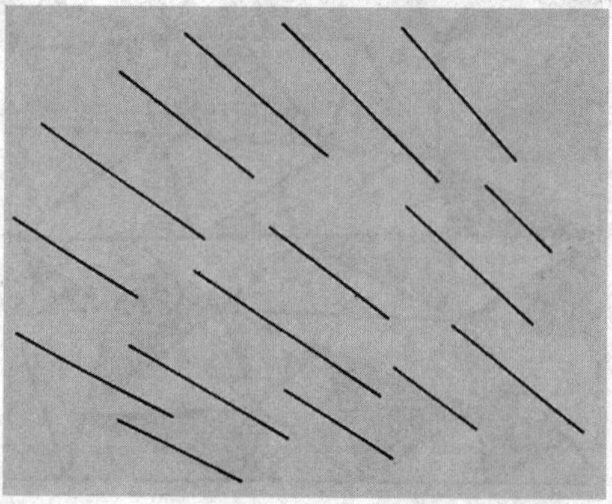

325. 球和影的错觉

下面两幅幻觉图中，球相对于背景的位置一样吗?

326. 悬浮的花瓶

这个花瓶看起来像是飘浮在地面上，真的如此吗?

327. 透视拱廊

仔细看这幅图，相对这条走廊上的柱子来说，为什么这位男士看起来这么大?

328. 高与矮

房间中是一个巨人和一个小矮人吗?

329. 大小恒常错觉

这个长方体里面的两个人的身高差距真的有那么大吗？

330. 透视错觉

请看下面这幅图，这两个方块，哪个看上去更高一些？

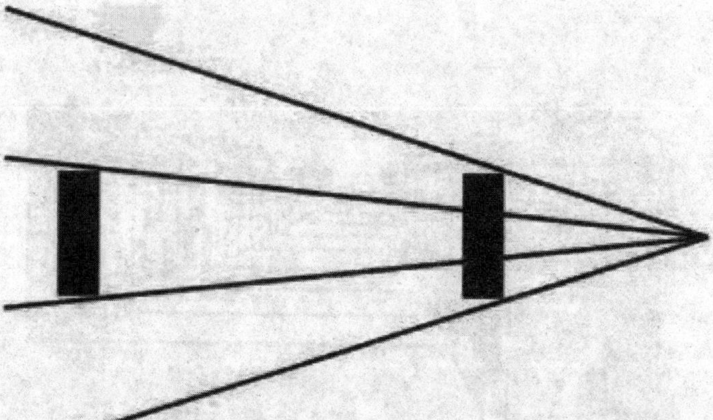

331. 奇怪的门

仔细观察这幅图，在上方和下方各有一个黑色的“门”，这两个“门”一样大吗？哪个要高一些？

332. 哪条线段更长

判断一下，这幅图中线段AB和线段CD哪条更长？然后再找根尺子量一下。

333. 曲线幻觉

仔细观察下图，这些竖线是弯曲的还是笔直的呢？

334. 隧道

这条隧道里的三个小人儿，哪个最高，哪个最矮？

335. 恐怖的地下室

下图中，从地下室走廊里跑出来的两个“怪物”，谁大谁小？

336. 走廊幻觉

站在前景的小人儿和站在后景的小人儿身高相同吗？

337. 月亮错觉

这两个球，哪个看上去更大一些？

338. 阴影产生的形状

图中有多少球是凹陷的？多少是凸起的？将图片旋转180° 再数数。

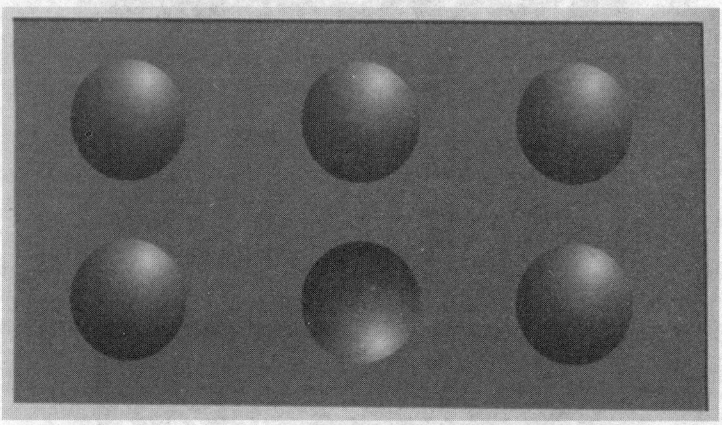

339. 书

仔细观察下面这本书，它是正对着你，还是背对着你的?

340. 凸与凹

仔细观察这幅图，你能发现它有什么特别的地方吗? 哪些是凹进去的? 而哪些又是凸出来的呢?

341. 凹　凸

仔细观察这幅图，中间的长方形是凹进去的还是凸出来的？

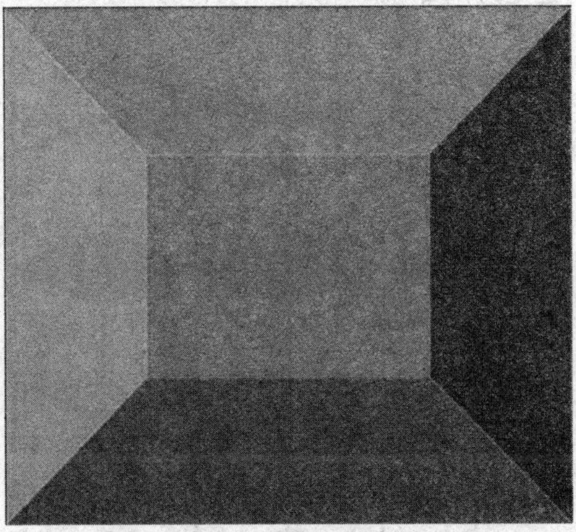

342. 凸出来还是凹进去

仔细观察下面这幅图，它是凸出来的还是凹进去的？

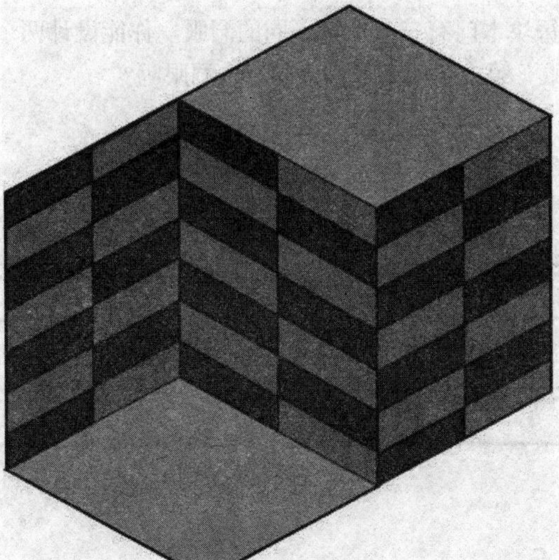

343. 深度错觉

这个图形既可以看成凸出来的，也可以看成凹进去的，而且这些正方体还在不断地变换位置，你知道这是为什么吗？

344. 门上的洞眼

有两块木门，每块木门有三个形状不同的洞眼。你能设计两个木塞，第一个能够塞住左边的三个洞眼，第二个能塞住右边的三个洞眼吗？

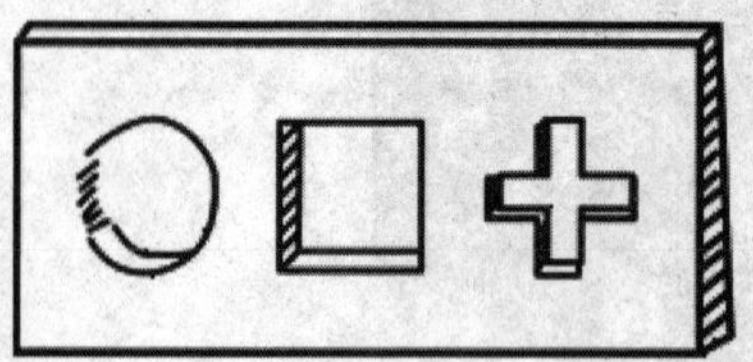

345. 三角形管线

这是一个由几个不可能存在的三角形组成的图像。想象这个图形是由金属管制成，再进一步假设我们如图所示，把一个立方体（深色面朝上）放进去，让它沿着金属管绕行一圈。当它回到原处时深色的一面朝什么方向呢？

346. 穿过自己的带子

这条带子自己穿过自己，如下图所示。你知道如果你沿着中间的线把它们剪开，会发生什么情况吗？

347. 剪圆环

如下图的四张剪纸，哪一个展开后能够形成一个大环形？

1　　2　　3　　4

348. 三等分

把下面这个图形三等分，你知道怎么才能做到吗？

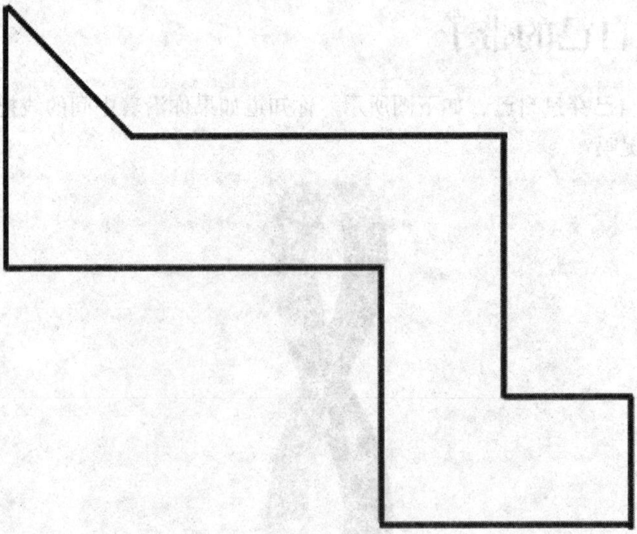

349. 切割双孔桥

把下面的双孔桥切割两刀，然后拼成一个正方形，你知道怎么切割吗？

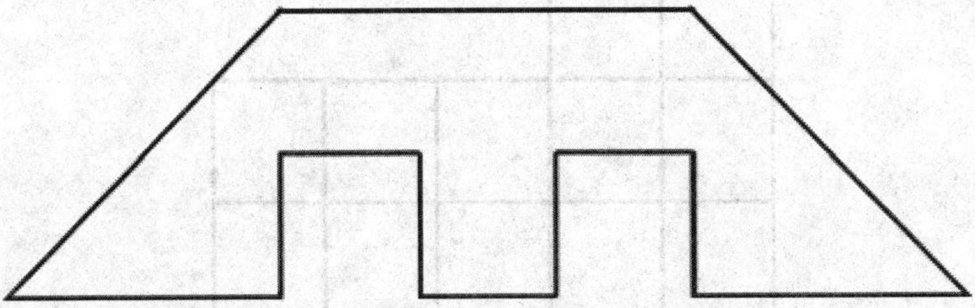

350. 平分图形

你能否将这个不规则图形分成两个相同的部分？你又能否将这个图形分成4个相同的部分？有两种四等分的方法，其中一种不沿着方格线。

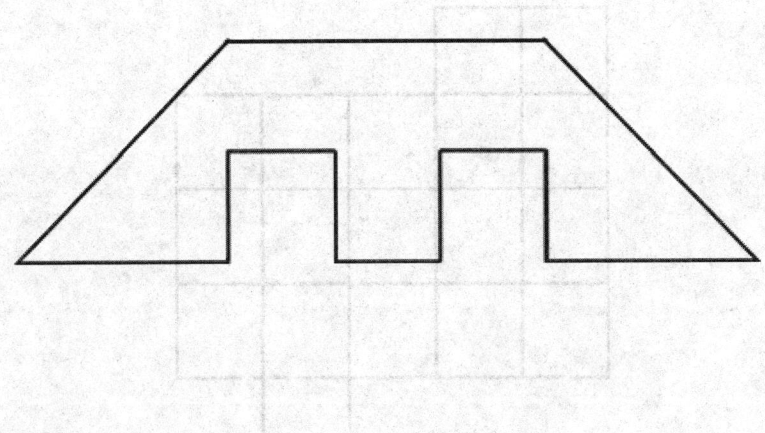

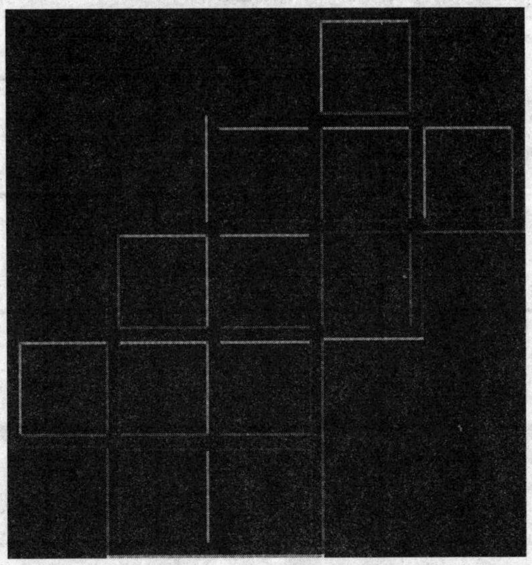

351. 二等分

你能将下面图形分成大小、外形完全相同的两个小图形吗？

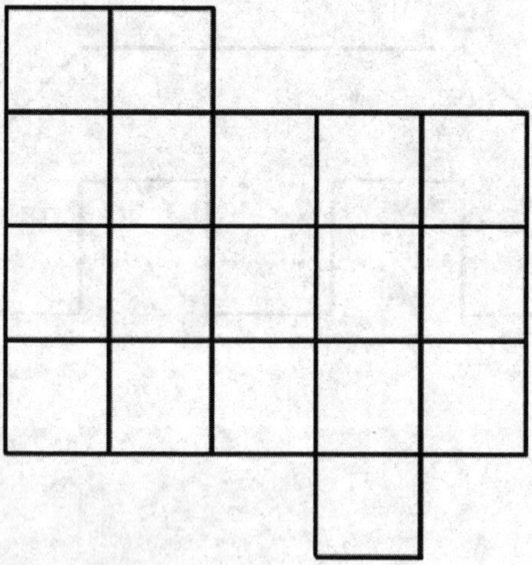

352. 连接的图形

有些图形由两个部分组成，这两个部分仅有一个点相连，这样的图形叫作连接图。你能否将这个多边形分割成两个相同的连接图？

353. 三等分

你能将以下三个图形分成大小、外形完全相同的三个小图形吗？

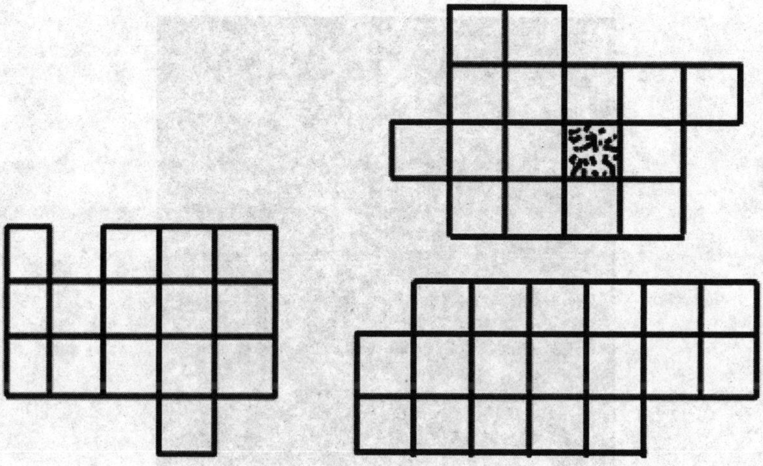

354. 平分图形

你能否将该不规则图形分成两个相同的部分吗？

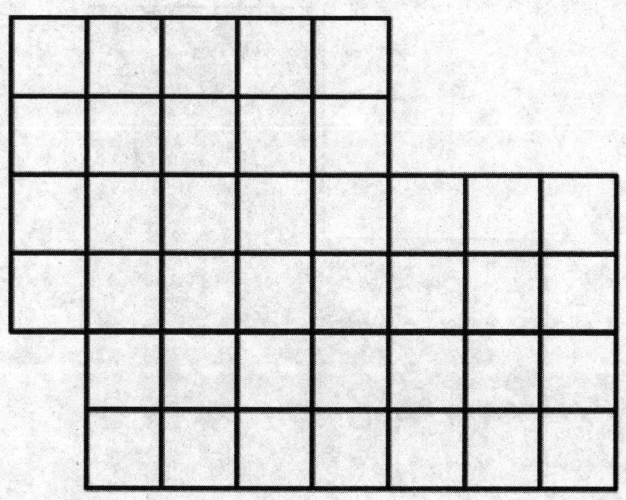

355. 巧分四块

下面的图形用24根火柴摆成的，试一试，移动其中的两根火柴，使它变成4个形状相同、面积也一样的图形。

356. 分图形

这是一道经典的几何分割问题。

请将这个图形分成四等份，并且每等份都必须是现在图形的缩小版。

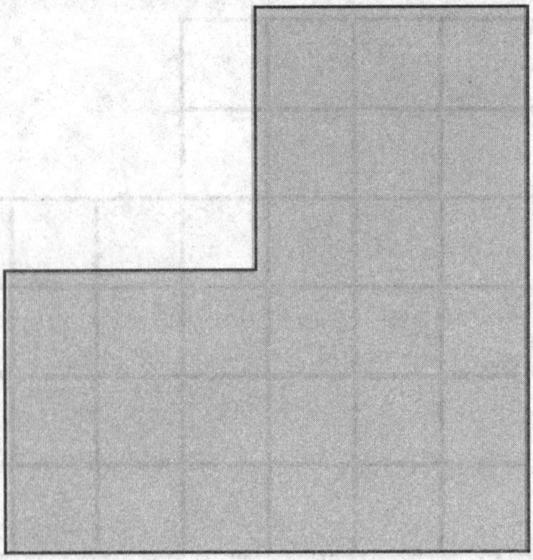

357. 四等分图形（1）

雷雷必须将这个梯形分成四个相同的部分。你能告诉他该怎样做吗？

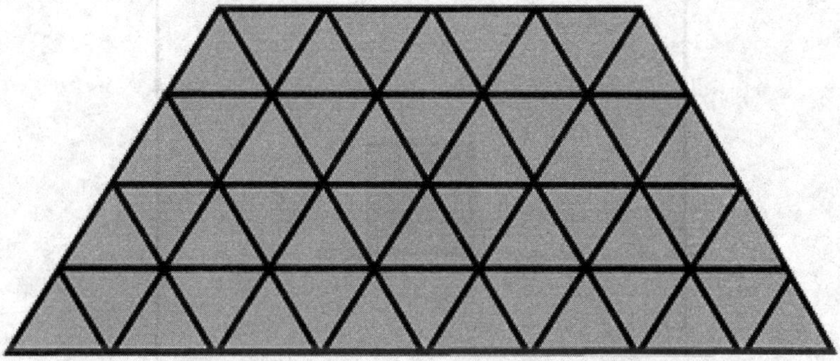

358. 四等分图形（2）

你能将这个图形分割成4个相同的部分吗？

359. 等分方孔图

将以下图形分为大小和形状均相同的六等份。

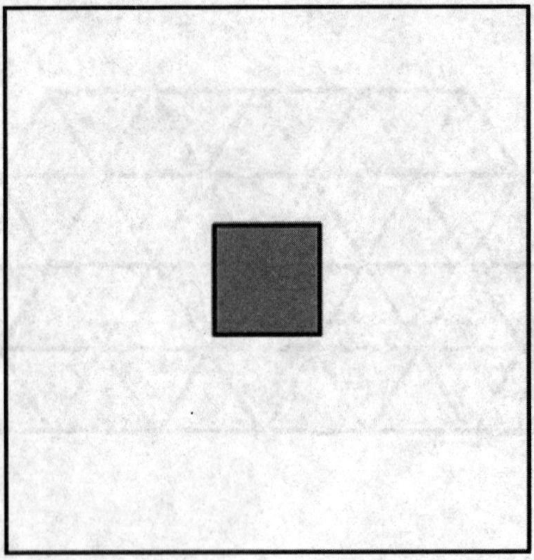

360. 一变六

现在有一个正方形纸板，如何将它剪成6个小正方形而没有剩余（六个小正方形不需要同样大小）？

361. 有趣的十字架

有如下图的一个十字架，将十字架图形分成4块，用它们拼成一个正方形。

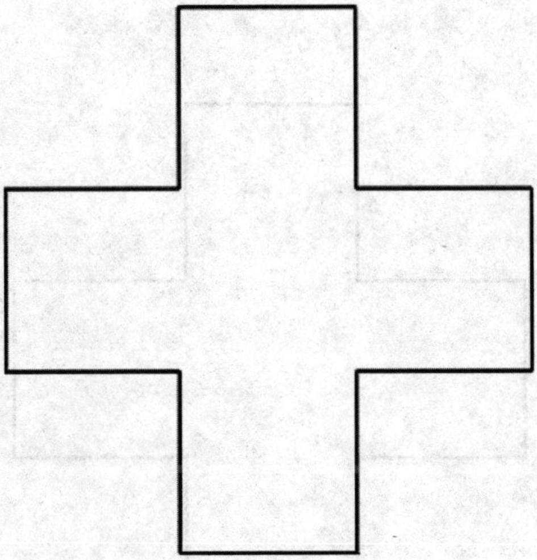

362. 有趣的十字架

有如下图的一个十字架，将十字架图形分成4块，用它们拼成一个菱形。

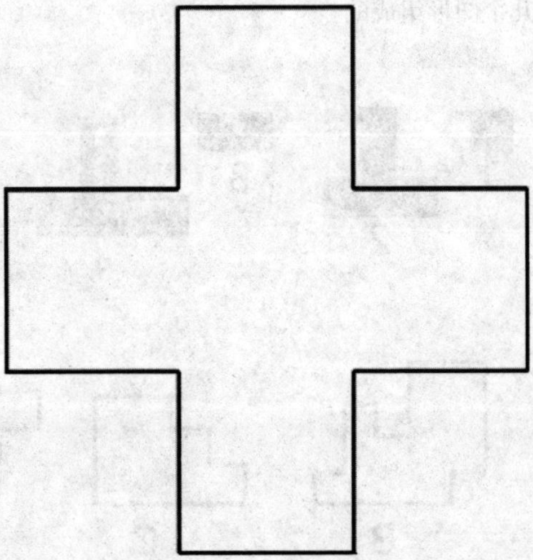

363. 有趣的十字架

有如下图的一个十字架，将十字架图形分成3块，用它们拼成一个长方形，并且长是宽的2倍。

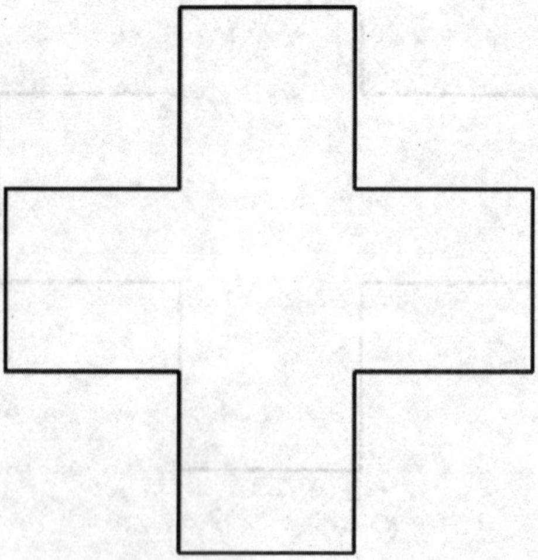

364. 图形构成

A、B、C、D四个图形分别是由1～4中某几个图形组成的，请你说出A、B、C、D四个图形分别是由哪几个图形组成的？

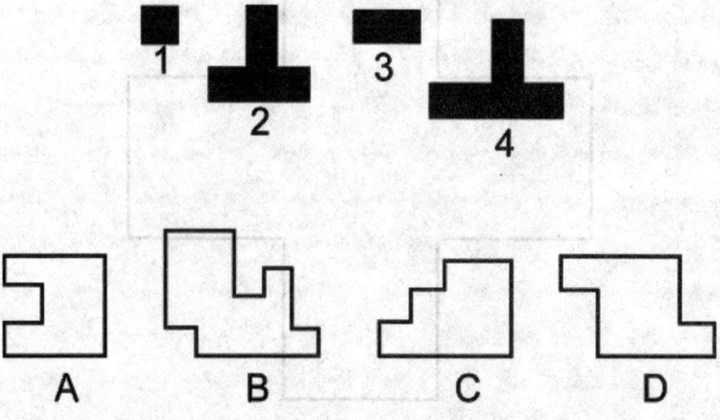

365. 切蛋糕

有一个长方形蛋糕，切掉了长方形的一块（大小和位置随意），你怎样才能直直地一刀下去，将剩下的蛋糕切成大小相等的两块？

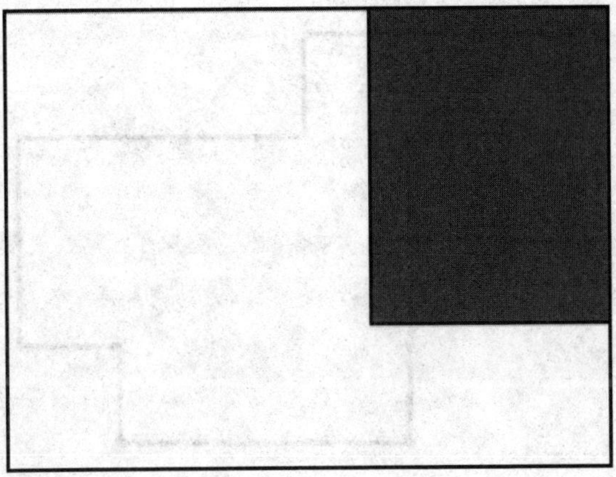

366. 兄弟分家

一位老父亲死了，给两个儿子留下了一块如下图形状的土地，你能否将这块土地分成两个大小相等、形状也相同的两部分？

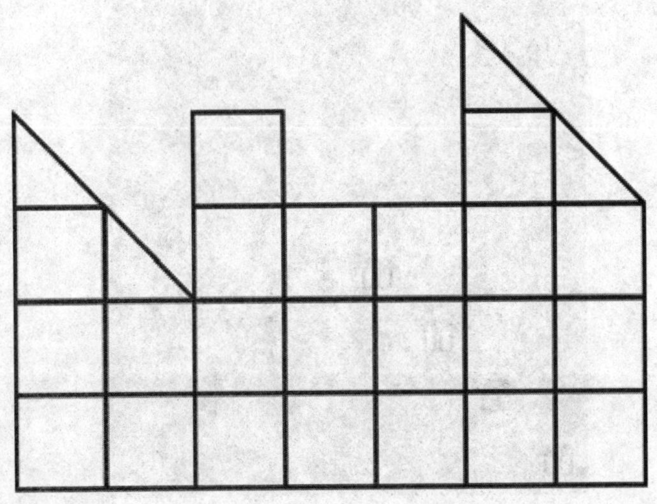

367. 分地

一个财主，家里有一块地，形状如下图。他有三个儿子，儿子长大后，财主决定把地分成3份给三个儿子。三个儿子关系不和，要求每个人的地不仅面积一定要一样大，形状也得相同。该怎样分呢？

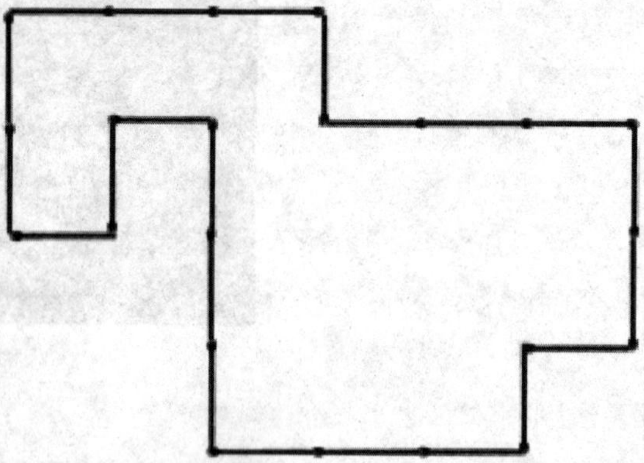

368. 四兄弟分家

在一块正方形的土地上，住了兄弟四人，刚好这块土地上有四棵大树。怎样才能把土地平均分给兄弟四人，而且每家都有一棵树呢？

369. 分遗产

有一个老员外，他有四个儿子，但是他们关系不好。老员外死了以后，四个儿子闹分家。所有值钱的东西都分完了，还有一个正方形的菜园让他们伤透了脑筋。这个菜园如下图所示：

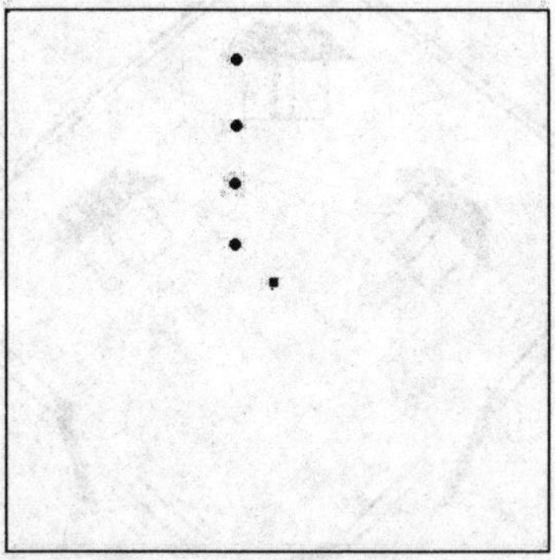

中间一点为菜园的中心，在菜园的一侧有四棵果树，四个儿子都想公平地分这个菜园。也就是说需要大小和形状都完全一样，而且每个人都能分到一棵树。请问该如何分？

370. 财主分田

下面的四幅图中，每幅图中都有5种不同的小图形，每种图形有4个。现在将这四幅图都分割成形状相同的4个部分，且这5种小图形每部分各含一个。你知道该怎么分吗？

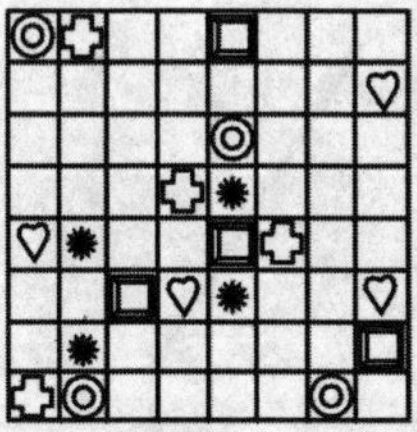

图1

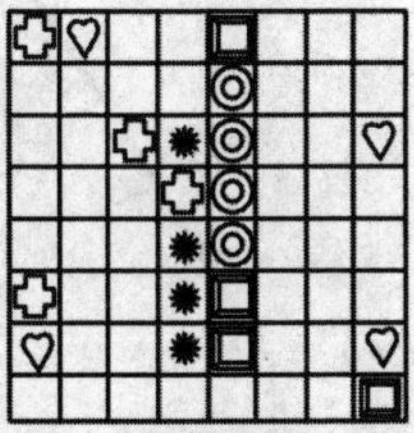

图2

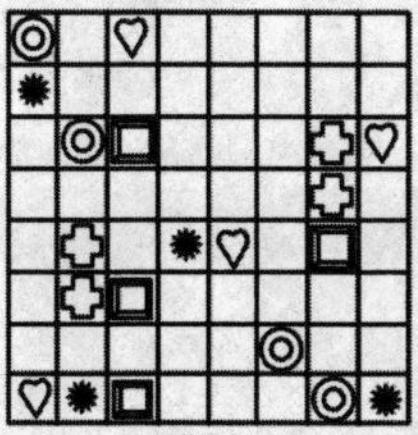

图3

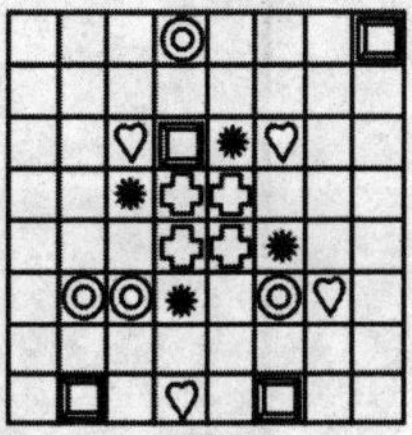

图4

371. 修路

如下图，在一个院子里住了三户人家，每户人家正对着的大门是自己家的门。

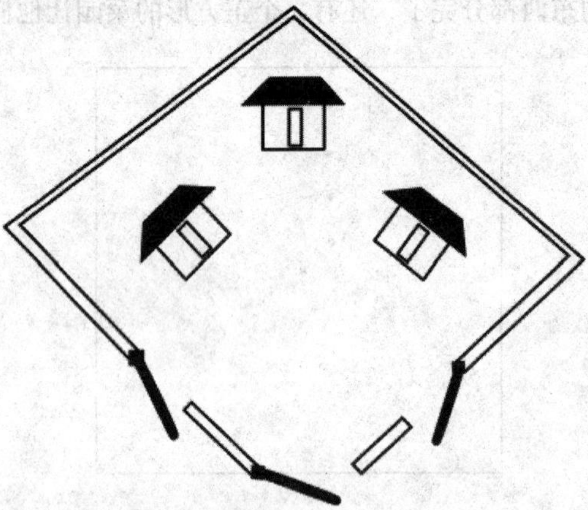

原来大家都是好邻居，但是后来因为一些小事吵了起来，所以三家决定各修一条小路通向自己家的大门，但是又不与其他两家的路有交叉。你有办法做到吗？

372. 拼桌面

有一块木板，上面是一个等腰三角形，下面是一个正方形。你能在不浪费木料的情况下，把木板拼成一个正方形的桌面吗？

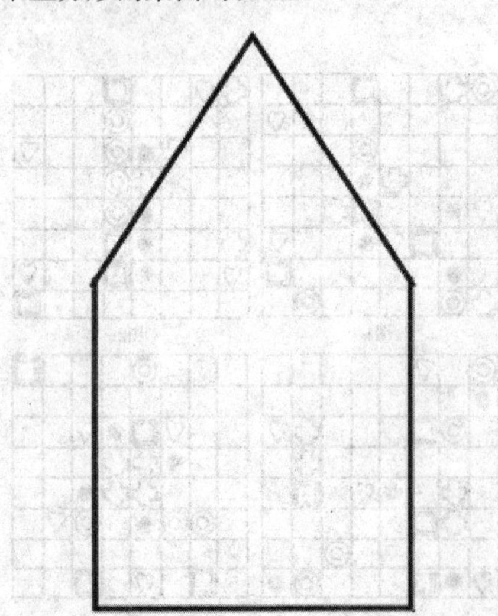

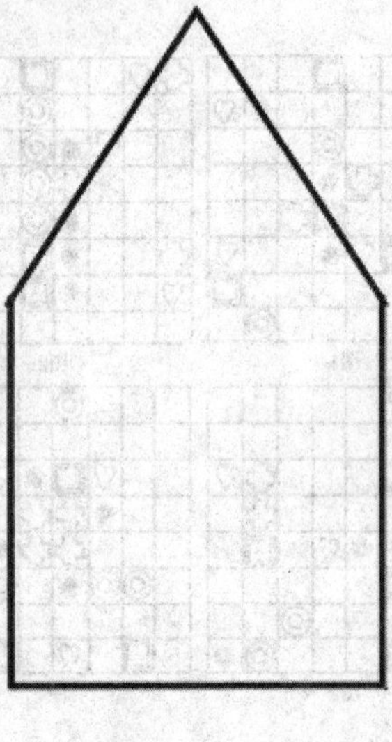

373. 表盘分割

如下图有一个表的表盘，上面有1~12个数字，现在要求你将这个表盘分割成6部分，使得每一部分上的数字的和都相同，你知道怎么分吗？

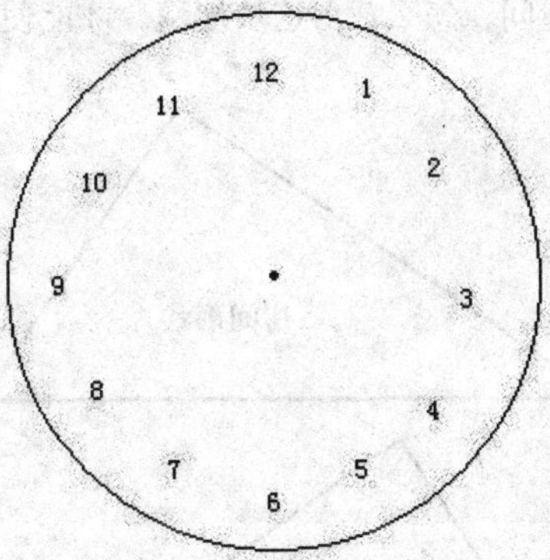

374. 幸运的切割

你能否只用两刀就将这个马蹄形切成6块吗？

375. 裁剪地毯

小明家有个一房间需要铺地毯，这个房间是一个三边各不相等的三角形。但是当妈妈去买地毯的时候，不小心把地毯剪错了。如果把这块地毯翻过来正好可以铺在这块地上，但是大家知道，地毯是有正面和反面的。没有办法了，只好把地毯剪开，重新组合成这块地的形状。请问，怎么裁剪这块地毯，才能使地毯正面朝上，并且裁减的块数最少呢？

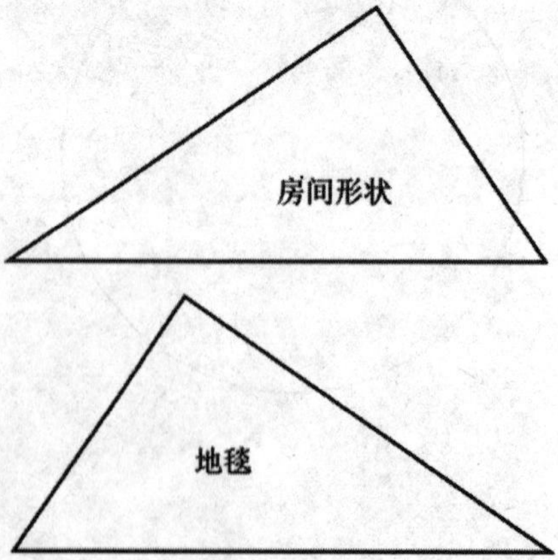

376. 只准一刀

你能在这两个图形上只剪一刀，然后将它们拼成一个正方形吗？

377. 残缺变完整

用两条直线把下面这个残缺的长方形切成3块，使这3块能重新拼成一个正方形。

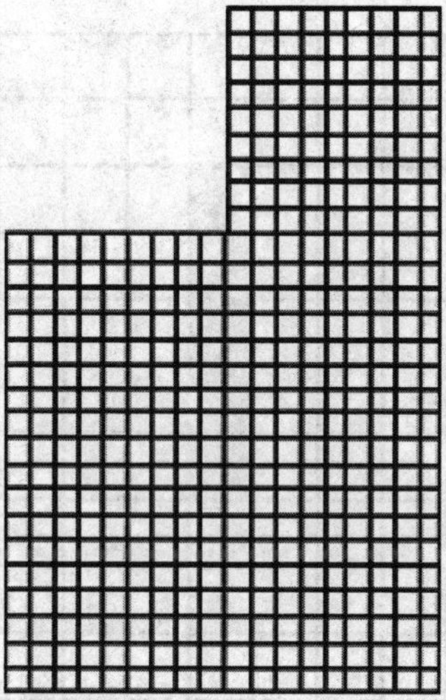

378. 如何切割拼出正方形

在5×8的长方形中（灰色的四格代表空格），如何将剩余的36个格切割成两个部分，使这两个部分能拼出6×6的正方形？

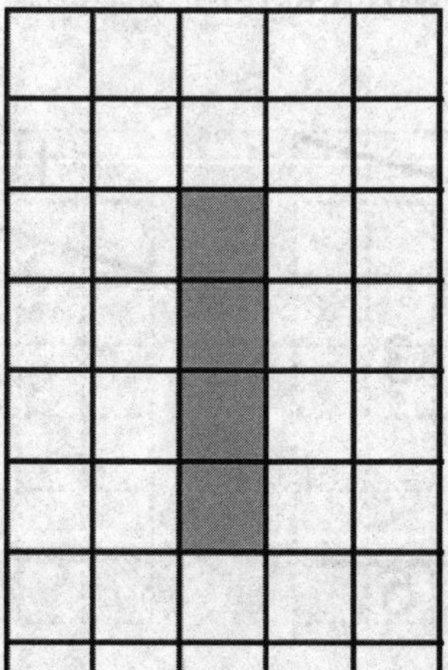

379. 如何切割拼出正方形

在7×10的长方形中（灰色的六格代表空格），如何将剩余的64格切割成两个部分，使这两个部分能拼出8×8的正方形？

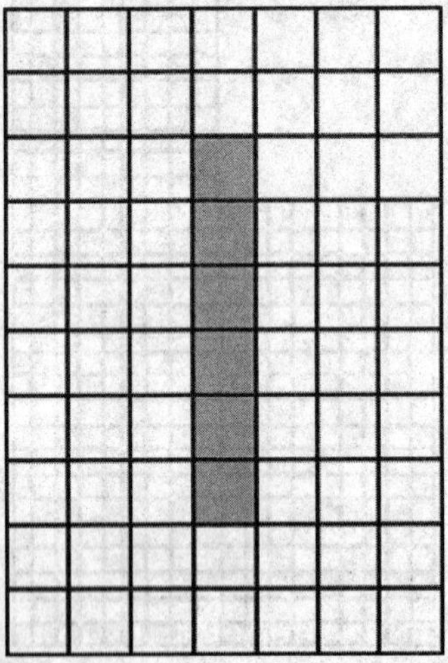

380. 丢失的正方形

把一张方格纸贴在纸板上，然后沿图示的直线切成5小块。当你照图2的样子把这些小块拼成正方形的时候，中间居然出现了一个洞！图1的正方形是由49个小正方形组成的。图2的正方形却只有48个小正方形。哪一个小正方形没有了？它到哪儿去了？

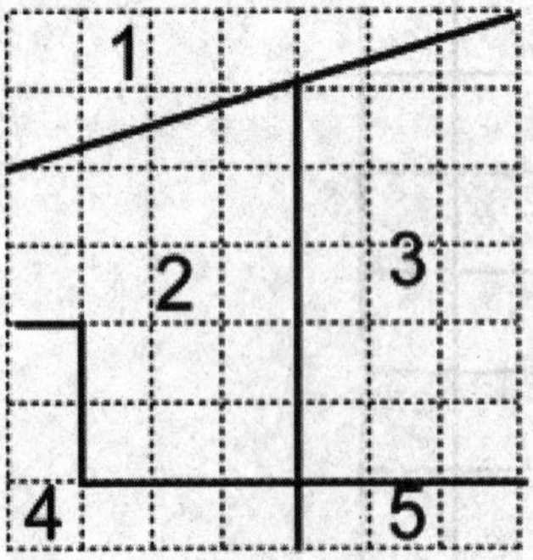

图1

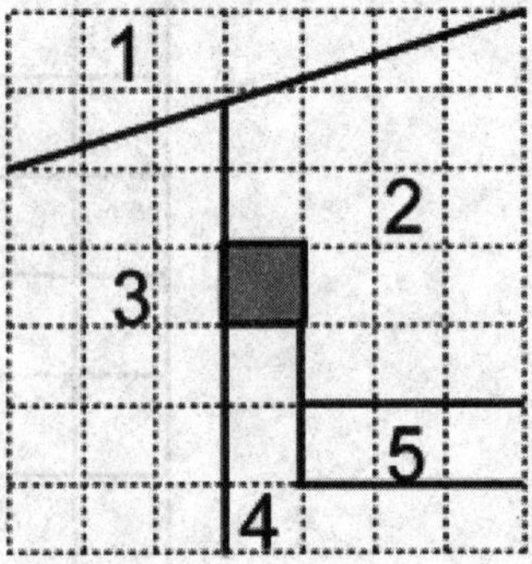

图2

381. 怎么多了一块

有如下一块图形，为8×8的方格。现在按照图中黑线分成四部分，然后按下图方式拼成一个长方形。

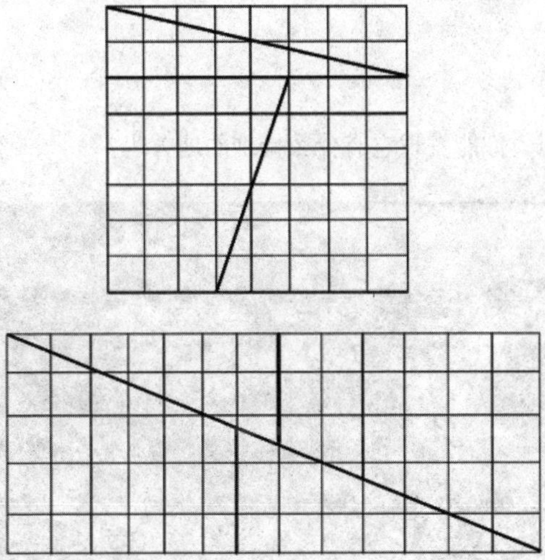

但是现在问题出现了，原来的8×8=64个方格，现在变成5×13=65个方格，为什么会多出一个呢？

第八篇　视觉误差

382. 夜与昼

仔细观察这幅图，你能发现它有什么特别的地方吗？

383. 天与水

仔细观察这幅图，你能发现它有什么特别的地方吗？

384. 颜色深度

请仔细观察下图，黑色行中的灰色圆圈与白色行中的灰色圆圈的颜色深度是一致的吗?

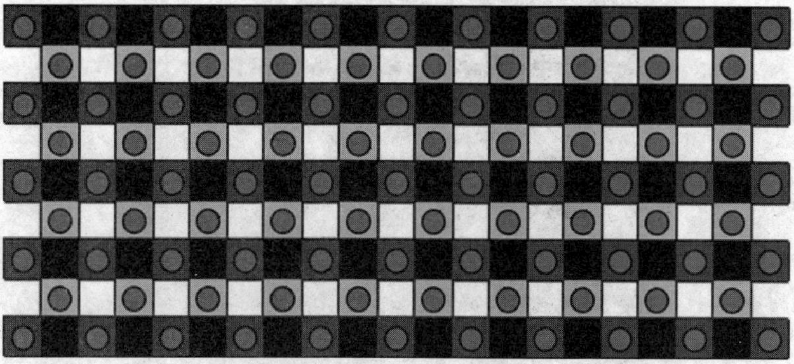

385. 深　度

下图中心的小正方形中的灰色比大正方形中的灰色更深一些吗?

386. 灰 度

下图中中间的灰色条纹的色度是一样的还是不一样呢？

387. 灰色条纹

下图中两个灰色的竖条纹的色度是一样的还是不一样呢？

388. 侧抑制

仔细观察下图，这两个方块中间的灰色方块颜色哪个更深一些？

389. 长短

下图中两条线段一样长吗？想想是什么影响了我们大脑的判断？

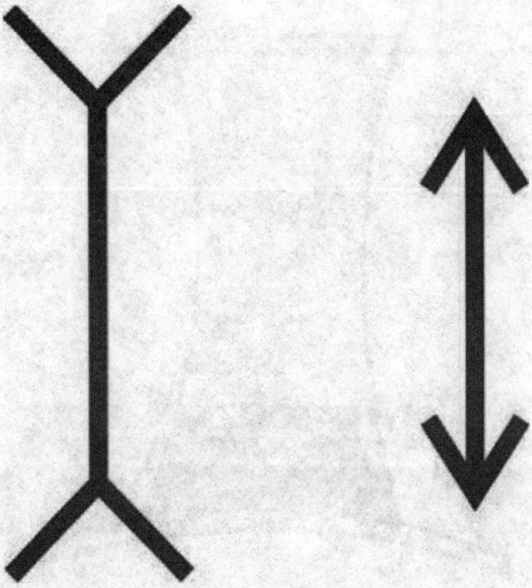

390. 正弦波幻觉

这是一幅由若干条竖线组成的正弦波，现在请你判断一下，哪些竖线更长一些，哪些则比较短？

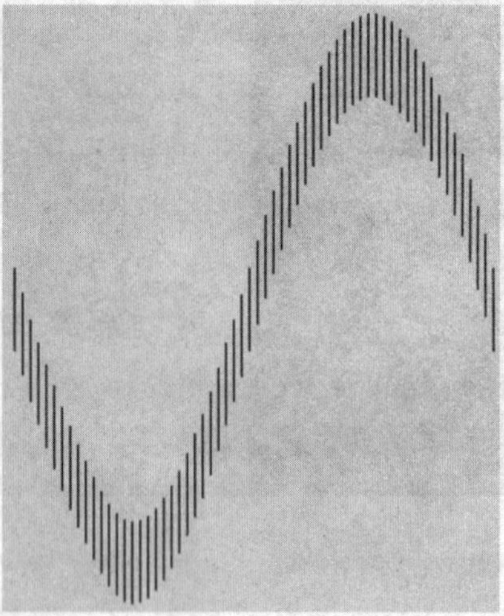

391. 高　帽

帽子的高度是不是比宽度长？

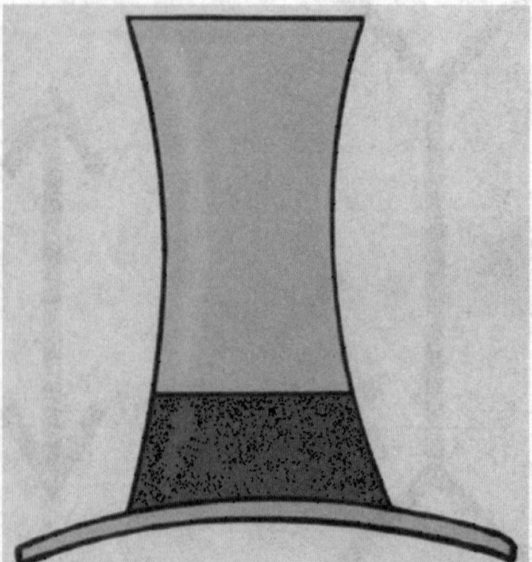

392. 线　段

观察下图，判断一下线段AB和BC哪一条更长？

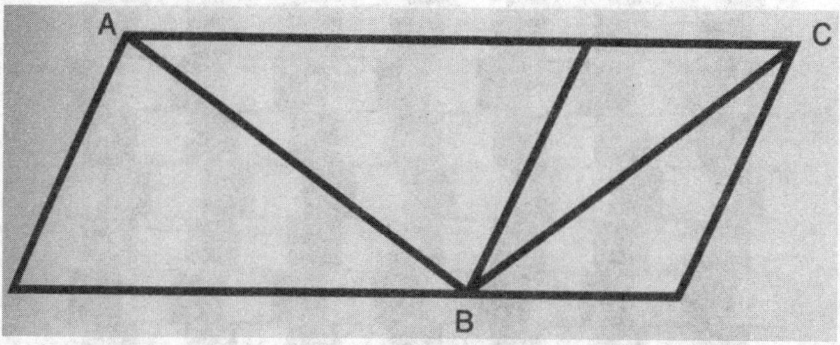

393. 谢泼德桌面

这两个桌子的桌面大小、形状完全一样。你相信吗？如果你不信，量量桌面轮廓，看看是不是。

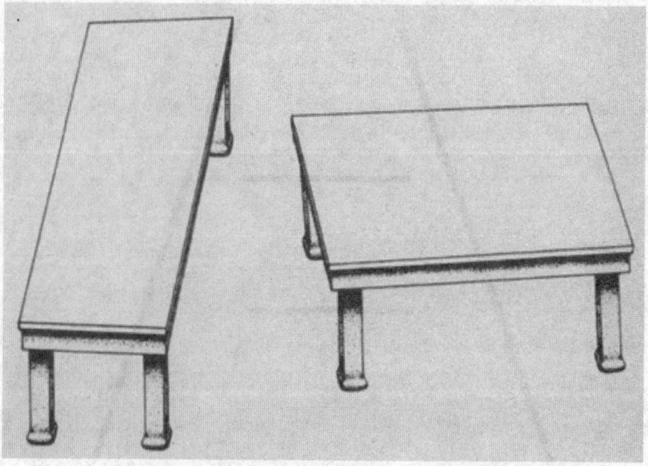

394. 不平行错觉

我们看这一幅图，这些横线是相互平行的吗？

395. 八字错觉

仔细观察下图，请说出图中两条横线哪条更长一些？

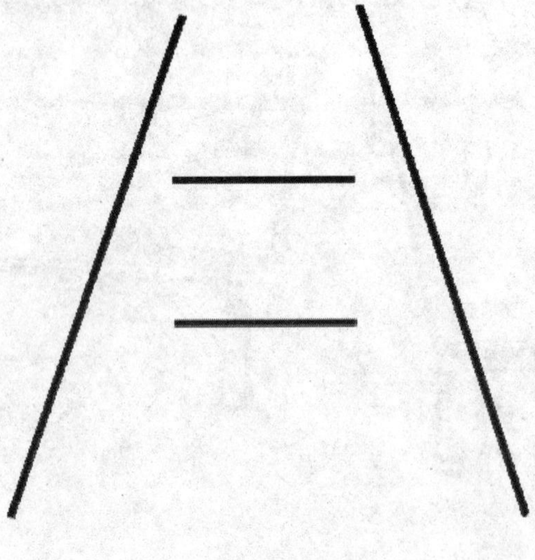

396. 高度幻觉

下图中的宽和高哪个更长一些？

397. 平行还是相交

下图中沿对角线方向的七条斜线是相互平行的还是相交的？

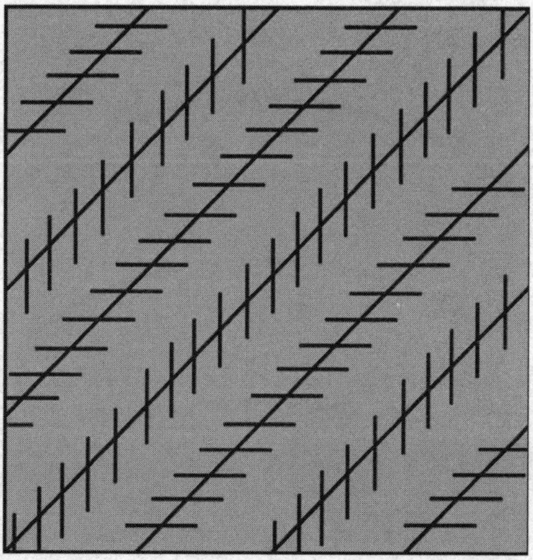

398. 距离错觉

观察下图，请问这个三角形中间的点距三角形的底边远还是距顶点远？

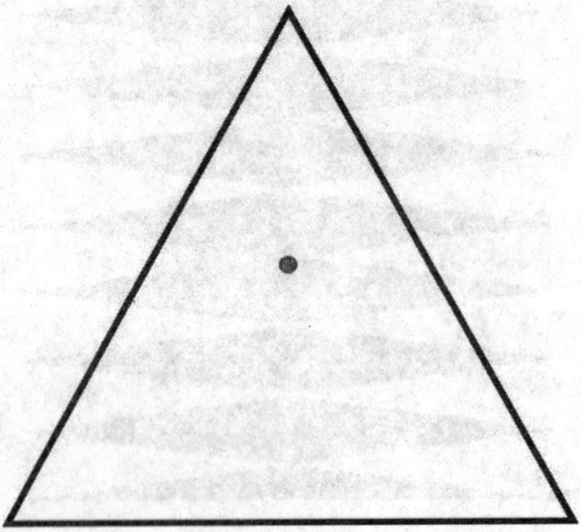

399. 拖兰斯肯弯曲错觉

下面三条圆弧中，哪条线的曲线半径最大？

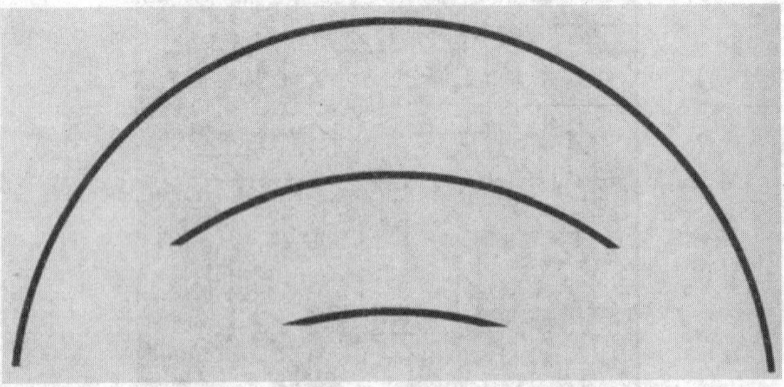

400. 策尔纳幻觉

下图中水平线是笔直而平行的？还是互成一定的角度呢？

401. 这些线平行吗

仔细观察下图，这些横竖方向的线是直线吗？它们平行吗？

402. 是正方形吗

在下图中，圆环上的图形是一个正方形吗？你最好用直尺量量看。

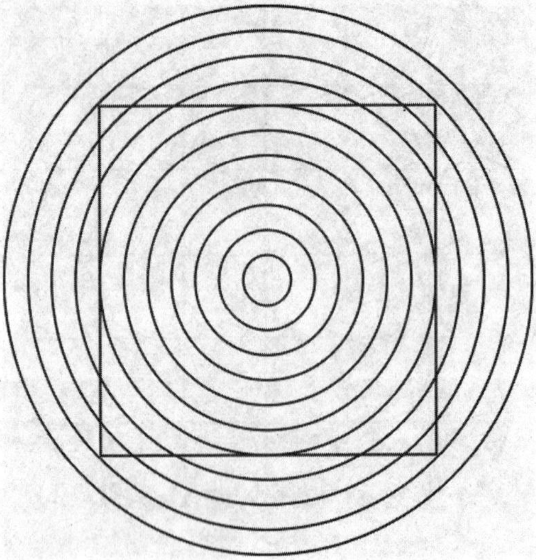

403. 这是个圆吗

看这幅图，中间的那个圈是标准的圆形吗？

404. 圆怎么变成了心形

观察下图，这三个圆看上去是不是有点像心形？

405. 弗雷泽螺旋

仔细观察这个图形，它是一个螺旋吗？你能找到螺旋的中心吗？

406. 缠　绕

这些圆圈是相互交叉的圆还是同心圆?

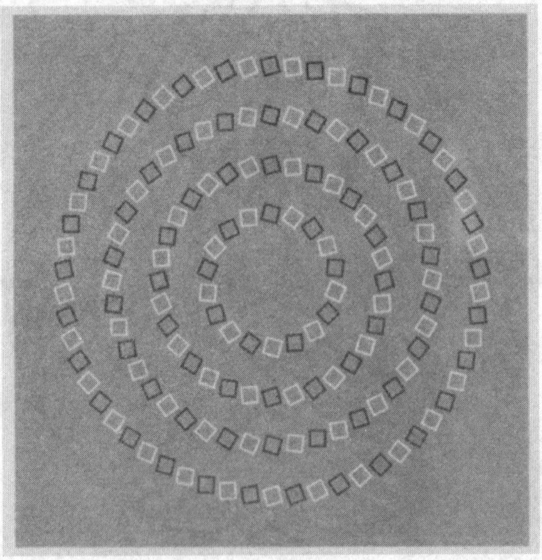

407. 螺　旋

仔细观察这幅图，这个螺旋线的中心在哪里?

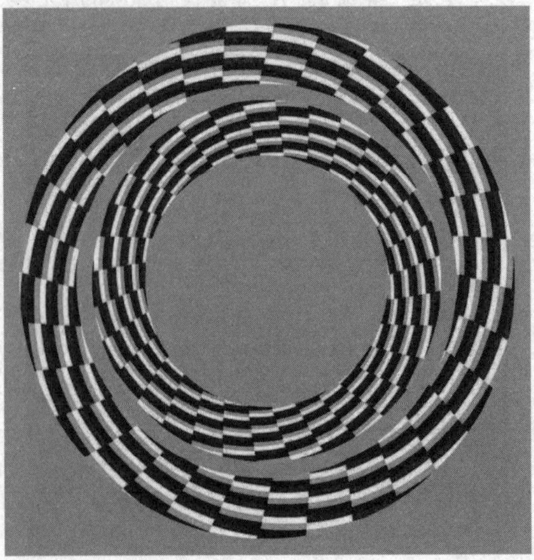

408. 克塔卡螺旋

仔细观察这个图形，它是一个螺旋吗?

409. 韦德螺旋

这真是一个螺旋吗?

410. 切斯塞尔幻觉

图中这些是完全的正方形吗？

411. 曲线错觉

仔细观察下图，你能看出周围的那些都是标准的圆形吗？不信就仔细看看吧。

412. 连续线幻觉

你能在下图中看到多少个正方形？

413. 伯根道夫环形错觉

仔细观察下图，圆圈缺口部分的两端能完整地接上吗？

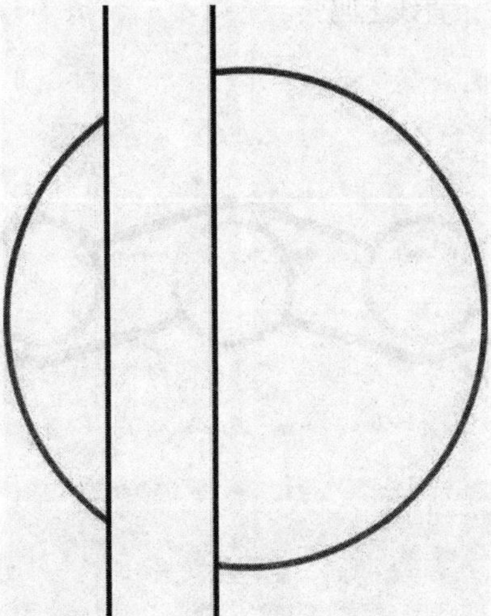

414. 盒子错觉

在立方体侧面上的这个图形中，哪条线与竖线垂直？哪条线不与竖线垂直？把立方体的边线遮住，我们就会发现我们的感知发生了变化。

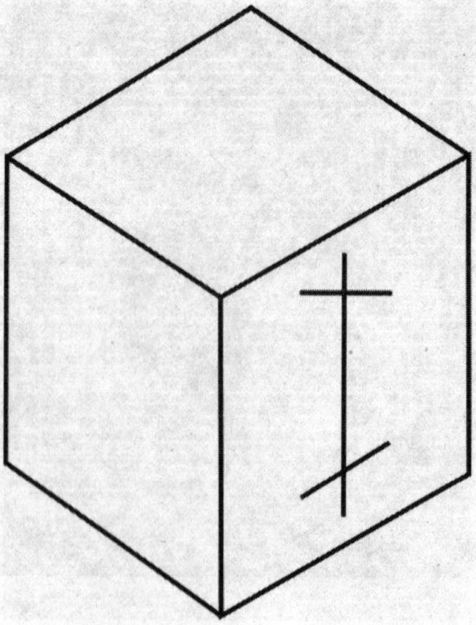

415. 庞泽幻觉

下图中的五个圆在一条直线上吗？

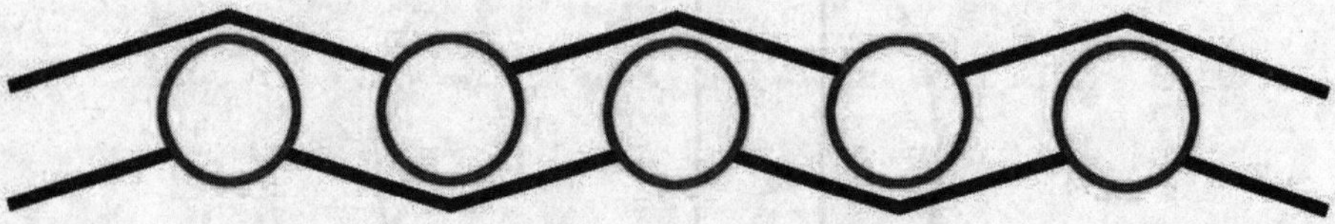

416. 不共线错觉

下图中人物的两只眼睛看起来排错了吗？那就请你用直尺检查一下吧。

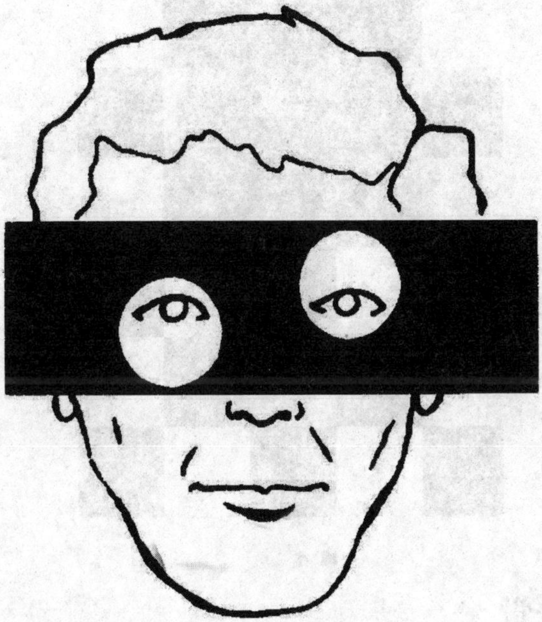

417. 康斯威特方块

下图中，白色和黑色正方形围起来的两块灰色区域看起来哪个更亮一些？

418. 消磨亮度幻觉

在“云”中心的黑白方块和其他的同色方块的明亮度是不同的吗？

419. 色度错觉

下图中，区域A和区域B的灰度哪个更深一些？

420. 蒙德里恩幻觉

下图中，两个箭头所指向的两段不同的光亮，上段是不是看起来比下段暗一些？

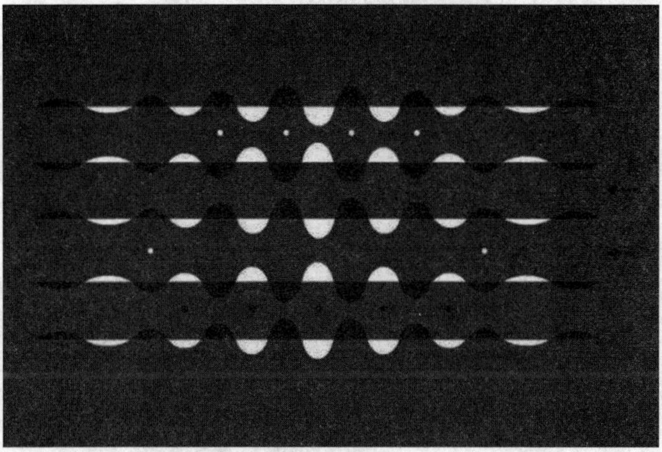

421. 双　塔

仔细观察下图，你觉得这两座塔哪个倾斜的角度更大一些？

422. 错　觉

仔细观察这个小吃摊，你发现它有什么不对劲的地方吗？

423. 大象的腿

仔细观察这幅图，数一数，你弄得清这只大象到底是几只脚吗？

424. 这是什么结构

数一数，这里一共有几根并排的木棍？

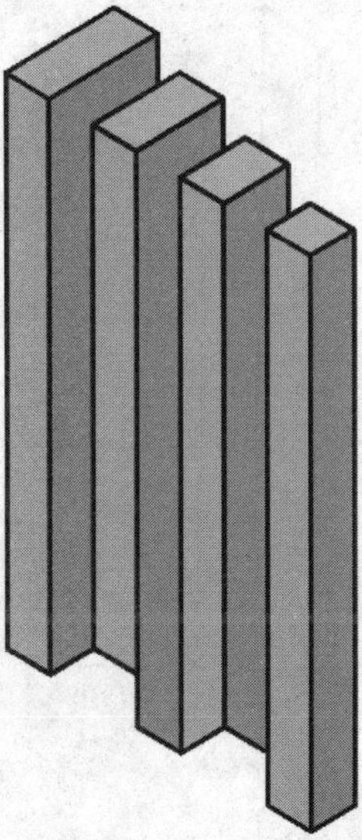

425. 柱子是圆的还是方的

这个建筑的柱子到底是圆的还是方的？有几根柱子？

426. 不可能的叉子

让我们来数一下，这个叉子有几个分岔？

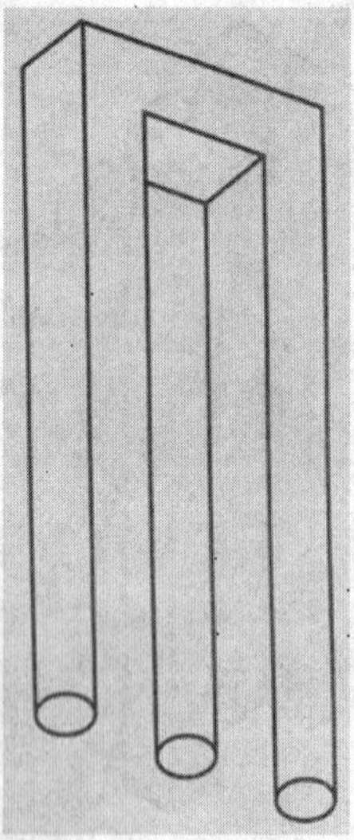

427. 筷子三塔

这幅图有什么特别之处吗？到底有几根筷子？

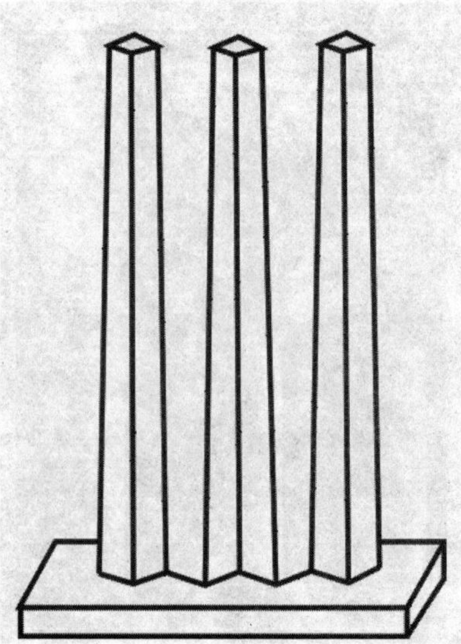

428. 奇特的烤肉串

这个烤肉串它奇特在哪里，你发现了吗？

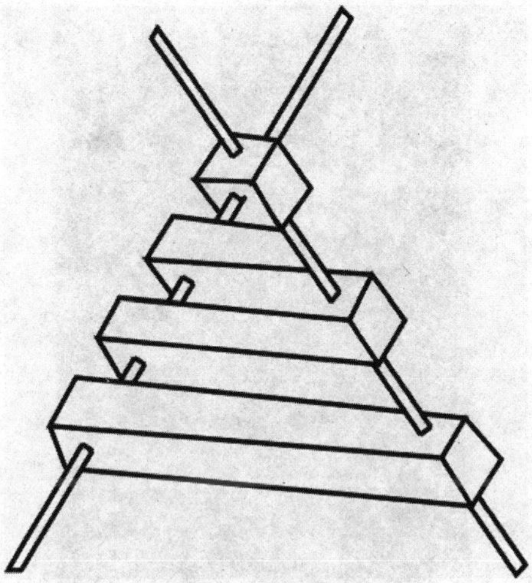

429. 难以捉摸的拱

仔细观察下图，你能想清楚这个图形的结构吗？

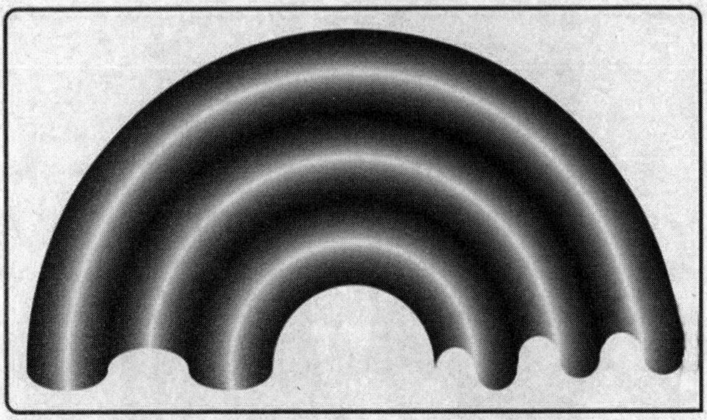

430. 奇怪的棋盘

仔细观察这幅图，你在从上面还是从下面看棋盘呢？

431. 巨　石

细看这幅图中三个光亮的开口处，这种建筑从科学的角度上来说可能吗？试着盖住图片的上半部分，再仔细察看一遍，然后再盖住图的下半部分观察，有什么奇异的事吗？

432. 两列火车会相撞吗

仔细观察这幅图，两幅画中开出来的火车它们会相撞吗？

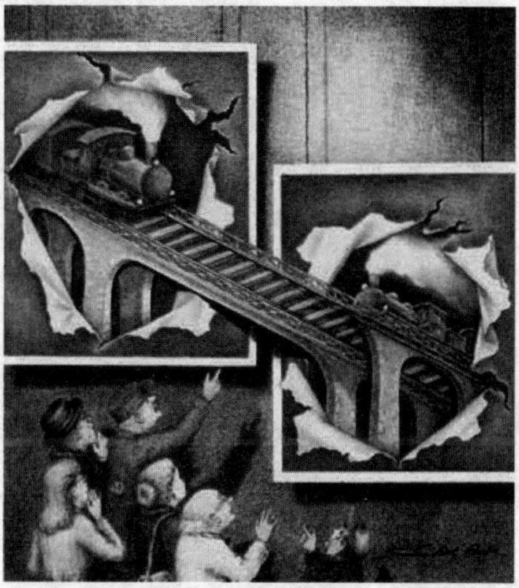

433. 不可能三角

仔细观察下图，你觉得这个图形在现实中可能存在吗？

434. 三角形

这是奥斯卡·路透斯沃德的一幅三角形精简图。这个三角形有可能存在吗?

435. 扭曲的三角

仔细观察下图，这幅图有问题吗?

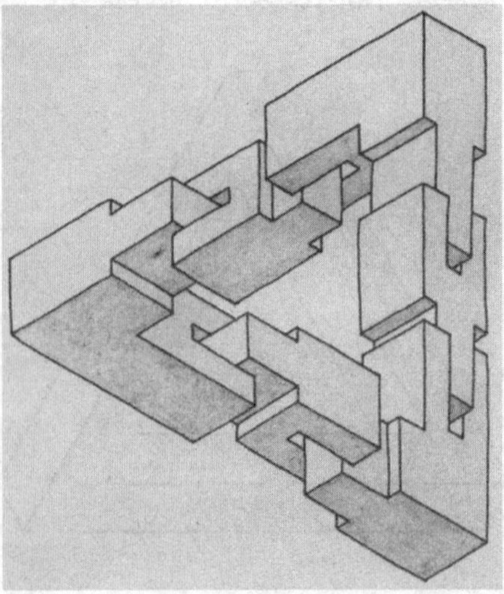

436. 不可能三角形

仔细观察下图，你能看清楚它的结构吗？

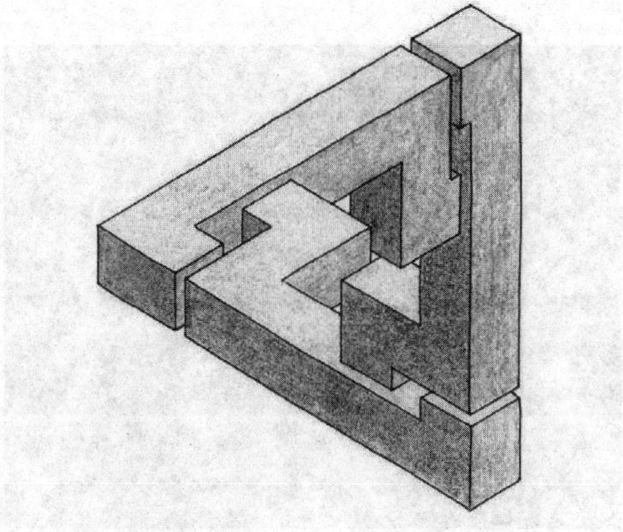

437. 不可能三角的实例

我们已经知道这是个不可能存在的三角形，但是它到底是怎么做出来的呢？

438. 疯狂的木箱

汉斯·舍帕克创造了这个著名的不可能模型——“疯狂的木箱”。你知道他是如何制作出来的吗?

439. 疯狂的板条箱

下面是美国魔术师杰瑞·安德鲁斯根据埃舍尔“不可能的盒子”制作的一个魔术道具——“疯狂的板条箱”。你知道他是如何做到的吗?

440. 不可能的鸟笼

仔细观察这幅图，这个鸟笼有什么特别之处吗？

441. 不可能的螺丝帽

仔细观察下图的螺丝帽，它有什么特别之处吗？

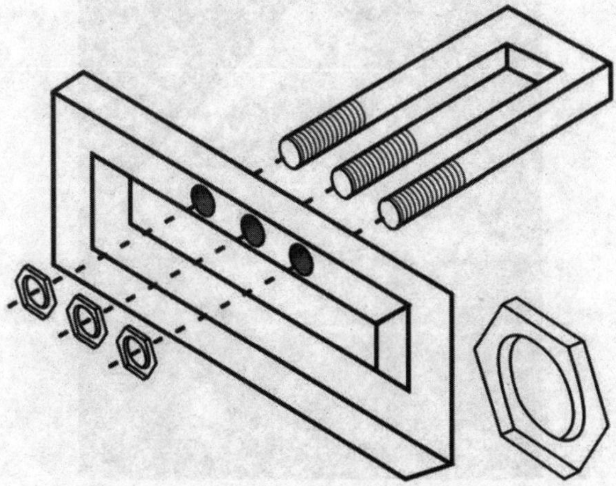

442. 疯狂的螺丝帽

你知道图中的钢棒是怎样神奇地穿过这两个看似成直角的螺丝帽孔的呢？

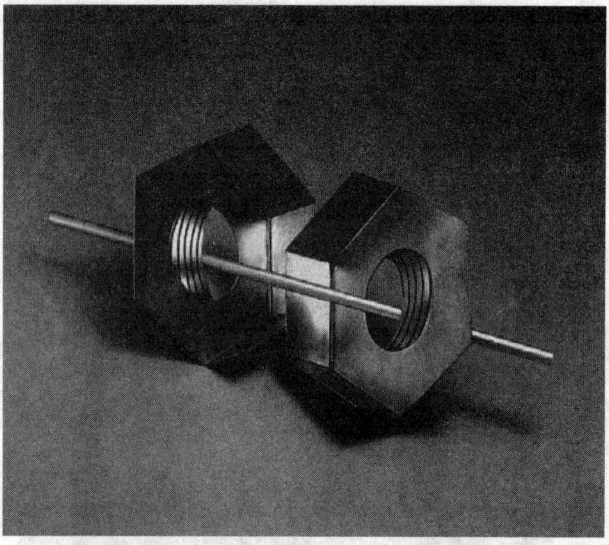

443. 不可能的楼梯

仔细观察这幅图，这个楼梯可能存在吗？

444. 彭罗斯台阶

走这个奇怪的楼梯会发生什么？最低一级和最高一级台阶分别在哪儿？

445. 天梯

这个人能走到尽头吗？

446. 迷宫

仔细观察下面这幅图，你发现它有什么特别的地方了吗？

447. 不可能的书架

仔细观察这幅图，这个架子到底有几层呢？

448. 不可能的架子

这两个小孩究竟坐在了哪里?

449. 不可能的棋盘（1）

仔细观察这幅图，然后想一想，真的有这样的棋盘吗？它是怎样实现的?

450. 不可能的棋盘（2）

仔细观察这幅图，然后想一想，真的有这样的棋盘吗？它是怎样实现的？

451. 反射错觉

仔细观察这幅图，这是什么建筑？

452. 望 楼

仔细观察这幅图，你能发现它有什么特别的地方吗？

453. 观景楼

仔细观察这个建筑，你发现它有什么不对劲的地方吗？

454. 扭　曲

你能看出这个图形是怎么实现的吗?

455. 不可能的环

仔细观察下面这张图，你能看清楚它的结构吗?

456. 曲折的悖论

仔细观察下面这幅图，这个奇怪的结真的存在吗？

457. 不可能的曲折

仔细观察这幅图，这个结构可能吗？

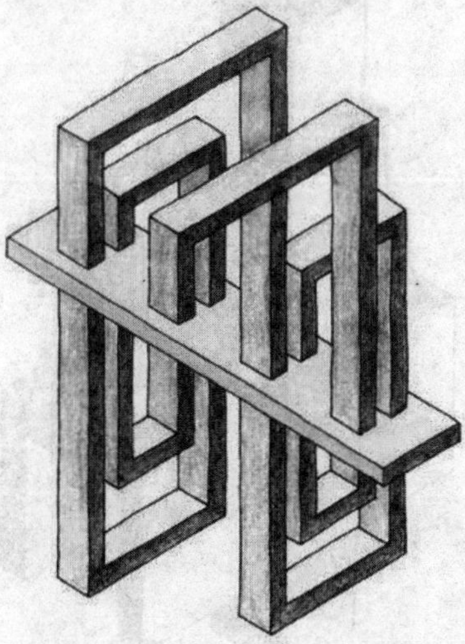

458. 紧密的加压器

仔细观察下图，你发现有什么不对的地方了吗？

459. 嵌　套

你看出这幅图有什么问题了吗？这是怎么回事呢？

460. 椭　圆

仔细观察这幅图，这个椭圆是躺着的还是立着的?

461. 不可能的交叉

仔细观察下面这幅图，你发现有什么不对劲的地方了吗?

462. 网格错觉

在下图中，黑方格交错的地方你是否看到了黑点？数一数共有多少个？

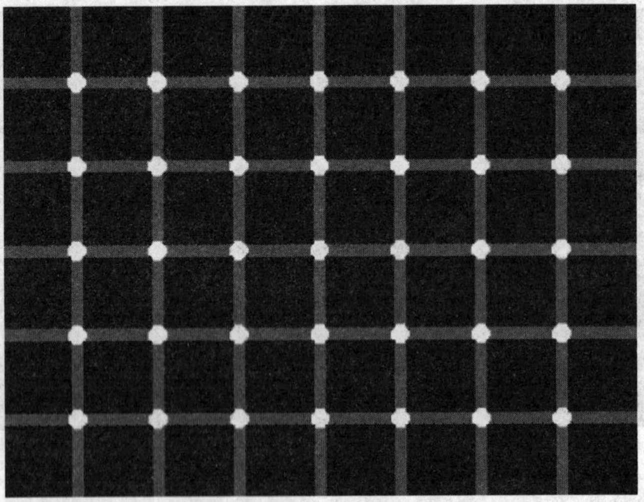

463. 闪烁的点

你看到图中有一些闪烁的黑点了吗？

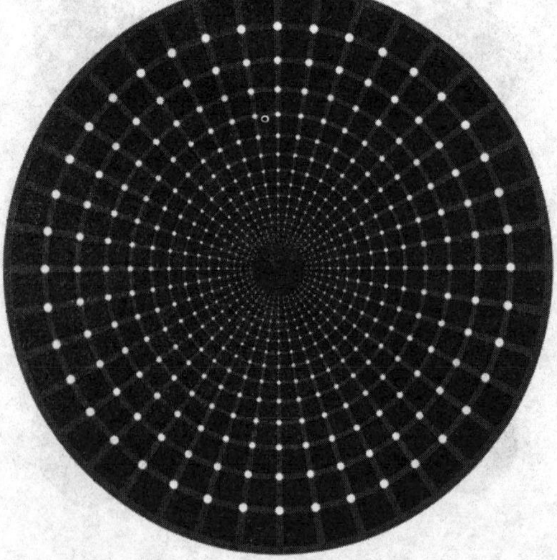

464. 幻觉产生幻觉

你看到一个个白色的圆圈了吗？还有那些交叉位置的白点？

465. BBC墙板

观察这幅图，你看到这些平行线柱之间的空白处有一些黑点在上下跳动吗？

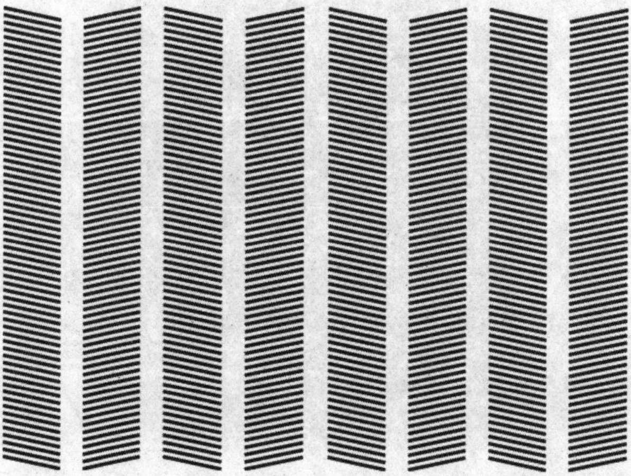

466. 虚幻的圆

在这幅图中，你看到一个圆圈吗?

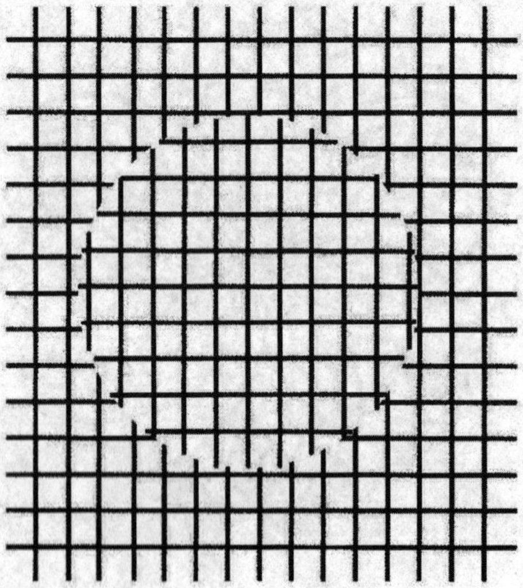

467. 隐藏的圆圈

仔细观察这幅图，然后数一数，一共有多少个圆圈?

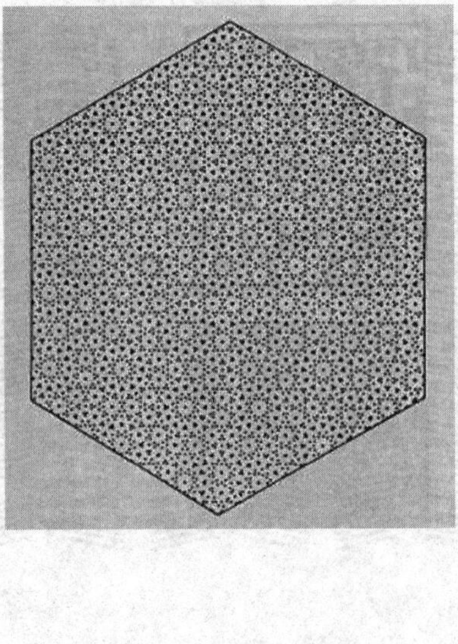

468. 圆 圈

下图中有一些圆圈，你看到了吗？仔细观察，它们是不是比背景的白色更亮一些？

469. 完美的六边形

如果把下图中的六条直线连接起来，会不会组成一个完美的正六边形呢？

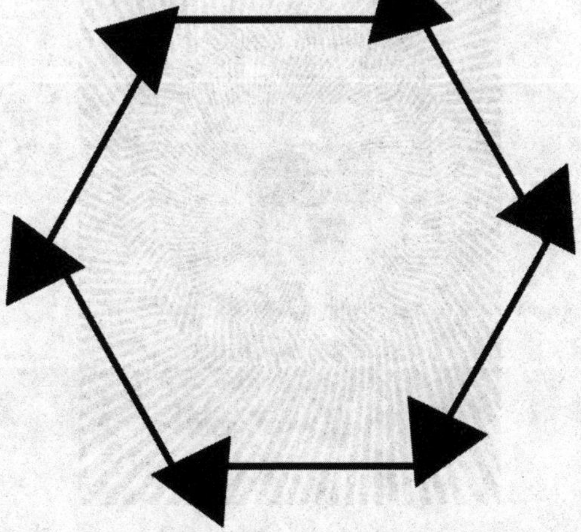

470. 注意力幻觉

集中注意力盯着中心的小黑点，前后移动你的头部，你看到了什么？

471. 旋转斜线错觉

眼睛盯着中间的黑点，然后将你的头部靠近书，或者在你靠近书之后逐渐远离，这时你发现了什么？它动了吗？

472. 麦凯射线

眼睛盯着这幅图的圆心，留意一下它的周围，它动了吗？

473. 运动错觉

这是一幅静态的图片，但当你转动你的眼睛时，你发现了什么？它动起来了吗？神奇吗？

474. 旋　转

这是一幅静态的图片，但当你转动你的眼睛，或者前后运动你的头时，你发现它动起来了吗？

475. 它动了吗

仔细观察这幅图，你看到它动起来了吗？

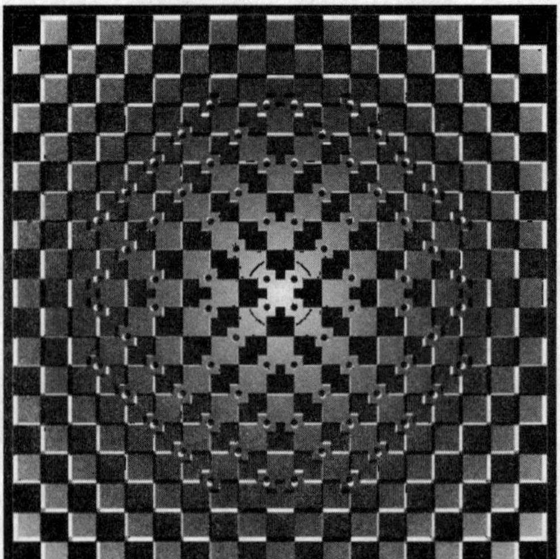

476. 咖啡店幻觉

仅凭眼睛判断，图中心的方块是凸出来的吗？然后再用直尺检查一下。

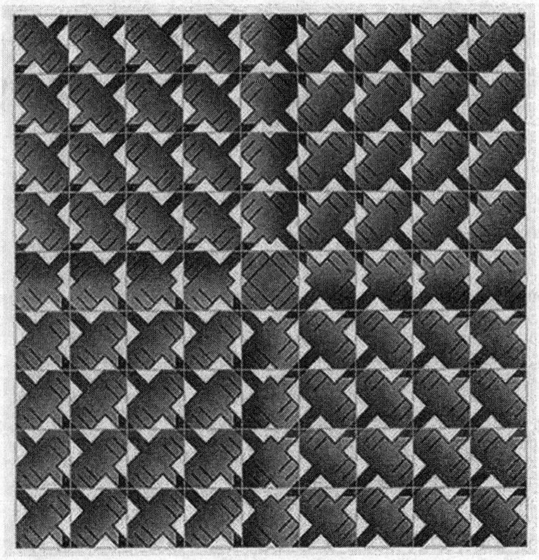

477. 凯淘卡波

仔细观察下图，这些由黑白格子构成的横竖线条它们是直线还是曲线？

478. 棋　子

这是凯淘卡波的一个变形，你看到这个图的中间凸起了吗？

479. 大内错觉

这是欧普艺术家大内初（Hajime Ouchi）创作的错觉图案。前后移动你的头，并让眼睛在画面上转动，注意中间的圆圈和其背景，它们动起来了吗？

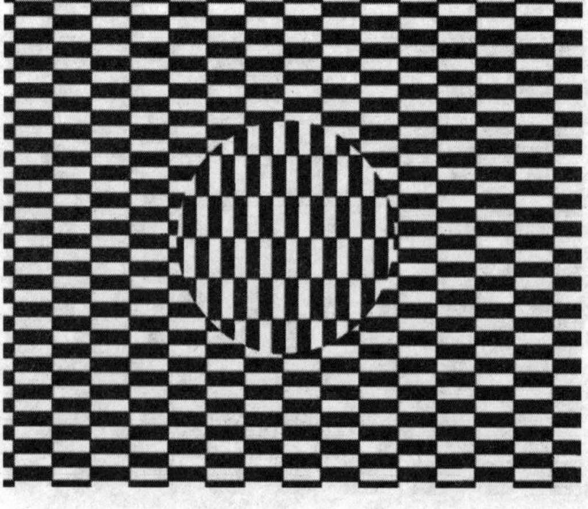

480. 放　大

观察这幅图，并前后移动你的头，你看到中间的图案变大了吗？

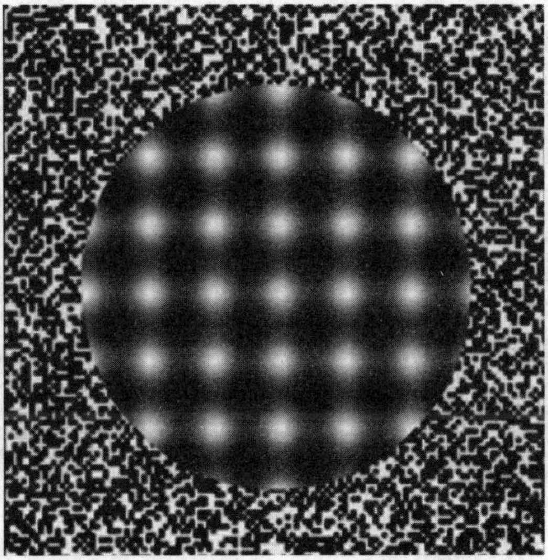

481. 帽针海胆

观察这幅图时，请上下左右移动你的眼球，你看到了什么？

482. 旋　转

你看到这幅图片在动吗？

483. 谁在动

观察下面这个图，看后是不是有天旋地转的感觉，这究竟是怎么一回事？

484. 眩　晕

观察这个图，它是动的还是静止的？

485. 蠕　动

观察这个图，它是动的还是静止的？

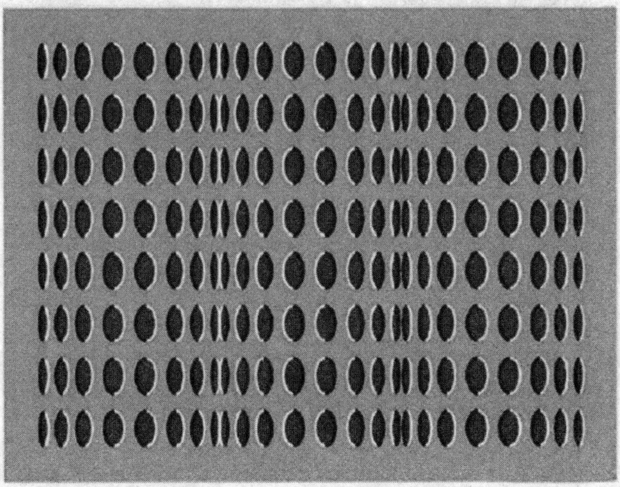

486. 蛇

你看到这些“蛇”在爬吗？

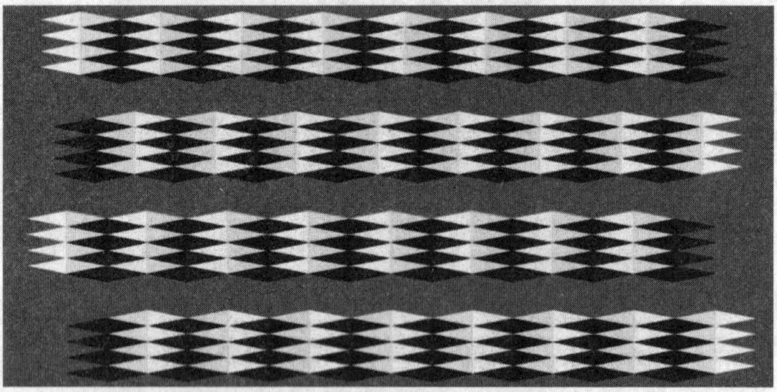

487. 摆动的麦穗

观察这个图，它是动的还是静止的？

488. 微波荡漾

观察这个图，它是动的还是静止的?

489. 转 动

观察这幅图，你发现了什么?

490. 运动幻觉

观察这幅图，你发现它动起来了吗？

491. 运　动

前后伸伸头，左右挪挪头，你发现什么了吗？

492. 让灯泡亮起来

盯着这个黑色的灯泡看30秒钟或更久，不要动。然后迅速转移目光看一张空白的白纸或白墙。你看到了什么？

493. 红　心

死死盯着心形中心的黑点不要动，至少30秒钟以上。然后迅速朝一张无字的白纸或白墙看。你看到了什么？

494. 静止还是运动

有些图本来是静止的，可当我们观察它时，却能感觉到它们在运动。你发现了吗？

495. 方向余波

盯着左手边的条纹看30秒钟或更久，保持不要动。然后再迅速盯着右手边的条纹看。你发现了什么？

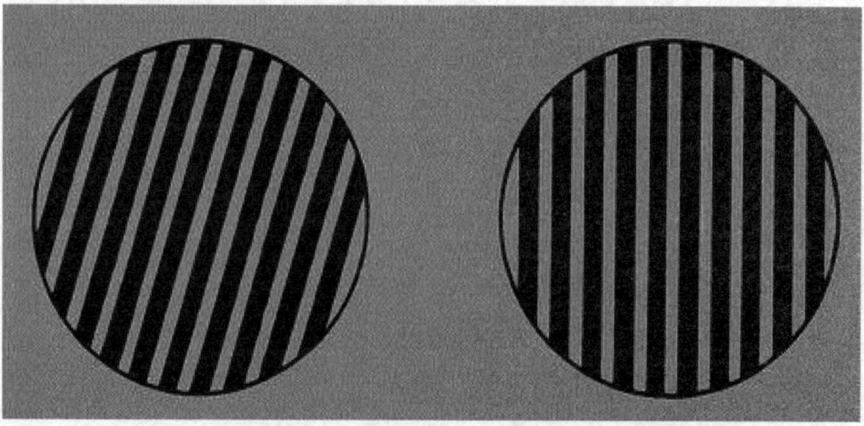

496. 转动的正方形

逐个浏览这些正方形，然后用余光留意其他的正方形，你看到它们动了吗？

497. 界线

下图是由五个并排着的长方形色块组成，用一支细长的笔遮住它们的交界，仔细观察，笔两旁的色块颜色有区别吗？

答案

1. 三角处的圆圈

全黑圆。

分析：从各三角形上端圆圈看，以及从下边圆圈来看，变化的规律都是圆圈黑影依次多1/4，直至全黑（1/4，1/2，3/4，1）。

2. 两个方块

E。

分析：两个黑色方格依此向后移动一格，当前行没有位置时，则在下一行中出现。

3. 准 星

G。

分析：每一行都有一个完整的圆，将圆的边分成四等份的弧形，每向后移动一次，则四个弧形越向中间靠近，反之则离开。靠近或离开的幅度为使每一列中形成的圆形轮廓大小一致。

4. 黑点与白点

H。

分析：在第2、4、5、7、10、12、13、15格内依此出现黑色方块。一白一黑两个圆点依此向右移动。圆点每经过黑块则变换一次颜色。但在黑块遮盖下不显示颜色，在下次移动到白色时显色。

5. 复杂的规律

B。

分析：每行的变化规律为：将每格方块向右移一格（移出界的放下一行第一列；第三行的最后一个放第一行第一格）然后叉变圆，圆变三角，三角变叉。换行的时候（第三幅图变第四幅图和第六幅图变第七幅图时）直接将图形顺时针旋转90度。

6. 平 移

A。

分析：考虑每行的两个图形（第一行为正方形和十字）的位置关系，第一行为向右移动，第二行为向下移动，第三行应该为向左移动。

7. 奇怪的变换

C。

分析：每个图形中直线的条数分别为1、2、3、4。故选C。

8. 角 度

B。

分析：两条线的夹角度数依次增加45度，选B。

9. 分 支

C。

分析：每个图形中直线的条数分别为1、3、5、7。故选C。

10. 延 伸

C。

分析：两个端点分别继续延伸，故选C。

11. 嵌 套

C。

分析：每一层的开口各不相同（中间一层为上下交替，外层为顺时针旋转，内层为逆时针旋转），所以选C。

12. 五角星

A。

分析：每一行的三个图案中，星星的数量都在逐渐减少。仔细观察的话还会发现，只有位于图案上侧的星星在减少，这样就能得到答案。

13. 汉字规律

解答：B

分析：第一行三个字的笔画数是5、6、7，第二行三个字的笔画数是5、7、9，第三行三个字的笔画数是4、5、6，都是等差数列。

14. 方块拼图

解答：B

分析：前四幅图是左侧的小长方形依次向右移动，移动到最右侧后，左侧的长方形继续向下移动，所以就是B选项。

15. 三色方格

解答：A

分析：把第一个图案的第一排移到第二排，再移到第三排；第二排移到第三排，再移到第四排；第三排移到第四排，再移到第一排。

16. 箭头规律

解答：C

分析：箭头上下两边的斜短线依次交替增加。

17. 构成元素

A。

分析：数一下每个图案里图标的数量，可以发现一个简单的递增关系。

18. 阳春白雪

解答：A

分析：每个字的笔画数递增。

19. 黑白方格

解答：B

分析：每一列都向下移动，从上侧滚动出现循环。

20. 上下平衡

解答：D

分析：横线上下小图案的位置变化循环。

21. 移动竖条

解答：C

分析：每根竖条按照它上面标的数字来移动，标“1”的每次向下移动1格，标“2”的每次向下移动两格……向下移出范围了就从上边出现。这样第四次移动后，所有的竖条都出现在第五条的位置，也就是C选项。

22. 缺　口

解答：A。

分析：上下两个“缺口”分别以逆时针方向扩大。

23. 简　化

解答：B。

分析：依次去掉斜线外面的方框。

24. 旋转的扇形

解答：D。

分析：阴影先逆时针旋转三格，再顺时针旋转一格。

25. 贪吃蛇

解答：A。

分析：整体的圆圈顺时针旋转，黑色圆圈的数量逐渐增多。

26. 角　度

D。

分析：上图可以看作一个角逐渐张开，下图可以看作一个多边形逐渐增加边的数目。

27. 直线与曲线

C。

分析：上图的三个图案都是由一段折线和一段弧线组成的，而且折线的段数依次增加。下图的三个图案都是由一个圆和一个多边形组成的，而且多边形的边数逐渐增加。

28. 组合的规律

A。

分析：上图的规律是把一幅图案外侧的多边形缩小到图案的最里边，得到下一幅图案。按照这个规律，下图的第三幅图案应该是A选项。

29. 递增的折线

B。

分析：上下两图都是逐渐变化的。

30. 圆形与正方形

C。

分析：从上图可以看出规律是图形从小到大的变化，下图是图形从大到小的变化。

31. 三条线段

C。

分析：第一行图形中的三个图形的笔画分别为1、2、3画，且方向相同。选项中只有C满足这个规律。

32. 什么规律

B。

分析：看似复杂的图案规律其实很简单。第一幅图的三个图案中的黑点数量是2、4、6，第二幅图的三个图案中的黑点数量是4、6、8。

33. 括号

D。

分析：上图三个图案的笔画数分别是4、3、2画，下图三个图案的笔画数分别是5、3、1画，都是等差数列。

34. 文字规律

B。

分析：上图中三个字的笔画数分别是4、5、6画，下图中三个字的笔画数分别是2、3、4画，都是等差数列。

35. 简单的图形

C。

分析：上图图案的边数分别是3、4、5，下图图案的边数则分别是4、5、6，都是等差数列。

36.星形图案

C。

分析：上图三个图案的边数分是8、16、32，下图图案的边数则是1、2、4，都是等比数列。

37. 切 割

B。

分析：上图三个图形的内角数分别是6、7、8；下图前两个图形的内角数分别是9、10，只有B选项的内角数是11个。

38. 线段的规律

解答：D

分析：组成上图三个图案的线段数分别是4、3、2；下图前两个图案的线段数是5、4，所以答案是3条线段组成的D选项。

39. 奇怪图形

解答：D

分析：上边各图中图案的数量分别是2、4、8，是个等比数列；下边各图中图案的数量则是1、3、9的等比数列。

40. 超复杂图形

解答：A

分析：数一下每幅图中图案的类型数量可以发现，上图是2、4、6，下图是1、3、5。

41. 线段组合

解答：A

分析：上图三个图案分别是由2、3、4条线段组成的，下图的说那个图案则是由5、6、7条线段组成的。

42. 分割火炬

解答：B

分析：上下两图中直线和图形的交点数量都呈现递减的规律。

43. 圆圈方块

解答：B

分析：圆圈的数量逐渐增加，方框的数量逐渐减少。

44. 黑白点游戏

解答：B

分析：黑色圆圈依次增加，白色圆圈依次减少且顺时针旋转。

45. 多重箭头

解答：D

分析：上图的规律有两个：一个是有小短线的三角形在顺时针旋转；另一个是小短线的数量依次增加。按照这个规律，下图的第三个图形应该是三个箭头，方向向上，也就是D选项。

46. 移　动

解答：B

分析：上图明显是一条线段在两条直线间逐渐往上移动；下图可以看作一个“十”字在一个方框里逐渐上移。

47. 奇妙的图形

解答：C

分析：把上图的每个图案从中间对分，就是阿拉伯数字的“1、2、3、4”，而C选项的图案是两个“5”组成的。

48. 巧妙的变化

解答：B

分析：前四个图形分别是倒过来的英文字母“A”、“B”、“C”、“D”，所以答案自然是倒过来的“E”了。

49. 几点钟

时针分别为6，4，2，0；分针分别是4，3，2，1。

50. 分针的位置

分针在时针所在位置的后面5个间隔的位置。

51. 指针的规律

时针所指的数字和分针所指的数字之和为13。

52. 简单的规律

前面钟表的时针和分针所指数字之和为下一个钟表时针所在的位置。时针和分针的位置成90度角，且时针在分针前面。

53. 分针的规律

两个指针所指数字的和分别是4，6，8，10。

54. 奇妙的组合

A。

分析：每一行的第一个图形和第三个图形合成第二个图形。

55. 奇怪的规律

D。

分析：第一行的图形和第二行的图形合并，去掉重复的笔画剩下的图形组成第三个图形。

56. 箭头组合

H。

分析：每行中第二个图形都是第一个和第三个图形拼在一起组成的。

57. 复杂的图形

C。

分析：每行的规律为将第三个图形放在第一个图形里面，形成第二个图形。

58. 直线与折线

H。

分析：将每行的前两幅图形重叠，重复的笔画去掉，剩余的笔画则构成第三幅图。

59. 巧妙的组合

A。

分析：将每行的第二幅图的边框与第一幅图内部图形的边框重合起来，构成的就是第三幅图。

60. 奇妙的变换

D。

分析：将每一行第一幅图的左右两条直线变成向内凹的曲线构成第二幅图，再将第一幅图的左右两条直线变成向外凸的曲线构成第三幅图。

61. 黑　点

G。

分析：将每行前两个图形中圆圈内部或外部的小球数相加为第三个图中的内部或

外部的小球数，如果小球有内有外，则内外抵消。

62. 画方格

A。

分析：如果横向的比较没有头绪的话，不如换个思路，看看竖向的三个纵列有什么规律。数一下每个图案上露出的小短线数量，第一列从上到下是5、3、1，第二列从上到下是7、9、11，可以看出都是等差数列。第三列的上面两个图案中露出短线的数量分别是17和15，所以正确答案是露出了13根短线的A选项。

63. 放大与缩小

C。

分析：前一幅图在里边的图案作为下一幅图在外边的图案。

64. 斜　线

D。

分析：很简单的规律，四根斜线依次消失。

65. 圆　点

解答：D

分析：第一项除以第二项等于第三项，每个连续三项都有这个规律。

66. 圆与方块

解答：D

分析：圆圈的数量乘以2，加上方块的数量，都等于8。

67. 直线与黑点

解答：A

分析：直线下的圆圈数乘以2再加上直线上的圆圈数都等于8。

68. 缺口的田字

解答：B

分析：前两个图案重叠起来变成第三个图案，第四、第五个图案重叠起来也变成第三个图案。

69. 涂黑的三角形

A。

分析：比较上图前两个图案的八个小三角形，如果相同就涂黑，如果不同就涂白，这样就得到了上图的第三个图案。相同的方法处理下图的前两个图案，得到的图形如A选项所示。

70. 五角星

D。

分析：把每一行前两个图案重叠起来，删掉重复的线段，就得到了第三个图案。

71. 复杂的图形

C。

分析：从上图看，先是方框里有一个三角形，然后方框消失，三角形里一个圆圈，最后三角形消失，圆圈里有一个方框。这种循环的变化类比到下图可以发现，先是雪花在星星的左边，然后雪花消失，五角星在花瓣的左边，那么第三幅图案就应该是五角星消失，花瓣在雪花的左边，也就是C选项。

72. 线段与圆圈

A。

分析：从上图可以看出规律是相同图形缩小后的叠加。

73. 涂　色

A。

分析：每行前两个图形进行比较，相同则第三个图形中为黑色，不同则第三个图形中为白色。

74. 变换的梯形

解答：B

分析：把上图第一个图案的梯形看成由左右两个直角梯形组成的，这两个小梯形相向运动重合再分开就分别形成第二、第三两个图形。把下图的第一个图案也如此分开，就能得出答案。

75. 缺口的大小

解答：B

分析：第一个图形减去第二个图形得到第三个图形。

76. 组合花瓣

解答：B

分析：前两个图形相叠加得到第三个图形。

77. 相交的直线

解答：A

分析：前两个图形重叠得到第三个图形。

78. 黑白格子

解答：B

分析：把第一幅图的三个图案重叠起来正好是一个完整的黑色长方形，把第二幅图的前两个图案和B选项的图案重叠起来正好是一个完整的黑色梯形。

79. 找找规律

解答：C

分析：把前两个图案重叠后，去掉重复的线段就得到了第三个图案。

80. 四角星

解答：B

分析：把前两个图案重叠在一起就得到了第三个图案。

81. 黑白网格

解答：B

分析：把前两个图案重叠，删除掉重复的阴影就得到了第三个图案。

82. 填什么图形

解答：D

分析：把前两个图案重叠起来就得到了第三个图案。

83. 十字与三角

解答：C

分析：第一、第二两幅图重叠起来，删除重复的部分，就得到了第三幅图。

84. 黑白格

解答：D

分析：把三个图案重叠起来，阴影部分正好完成覆盖住整个图形。

85. 花瓣和星星

解答：A

分析：第一、第二两幅图重叠起来就变成了第三幅图案。

86. 心形图案

解答：C

分析：第一幅图中去掉第二幅图就变成了第三幅图案。

87. 放 射

解答：B

分析：第一、第二两幅图重叠后，去掉重复的部分，就变成了第三幅图案。

88. 组合的图形

解答：B

分析：把第一、第二两幅图案的下半部分重叠起来，就变成了第三幅图案。

89. 分散的圆弧

解答：A

分析：把第一、第二两幅图案重叠起来，删掉重复的部分，就变成了第三幅图案。

90. 三角和圆

解答：A。

分析：把第一、第二两幅图案重叠起来，删掉重复的部分，就变成了第三幅图案。

91. 简单的规律

解答：A。

分析：上图为第一个图形与第二个图形重合，相同部分留下，第二套图也如此。

92. 涂黑色块

解答：C。

分析：比较第一、第二两幅图，色块黑白相同就涂成白色，色块黑白不同就涂成黑色。

93. 阴影方格

解答：D。

分析：比较第一、第二两幅图，色块黑白相同就涂成黑色，色块黑白不同就涂成白色。

94. 阴影的位置

解答：A。

分析：比较第一、第二两幅图，色块黑白相同就涂成黑色，色块黑白不同就涂成白色。

95. 有趣的组合

解答：A。

分析：第一、第二两幅图重叠起来就变成了第三幅图。

96. 合二为一

解答：D。

分析：前两幅图重叠起来，重复的部分就是第三幅图。

97. 漏　斗

解答：C。

分析：把第一、第二两幅图重叠起来，重复的部分就是第三个图案。

98. 折　线

解答：B。

分析：把第二、第三两个图案合并起来，正好比第一个图案少一笔。

99. 黑白三角

解答：B。

分析：把第一、第二两幅图重叠起来，去掉重复的部分，就是第三个图案。

100. 消失的圆圈

解答：B。

分析：把第一、第二两幅图重叠起来，去掉重复的部分，就是第三个图案。

101. 缺 口

解答：A。

分析：第一、第三幅图可以组合成第二幅图。

102. 光与影

解答：A。

分析：上图是把第三个图案放到第二个图案上去变成第一个图案；下图是把第二个图案塞到A图案里去变成第一个图案。

103. 立体图形

解答：C。

分析：把这几个图形看成简单的由几个格子组成的平面图，然后把第一、第二幅图对应的格子里图标相同的格子留下，就成了第三幅图案。

104. 折线段

解答：C。

分析：把第一幅图中不带点的边接上一段就是第二幅图，再把第一幅图中的角度变大，和第二幅图重叠，就是第三幅图。

105. 阴 影

解答：C。

分析：把第一、第二两幅图重叠起来，重复的阴影部分去掉，这样留下的图就是第三幅图了。

106. 正方形变换

解答：C。

分析：把第一、第二两幅图重叠起来，去掉阴影部分，就是第三幅图了。

107. 三 角

解答：B。

分析：把第二幅图放到第一幅图的上面，就成了第三幅图。

108. 共同的特点

解答：D。

分析：把第一、第二两幅图重叠起来，重复的部分就是第三个图案。

109. 折线组合
解答：B。
分析：从第二幅图里去掉第一幅图，剩下的部分就是第三幅图。

110. 元素组合
解答：C。
分析：第一、第二两幅图重叠起来就是第三幅图。

111. 十字架
解答：D。
分析：把第一、第二两幅图重叠起来，图形外边的轮廓就是第三幅图。

112. 三角形与正方形
解答：C。
分析：第一、第二两幅图重叠起来就是第三幅图。

113. 直线组合
C。
分析：先在第一幅图的上下各加一条横线，再在第二幅图的左右各加一条竖线。

114. 近似图形
是C。
都是一个图形旋转90度后与原图重叠组成的新图形。

115. 斜　线
G。
分析：以中间格的“×”为中心对称。

116. 变化的方块
B。
分析：以中间格为中心对称。

117. 特定的规律
H。
分析：以中间格为中心对称。

118. 奇怪的眼睛

B。

分析：圆形里面的小球位置为右上、右下、左下、左上循环；颜色则以右上到左下的对角线为轴对称的。

119. 九点连线

A。

分析：以中间的三个点为中心的“指针”依此顺时针旋转，形成下一幅图形。

120. 四条线段

E。

分析：将每一行第一幅图的右下角笔画旋转90度构成第二幅图；再将第二幅图的左上角笔画旋转90度构成第三幅图。

121. 直线与箭头

C。

分析：将每行的第一幅图以第二幅图为对称轴翻转，构成第三幅图。

122. 双色方块

F。

分析：每行第一幅图要通过第二幅图的变换方式变成第三幅图的样子。第一行的变换方式为向上拉伸，第二行为顺时针旋转45度，第三行则为先拉伸再旋转。

123. 直线与斜线

B。

分析：以中间格为中心，两两对称。

124. 骰子对比

C。

分析：根据前两个图案的位置关系可知第三个图案的正面为十字，并由上下面关系可知，选C。

125. 带箭头的三角

C。

分析：每一行都有这样的规律，第一个图案左右翻转得到第二个图案；第二个图案上下翻转得到第三个图案。

126. 螺旋线

A。

分析：初看这个题目可能一时找不到分析的入手点，但仔细观察螺旋线的方向就可以找到规律。第一行的旋转曲线从外往里，分别呈顺时针方向、逆时针方向、顺时针方向。第二行则是逆时针方向、顺时针方向、逆时针方向。可以看到，每一行的第一格和第三格是方向相同的，第二格则方向相反。第三行前两格的图形分别是顺时针方向和逆时针方向，所以只有A选项的顺时针方向才符合这个规律。

127. 黑色方块

解答：B。

分析：可以看出，小黑方块的位置是唯一的线索。按顺时针方向依次观察外围的几个方格，可以发现，小黑方块的位置正好旋转了90度，也就是B选项。

128. 图形构成

解答：A。

分析：每一行短线段的位置是逆时针旋转的，只有A选项符合这个规律。

129. 折　线

解答：A。

分析：把正方形中间的线分为两个部分观察。可以看出，上半部分的短线是逆时针旋转，每次旋转45°；下半部分的短线是顺时针旋转，每次旋转90°。按照这个规律，下一幅图的两根短线正好重合，也就是A选项所示。

130. 三角和圆圈

A。

分析：把五个图案联系起来看就能发现是以第三幅图案为轴左右对称的。

131. 砖　头

D。

分析：五个图案是以第三幅图案为中心左右对称的。

132. 直线与椭圆

A。

分析：数一下图案中元素数量的话，可以发现一个简单的规律，4–3–1–3–4。

133. 美丽的图形

解答：B。

分析：题中的四个图案都是中心对称的，也就是图案以中心旋转180度后和原来重叠，选项中只有B符合这个规律。

134. 遮　挡

解答：D。

分析：题中四个图案都是由两个上下对称的图案重叠遮挡组成的，只有D选项符合这个规律。

135. 雪　花

解答：A

分析：小球的位置按照逆时针方向旋转，小球的颜色交替变化。

136. 双色板

解答：D

分析：首先根据黑色长方形的旋转规律可以排除掉A选项。然后两个小圆圈有什么规律呢？白圆圈是在顺时针方向旋转，第四个图案中应该处在右下角的白圆圈被黑圆圈挡住了；黑圆圈的位置则是在左上角和右下角来回变化，第二、第三个图案中的黑圆圈被黑色长方形挡住了。按照这个规律，接下来的图案应该是D选项。

137. 线条与汉字

解答：B

分析：杂乱的线条和汉字之间有什么联系呢？数一下上边四个图案各自最少能用几笔画出来，1、2、3、2，所以答案是能用一笔连着写完的“红”字。

138. 共同的特点

解答：C

分析：都是中心对称图形。

139. 卫　星

解答：C

分析：小圆顺时针旋转45度，而线条是逆时针旋转45度，当空心变成实心的时候，线条增加；当实心变成空心的时候线条减少，增减的数目和变化的数目一致，据此只有C符合。

140. 旋转的角度

解答：B。

分析：题干中的四个图案都可以通过旋转一定的角度变成一个正立的“S”，选项中只有B项的图案满足这个条件。

141. 分割的正方形

解答：C。

分析：图案顺时针旋转。

142. 灰色半圆

解答：D。

分析：图案顺时针旋转，同时黑白两球的位置不停地相互变换。

143. 椭圆阵列

解答：C。

分析：顺时针地依次移走4个中间的小圆圈。

144. 双层图案

解答：D。

分析：图内的小图案在进行顺时针旋转。

145. 有什么规律

解答：D。

分析：以第三个图案为中心，左右两边的图案互相颠倒。

146. 转弯的箭头

解答：A。

分析：图形逆时针旋转。

147. 图形组合

D。

分析：比较上下两幅图，可以看出把上图的每个图案对分，再旋转90°，就得到了下图的图案。

148. 字母也疯狂

A。

分析：第一幅图的三个字母是小写—大写—小写，第二幅图的三个字母是大写-小写-大写。

149. 没规律的线条

D。

分析：上图的三个图案都是轴对称的，下图的三个图案都是中心对称的。

150. 圆圈与三角

C。

分析：上下两幅图的三个图案都是以中间的图案对称的。

151. 轮　廓

D。

分析：把上图里每一幅图的左右两边往里翻转就变成了下图。

152. 带斜线的三角

解答：C

分析：上图的规律是第一个图案上方的三角形分别连续往下翻转两次，构成第二、第三两幅图。下图则是第一个图案上方的两个三角形一起往下连续翻转。

153. 双色拼图

解答：A

分析：第一个和第三个图案的形状上下对称，上下两图黑白颜色的位置相互对应。

154. 阴影图形

解答：B

分析：把上图每个图案中原本在外面的图形放到里面，再把图案的顺序颠倒一下，就变成了下图。

155. 另类箭头

解答：C

分析：上图是逆时针转，每转90度在下面加一横；下图是从有小圆的90度扇形开始逆时针旋转，每旋转一次，每个扇形内加一个小圆。

156. 黑白变换

解答：C。

分析：上图的规律比较简单，黑色三角形和正方形框架一起顺时针旋转，黑色正方形则相对框架进行顺时针旋转。类比到下图，黑色三角形和菱形框架一起顺时针旋转，白色小长方形相对框架逆时针旋转，黑色小长方形相对框架顺时针旋转。第二个图案中黑色小长方形不见了，是因为它正好旋转到黑色三角形的位置上。

157. 奇怪的旋转

解答：C。

分析：上图的第一个图案顺时针旋转90度变成第二个图案，再顺时针旋转90度就变成了第三个图案；同理，下图的第一个图案两次顺时针旋转90度就得到了第三个图案。

158. 黑白方格

解答：D。

分析：把里边和外边的阴影分开观察，可以看出里边的阴影逆时针旋转，外边的阴影顺时针旋转。

159. 砖　块

解答：B。

分析：上图是从图一开始逐渐顺时针旋转得出图二、图三；下图同规律。

160. 变　形

解答：C。

分析：上下两图都是在顺时针旋转。

161. 黑白方块

解答：D。

分析：上下两图都是在顺时针旋转。

162. 不一样的箭头

解答：A。

分析：图形逆时针旋转。

163. 阴 影

解答：B。

分析：阴影部分逆时针扩散。

164. 两个方块

解答：A。

分析：小方块逆时针旋转。

165. 旋 转

规律是先沿着逆时针方向转动一格，然后转动180度；再逆时针方向转动一格，然后转动180度。如此反复。

166. 两两对应

是E。

图A与C、图B与D两两镜像。只有E与其他不同。

167. 与众不同

是C。

其他图形都相对于那条粗线对称。

168. 找不同

是C。

其余的四幅图旋转180后仍然与原图重合。

169. 对应关系（1）

选择E。

把图形从中间剪开，并把两侧合并在一起。

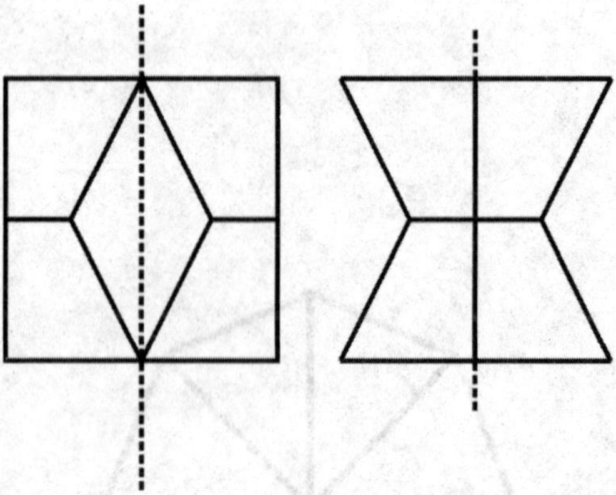

170. 对应关系（2）

选择B。

把图形的下半部分向上折叠，然后横向翻转。

171. 数字之谜

11。每个图形上面三个数字之和减去下面两个数字之和，结果为中心的数字。

172. 猜字母

M。按照字母表的顺序，从字母A开始，顺时针方向，每两个字母之间均间隔三个字母。

173. 复杂的表格

22。每一行中，第一列数乘以第二列数后，加上第三列数，等于第四列数。如：$2\times9+6=24$。

174. 缺少的数字

2。第一列的数字乘以第二列的数字减去第三列的数字乘以第四列的数字的差等于第五列的数字。

175. 按键密码

2314。规律是同一行的前两位数乘以后两位数等于下一个数。

例如：$55 \times 67 = 3685$，$92 \times 27 = 1564$。

176. D代表什么

这个图表示的是钟表的两个指针的位置，第一个是0点，第二个是9点，第三个是6点，第四个是3点。所以D代表的是3。

177. 五角星的数

12。五角星上面一个数加下面两个数等于中间两个数之和。

178. 填数字

7。每个三角形的数字排列规律是：三角形的三个数相加，再乘以2，即为中间的数。问号处的数应该是：$32 \div 2 - (2+7) = 7$。

179. 分割圆环

6。

每个圆中左右两个数字之和再加3等于下面的数字。

180. 罗盘推数

120。$9 \times 13 = 117$，$23 \times 4 = 92$，$8 \times 15 = 120$。

181. 补充数字

12。

图形中左侧的1+2+3与4+6+8+3相差15，右侧的3+6+9与3+8+14+8相差15，所以1+4+7与2+6+？+7也应相差15，7+8+9与6+14+？+7也相差15。

182. 数字箭靶

外圈数是中圈数的2倍，中圈数与内圈数的差是25。外圈数是70，64，72，56，内圈数是21，1，35，26。

183. 圆环上的数字

选择E。

外圈和里圈各个数之和都是24。

184. 对应数

相对的两个数是2倍关系，所以是18。

185. 数字填空

4。图中数字排列的规律是：外圈每格两个数字相乘，其积等于内圈顺时针方向的下下格里的数字。

186. 灰色九宫格

A。

分析：每一行都是从下到上一、二、三个灰色方格。第一行在最左边，第二行在中间，第三行在最右边。

187. 圆三角方块

E。

分析：九个图中，每种图案有三个，所以缺少的那个应该是圆圈。

188. 三条直线

F。

分析：这九个图由三个单线、三个双线、三个三线构成。每行、每列各有一个单线、一个双线、一个三线，而且位置分别是横、竖、斜。

189. 三叶草

D。

分析：每个图形中都有三个灰度格。九个图形中分成了三种，一种三个灰度格之间隔着两个白色格子，一种灰度格之间隔着一个白色格子，一种灰度格之间隔着三个白色格子。每行和每列三种图形各一个，且方向也是平均分配的。

190. 黑与白

A。

分析：九个图形除了第一个空白图之外，都是由实心圆、实心方块、空心圆、空心方块四个图案组成的，每个图形使用三次。由此即可得出答案。

191. 黑白点

B。

分析：每行和每列都有圆、三角、正方形各一个，白球两个、黑球一个，且黑球在里面，白球一个在里面、一个在外面。

192. 开　口

H。

分析：基本图形是正方形、梯形、一边为圆弧的正方形三种，区别在于一个全开口、一个半开口、一个不开口。每行和每列的三种图形各一个，开口方式各一个。

193. 图形组合

G。

分析：每个图形都由两部分构成，一部分由正方形、圆形和十字构成，另一部分则由黑色的实心正方形、圆点和乘号构成。每种基本图形都出现三次。

194. 花瓣变化

E。

分析：第一行的正方形经过扭曲变换成风车状；第二行中，加号经过倾斜变成乘号；第三行的小正方形要经过扭曲和倾斜两种变换，得到的就是所要的图形。

195. 两条曲线

G。

分析：这九个图形由S、反S和8字形三种图形构成，每行和每列每种图形各一个，且角度分别为横、竖、斜。

196. 三色柱状图

F。

分析：图为深度不同的柱状图，每种颜色的不同高度的柱分别有三个（比如黑色的一格的柱有三个，黑色的两格的柱有三个，黑色的三格的柱也应该有三个），而且每行中，柱状图的方向分别为正、左、右。

197. 组合关系

D。

分析：每一行上面的图形不同，下面的相同，且每行上面两黑一白，下面两白一黑。

198. 位置关系

C。

分析：每行的主要图形都相同，次要图形依此是星、空白和圆点，位置分别为左、空、右上。

199. 跳舞的人

D。

分析：观察每一行三个小人的“手”、“身体”和“脚”的变化情况，即可得出答案。

200. 复杂的规律

A。

分析：数一下每个图案把平面分割的份数，第一行分别是4、3、4份，第二行分别是2、4、5份，也就是每一行一共有11份。再数一下第三行，即可知道答案为A选项。

201. 九宫图案

解答：C。

分析：竖直看三个方框中的图标数量都是九个。

202. 男人女人

解答：D。

分析：每个图案都可以分解为“头”、“脸”、“身体”和“腿”四个部分。比较每一行图案中的各个元素，即可得出正确答案。

203. 大头娃娃

解答：C。

分析：比较每一行图案中的“耳朵”、“眼睛”、“嘴巴”三个元素，即可得出正确答案。

204. 日月星辰

解答：C。

分析：比较每一行中的框架结构和小图标类型，可以得出正确答案是C。

205. 黑白图形

解答：D。

分析：每一行的三幅图中，下面图案的外框都相同，上面小图案都不同。

206. 图标组合

解答：D。

分析：每幅图都由三个不同的图标组成。

207. 多边形

C。

分析：观察下图的前两个图案可以发现，外侧的两个多边形是同方向的，最里边的多边形则旋转了一个角度。选项里只有C是符合这个规律的。

208. 有趣的方格

C。

分析：如果把上下两幅图的图案分别比较一下就能看出一个简单的对应关系，小于号对应圆圈，方块对应三角形，斜线对应横线。这样即可知道答案是C选项。

209. 奇怪的规律

B。

分析：上下两幅图中都有长方形、平行四边形、三角形；第一个图案的圆在外面，第二个图案中没有圆，第三个图案的圆在里面。

210. 三角形

B。

分析：上图的第一、第二两个图案中都有第三个图案；下图的第一、第二两个图案中都有一个直角三角形，也就是B选项。

211. 花瓣图形

A。

分析：上下两图对比可以看出相似性，把上图三个图案中的直线变成曲线，曲线变成直线，就一一对应到下图的三个图案。

212. 简单的规律

D。

分析：上图三个图案的底下都有一条横线，下图三个图案的顶部也都有一条直线。

213. 复杂的图形

D。

分析：上下两图的三个图案一一对比可以发现，下图的图案都含有上图的构成元素。

214. 小圆圈

B。

分析：下图图案中的顶点分布和上图中圆圈的分布一样。

215. 图形对比

C。

分析：上下两图的三个图案一一对比可以发现，把上图的曲线换成直线，直线换成曲线，就变成了下图。圆可以看作由三个圆弧组成的。

216. 对应关系

B。

分析：上图的每一幅图中的各个元素都在下图中出现一次。

217. 切割图形

C。

分析：下图斜线的方向和上图一致，而且保持是两条。

218. 三角与扇形

A。

分析：把上图中三角形的斜边变成圆弧，就变成了下图。

219. 直线和曲线

D。

分析：上下两图一一对应，上图的直线变成弧线。

220. 金字塔

解答：A。

分析：把下图每一层的图案类比到上图就可以看出规律了。

221. 黑白图案

解答：A。

分析：上下两幅图对比一下，第一个图案都是黑白两色的，第二个图案都是黑色的，第三个图案应该都是白色的。只有A满足这个规律。

222. 笑　脸

解答：A。

分析：每个图案由头发、脸、眼睛、嘴巴四个元素组成。分别比较下图和上图中的这四个元素，发现下图的第三个图案只能是A选项。

223. 斜　线

解答：A。

分析：比较上下两图的斜线方向，可以知道答案是A选项。

224. 圆与三角形

解答：D。

分析：把上图的圆换成三角形就成了下图，只有D选项是三个三角形堆成“品”字形。

225. 简单的规则

解答：A。

分析：全部都是闭合的图形。

226. 找共同点

D。

分析：上图中五个图案看不出什么变化的规律，但都是由曲线组成的。

227. 螺旋曲线

D。

分析：每个图形都有5个交点。

228. 钉木板

A。

分析：只有朝外的角上才有点。

229. 直线三角圆圈

A。

分析：初看似乎没什么规律，但数一下每个图案里小图标的数量呢？没错，规律很简单，每个图案里有5个小图标，所以答案是A选项。

230. 小图标

A。

分析：从图案的形状、黑白等方面来看的话，上图的四幅图似乎没有什么规律，但数一下每一幅图案中图标的数量可以看出一个简单的规律：每个图案中都有四个小图标。选项中只有A选项符合。

231. 汉字有规律

A。

分析：粗看没什么规律，仔细观察可以发现，上图中的三个字都含有“土”字，下图的三个字都含有“又”。

232. 汉字的规律

C。

分析：上下两幅图的三个字互相之间都有结构上的相似。

233. 奇妙的规律

C。

分析：上下两幅图中，第二个图案的三条线段分别和第一个图案三角形的三条边垂直，第三个图案的三条线段分别和三角形的三条边平行。

234. 不同的规律

A。

分析：只有A图形里外面没有钝角。

235. 星光闪闪

A。

分析：每套图中只有一种小图案是出现两次的。

236. 直线与弧线

C。

分析：都是由两条直线和两条弯曲方向一致的曲线组成的。

237. 字母逻辑

A。

分析：第一行图形中的三个图形都是由两条线段组成的，第二行图形中的三个图形都是由三条线段组成的。

238. 跳舞的孩子

D。

分析：下图三个图形中的“身体”和“脚”都没有重复。

239. 曲 线

D。

分析：上图的三个图案中，直线段和弧线段只有一个交点；下图的三个图案中则都有两个交点。

240. 直 线

C。

分析：上图的图案都是由三条线段组成的，下图的图案都是由四条线段组成的。

241. 复杂曲线

B。

分析：上图的三个图案都是由三段线组成的，下图的三个图案则都是由四段线组成的。

242. 折线与直线

B。

分析：每个图案都是由三条直线段或折线段组成的。

243. 找规律

C。

分析：上图都是三个笔画，下图都是四个笔画。

244. 字母的规律

C。

分析：第一行的三个字母都有弧线，第二行的三个字母都是由直线组成的。

245. 神奇的规律

解答：C。

分析：都是一笔画图形。

246. 方格阵列

解答：D。

分析：上图都由五个小正方形组成，下图都由六个小正方形组成。

247. 曲线组合

解答：A。

分析：上下两图都是由四个元素构成，选项中只有A项满足。

248. 线条的规律

解答：B。

分析：尽管没有什么笔画数上的规律，但所有图案都是可以用“一笔画”来完成的。

249. 立体图

解答：A。

分析：这道题需要一定的立体几何学知识。从上图可以看出，第二个图案的体积是第一个图案的一半，而第三个图案的体积是第一个图案的1/3。选项中只有A选项的体积是下图第一个图案的1/3。

250. 阴影的共性

解答：A.

分析：上下两图的各个图形中，两块阴影部分的面积都是相等的。

251. 小圆点

解答：D。

分析：上图的三个图案中分别有5、1、3个小点，是三个不同的奇数；下图则应该有2、6、4个小点，所以选D项。

252. 双层边线

解答：C。

分析：从图形的形状上看不出什么明显的规律，观察图形外侧线的位置，上图的直线位置分别是左、下、右、下图的折线位置是左上、上、右上。

253. 线条推理

“>”形。它们是扑克牌四种花色的图案的右半部分。

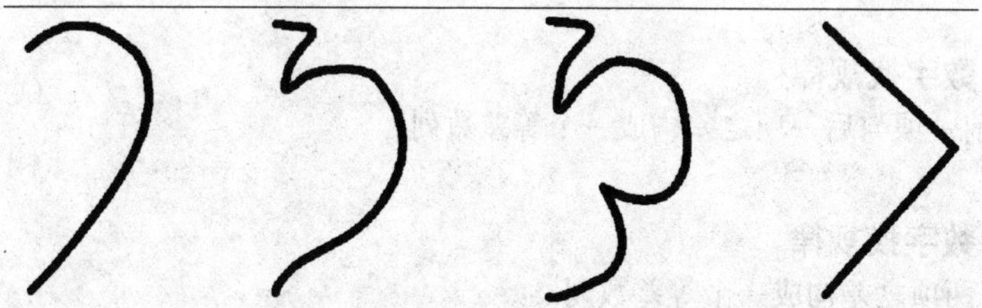

254. 找数字规律

应该是64。每个数字依次是1，2，3，4，5，6的立方。

255. 组成单词

是GOODBYE。

256. 写数列

11，5。

分为奇数项和偶数项，分别有一个规律。奇数项的规律是1，3，5，7……偶数项的规律是12，9，8，7……

257. 下一个数字

下一个数字是17。是从小到大的质数排列。

258. 字母排列

E。

奇数项和偶数项分别按字母顺序表排列。

259. 代表什么

正六边形代表6。根据图形的边数得到此规律。

260. 排列规律

最后一个数字是129。

规律是：

9+3=12

12+（3×3）=21

21+（3×3×3）=48

48+（3×3×3×3）=129

261. 数字找规律

15。前一项与后一项之差构成一个等差数列。

262. 数字找规律

6。每两项之差构成一个等差数列。

263. 数字找规律

5。奇数项为8，7，6……偶数项为6，5，4……

264. 数字找规律

4。将每项开二次方后即为下一项。

265. 数字找规律

1。奇数项为1，-1，1，-1……偶数项为零。

266. 数字找规律

2。将后一项平方减一即为前一项。也就是说将前一项加一后开方即为后一项。

267. 智力测验

2＋3＝5，5＋3＝8，8＋3＝11，11＋3＝14。所以答案为14（等差数列）。

268. 智力测验

答案为14。隔项成等差数列。

269. 智力测验

2×3＋1＝7，7×3＋3＝24，24×3＋5＝77，77×3＋7＝238。所以答案是238。

270. 填数字

124. 观察可得出数列公式为N3–1，N为项数。

271. 猜数字

720。相领两个数的商分别为2，3，4，5，6。

272. 猜数字

40。奇数项为公差为5的等差数列，偶数项为公差为4的等差数列。

273. 猜数字

32。每两项之积为后一项。

274. 猜数字

5。奇数项为1，3，5，7……偶数项为10，5，0，–5……

275. 猜数字

8。奇数项之差为一个3，7，3，7，3，7……数列。偶数项之差为7，3，7，3，7，3……数列。

276. 数字的规律

每个数字都是前一个数字的平方加前面第二个数字的平方，所以29×29+5×5=866。

277. 有名的数列

34。这是一个著名的斐波纳契数列，它的规律是每一个数等于前面两个数之和。这个数列有很多有趣的数学性质，所以变得非常有名。

278. 有名的数列

47。这同样是一个有名的数列，叫鲁卡斯数列，是仿斐波纳契数列，从第三个数字开始，每个数都等于它前面两个数之和。最神奇的是任意取两个相邻的数，然后用大数去除以小数，得到的结果是一个接近“黄金比例”1.618……的数，而且越到后面越接近。

279. 天才测验

分子与分母有不同的规律。

分子的规律是：前一项与后一项的差成等差数列，所以是31。

分母的规律是：

5=1×5

20=2×10

51=3×17

104=4×26

后面的数的差又成等差，所以下一个是5×37=185。

所以为31/185。

280. 天才测验

后一项与前一项的差成等比，所以是238。

281. 天才测验

25。规律是：

7×2-4=10

10×3-5=25

25×4-6=94

94×5-7=463

282. 天才测验

差成等差数列，32。

283.天才测验

奇数项-4÷2，偶数项直接÷2，所以是29。

284. 天才测验

差为等差数列，98。

285. 天才测验

规律×3，÷2，×3，÷2。所以答案36。

286. 天才测验

243，第1个数和第2个数相乘等于第3个数的2倍，所以是14×49÷2=243。

287. 天才测验

差成等比，答案88。

288. 下一个数字是什么

21。前一项加一等于后两项之和。

289. 寻找数字规律

50。这是一个著名的大衍数列，它的规律是：如果是第奇数项（n），那么这个数是（n2–1）÷2，如果是第偶数项（n），那么这个数是n2÷2。这个数列可以用来解释中国的太极衍生原理，所以变得非常有名。

290. 字母旁的数字

字母旁边的数字是代表这些字母在字母表中的序号，所以答案为23。

291. 猜字母

N。

1、2、3、4、5、6、7、8、9的英文one，two，three，four，five，six，seven，eight，nine的第一个字母。

292. 猜字母

键盘第二排L。

293. 猜字母

键盘第一排Y。

294. 字母找规律

M。在字母表中，每两个字母间都隔着两个其他字母，所以后面的空格处应该填M。

295. 智力测验

这个考的是字母顺序，在字母表里或间隔两个字母，或间隔3个字母。所以答案是V。

296. 填字母

S、S。

这七个字母是星期的英文的第一个字母。

星期一：Monday。

星期二：Tuesday。

星期三：Wednesday。

星期四：Thursday。

星期五：Friday。

星期六：Saturday。

星期天：Sunday。

297. 缺的是什么字母

M、J、O、N

这十二个字母是月份的英文第一个字母。

一月：January 简写Jan.

二月：February 简写Feb.

三月：March 简写Mar.

四月：April 简写Apr.

五月：May 简写May.

六月：June 简写Jun.

七月：July 简写Jul.

八月：August 简写Aug.

九月：September 简写Sep. / Sept.

十月：October 简写Oct.

十一月：November 简写Nov.

十二月：December 简写Dec.

298. 绳　结

第一个结会结死，第二个结会打开。

299. 没打结的绳子

2和3不能打成结。

300. 结的影子

对于绳子上的3个相交处，共有8种可能的交错情况。其中只有两种能形成一个结，所以概率是1/4。

301. 拉绳子

不会挂上，绳子会与钉子脱离。

302. 几根绳子

由两根绳子构成的是C。

303. 是否连在一起

它由两根分开的纸带组成，可以把它们分开。

304. 电　路

1与C、2与A、3与B是相通的。

305. 解开铁环

打开右下角那个铁环即可。

306. 第三根铅笔

是编号为6的那一个。

307. 展开图

选择B。

根据三角所在位置，只有B符合要求。

308. 正视图（1）

选择A。

309. 正视图（2）

选择D。

310. 左视图

选择C。

311. 俯视图

选择C。

312. 翻　身

选择B。

根据各根火柴的前后位置判断。

313. 折叠立方体

选择C。

只有C选项满足要求，大家可以自己折叠一下试试。

314. 折不出的立方体

选择D。

其他的图形都可以折叠出来。

315. 立方体网格

只有第3、第5、第7可以组成立方体。

316. 骰子构图

E。

317. 骰子推理

e。这是考查你的空间想象能力，b的对面应该是e。如果还不明白，你可以动手做一个骰子看看就知道了。

318. 图案盒子

选择a。

319. 找正确的图形

图3。原图有七个立方体排列在平面上，请注意它们排列的相对位置（深色的七个小立方体），只有图3是相同的。

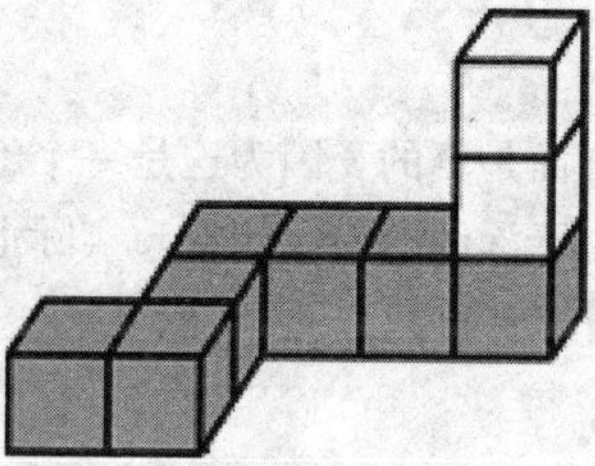

320. 内立克立方体组合幻觉

其实这里面的每个图形都可以看成两种状态，仔细观察你就会发现如何把它们颠倒过来了。

321. 平　行

这些水平线看上去相互之间有一定的角度，其实它们是相互平行的。

322. 平面还是立体

当我们仔细看这幅图的时候，就会发现这些看似杂乱的三角形竟然可以看成几个立体图形的面。正是这些明暗相间的颜色扩大了这种错觉。

323. 白方格在第几层

这幅图很容易让人看起来头晕，那两个白方格既可以被看成在最顶层，也可以看成最底层。

324. 上升的线

倾斜这页纸，用一只眼睛从纸的右下方看，你就会看到升起来的线。试试看吧！

325. 球和影的错觉

我们对比一下两幅图就会看出，它们的位置是完全相同的。只是第二幅图中球的影子在一条水平线上，给人的感觉是这些球在影子正上方的空中，而第一幅图则是摆在棋盘上的。

326. 悬浮的花瓶

当然不会，它是放在地面上的，只不过在它的前面我们人为地做出一块“影子”，因此看起来像是在飘浮着的。这是因为在我们的视觉系统决定相对高度和深度时，影子是一条非常重要的线索。

327. 透视拱廊

这不是我们的视觉问题，而是真的。因为这是一个幻觉拱廊，在斯巴达的乡村院落内会随处可见，它给我们对于深度的错误印象。实际上这里的地板向上倾斜，屋檐朝下倾斜，后面的柱子比前面的要矮。

328. 高与矮

不！其实这两个人的身高是相差不大的。之所以看起来一个高一个矮，只是因为一个近，一个远。再加上离得近的男孩从这个角度看好像站在地板上手却能够到天花板，其实这只是角度的错觉。

329. 大小恒常错觉

没有，它们的身高是差不多的，只是一个近，一个远。这就是“大小恒常错觉”。这幅图画的背景提供了深度的尺度。错误的背景就会提供错误的尺度，使人产生错觉。

330. 透视错觉

其实它们的大小和高度完全一致。但是在那四条放射线的衬托下，右侧的红色方块显得比左侧的要高一些。

331. 奇怪的门

看上去上面的“门”要高一些，其实它们是完全一样大小的。

332. 哪条线段更长

上图中线段AB和线段CD的长度其实是完全相等的，虽然它们看起来相差是那么大。

333. 曲线幻觉

这些竖线看上去似乎是弯曲的，但其实它们是笔直的，而且相互平行。当你的视网膜把边缘和轮廓译成密码，幻觉就偶然地在视觉系统里发生了。这就是曲线幻觉。

334. 隧 道

看上去最后面的要高一些，其实它们三个是一样高的。

335. 恐怖的地下室

看上去后面那个比前面的要大很多，其实它们是一样大的。

336. 走廊幻觉

用尺子量一下你会发现它们的身高是完全相同的，只是由于透视效果和前面大人的对比才让前面的小人看起来小了一些。

337. 月亮错觉

这两个球尽管看上去后面的要大很多，实际上它们是一样大的。有一种现象我们在日常生活中经常能看到，就是太阳早上看起来往往比中午的时候大一些。这种现象被叫作月亮错觉。月亮错觉就是虽然接近地面平视的圆月和当空仰视的圆月面积相等，而且在视网膜上形成的影也大小相同，但一般人总是觉得接近地面时的面积要大出30%~50%。

338. 阴影产生的形状

旋转图片之后所有形状一起发生改变，凹陷的球凸出，凸起的球凹陷。大脑利用许多线索确定一个二维图形的纵深度，其中一个线索就是阴影。正常情况下灯光来自上方。当图像被倒置之后，大脑会收到来自另一角度的光线指示，这样同样的阴影会对应不一样的形状。

339. 书

它既可以看成正对着你，又可以看成背对着你，这要看你的眼睛是怎样理解的。

340. 凸与凹

这幅画也是荷兰著名的视错觉画家埃舍尔的作品。他的作品利用人的视觉错误，让他的作品在三维空间里游戏。他的《凸与凹》、《上升和下降》、《观景楼》、《瀑布》等作品，以非常精巧考究的细节写实手法，生动地表达出各种荒谬的结果，几十年来，始终令人玩味无穷。

从这张画上你看到了什么？是一个外凸的贝壳状天花板饰物？还是地板上凹陷的贝壳形的盆？这取决于你认为辅助的光线来自何方。在你的视网膜上投射的影像可以有两种解释：凹或者凸。而这幅画中的很多细节都会让我们的大脑把事物一会儿看成凹，一会儿看成凸的。

这幅图还有一个特点就是，如果你一眼看过去，它好像是一个对称的图形。而左半部分的物体是凸的，右半部分通常会被看成凹的。看一下垂直中线两边的吹笛人，就会感受到最为震撼的视觉冲击。埃舍尔本人对此解释道："画面中有两个吹笛子的人。左边的那个正对着一个小屋的屋顶，他可以从窗户里爬到这个屋顶，然后跳到小屋前面的黑色地板上。但是右边的那个吹笛手就不能爬出窗户，因为他下面有一个深不可测的深渊。"

其实我们辨认一个物体是凸还是凹都必须依赖某个参照物，如果参照物发生变化，所得的结果也会发生变化。最明显的例子就是画面下端趴着两只蜥蜴的台阶上。如果从左边那只蜥蜴看，台阶是正的，如果从右边那只蜥蜴看，台阶是倒的。画面的右上角挂着一幅旗帜，上面的多边形图案就说明了凸与凹这个主题。

类似的细节有很多，在此就不一一列举了，大家慢慢发现吧。

341. 凹 凸

这幅图由于四周不同颜色的背景，使得它看起来既可以是凹进去的，又可以是凸出来的。

342. 凸出来还是凹进去

两个绿色的部分可以看成突出来的也可以看成凹进去的。

343. 深度错觉

这是因为现实中的立体物体，是以平面的形式反映在我们的视网膜上的。而我们的视觉系统强迫将一个感知到的平面的图形理解为一个立体的图形。然而，在视网膜上，不同的立体物体可能会有相同的平面图像。这时，视觉系统就会将平面图形感知为其中一个立体图形，也可能会感知为另一个。但是在同一时刻，你的大脑只能感觉到一种图像，而不可能同时感觉到两种图像。这就是我们总是感觉他们在不断变换位置的原因。

344. 门上的洞眼

如图所示：很多人一想到某物塞住某物，就会将它想象成一块没有变化的、形状单一的立方体。如果能将思维发散，将它们想成不同的平面，就能设计出第一个木塞；如果再将思维发散，将不同的平面各按不同的角度进行组合，很容易设计出第二个木塞。

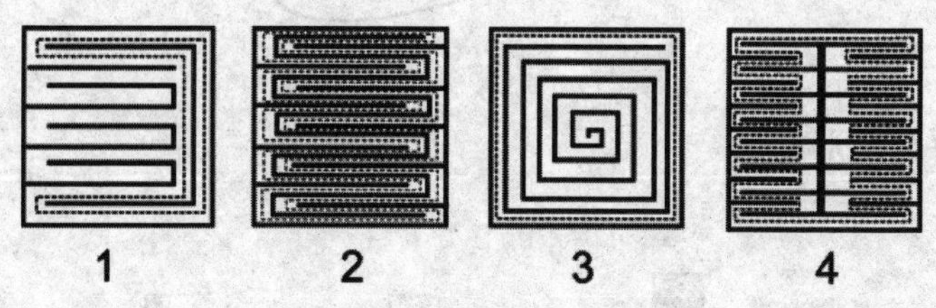

345. 三角形管线

也许你会有点惊讶：因为还是深色的那一面朝上。只是这个几何图像看来很有说服力的原因，虽然它不可能在实际中制造出来。

346. 穿过自己的带子

结果是两根带子：一根顺时针扭曲，一根逆时针扭曲。

347. 剪圆环

如图，答案有两个：2和4。其中虚线是形成环形的部分。

348. 三等分

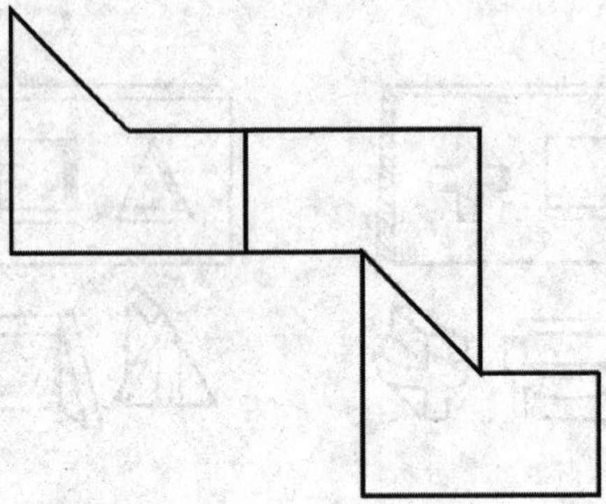

349. 切割双孔桥

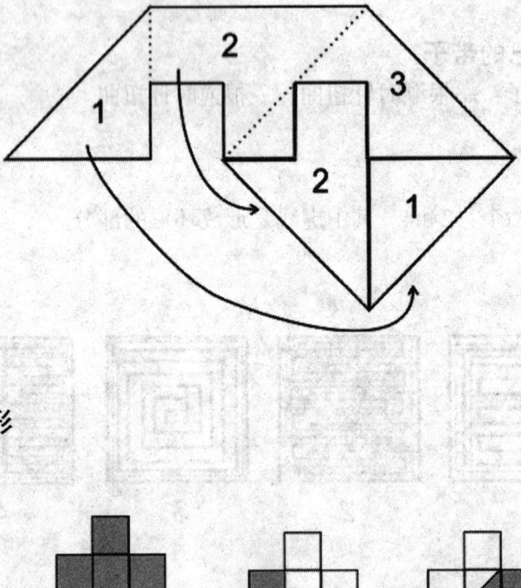

350. 平分图形

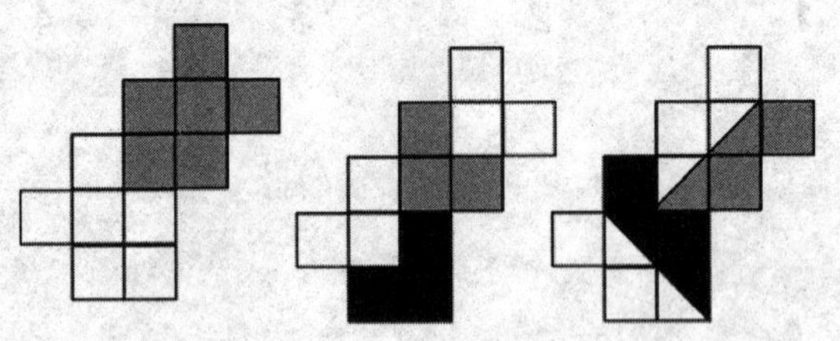

351. 二等分

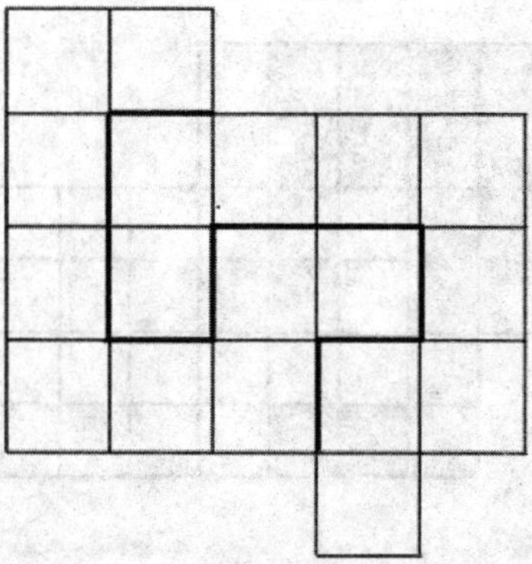

352. 连接的图形

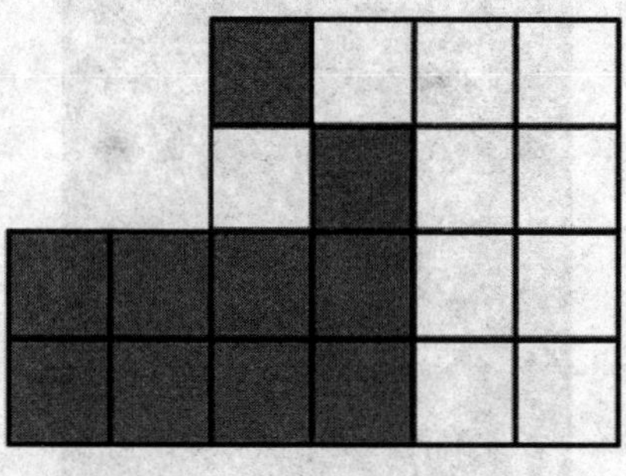

353. 三等分

354. 平分图形

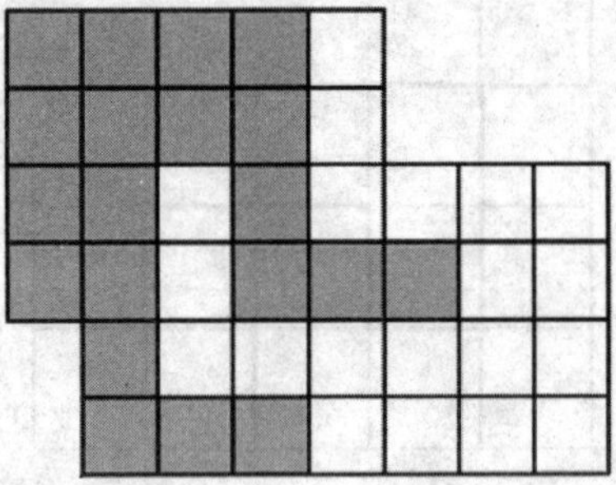

355. 巧分四块

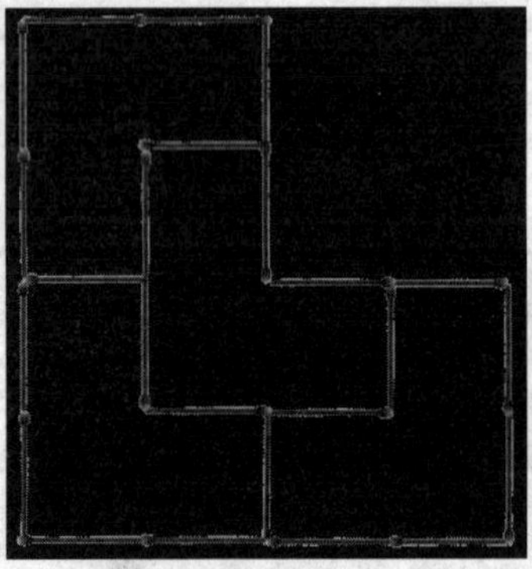

356. 分图形

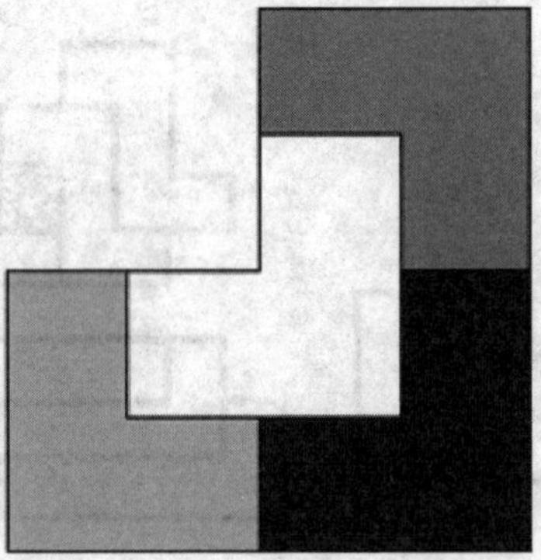

357. 四等分图形（1）

358. 四等分图形（2）

359. 等分方孔图

有两种方法，如图。

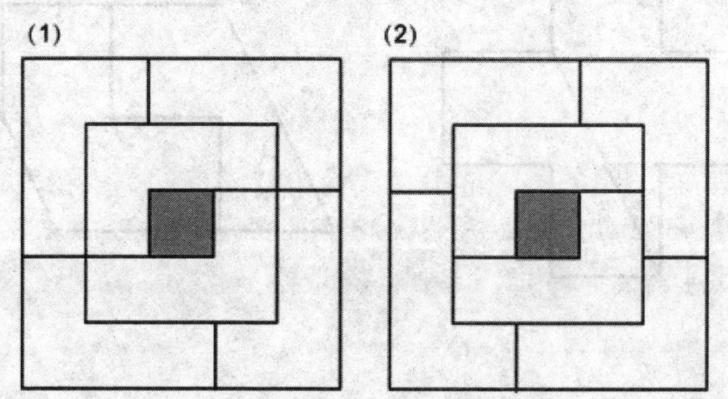

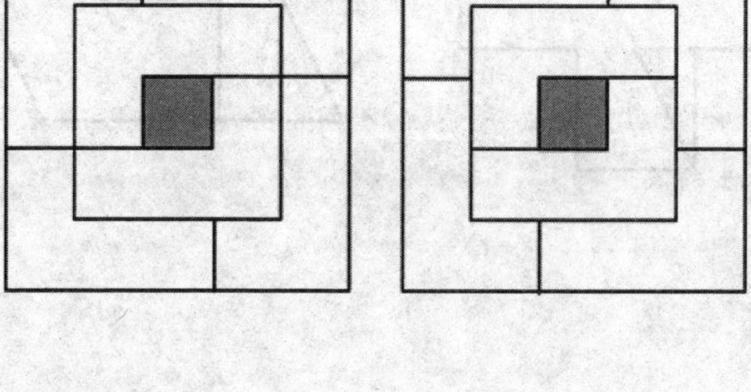

360. 一变六

如下图这样剪即可。

361. 有趣的十字架

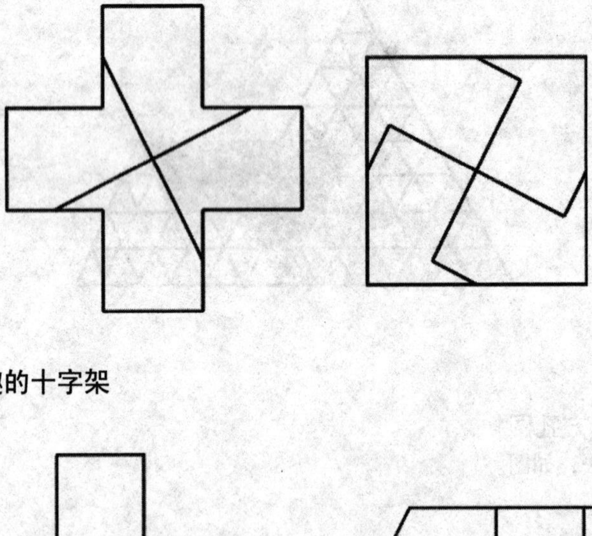

362. 有趣的十字架

363. 有趣的十字架

364. 图形构成

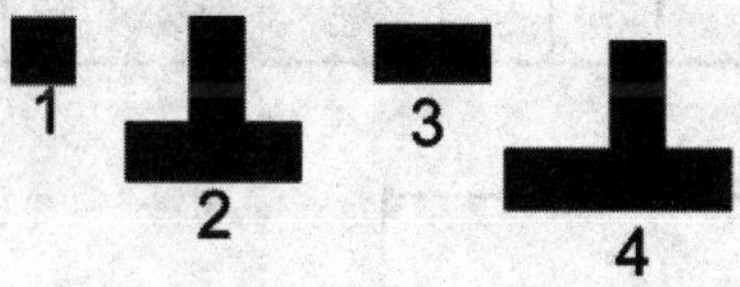

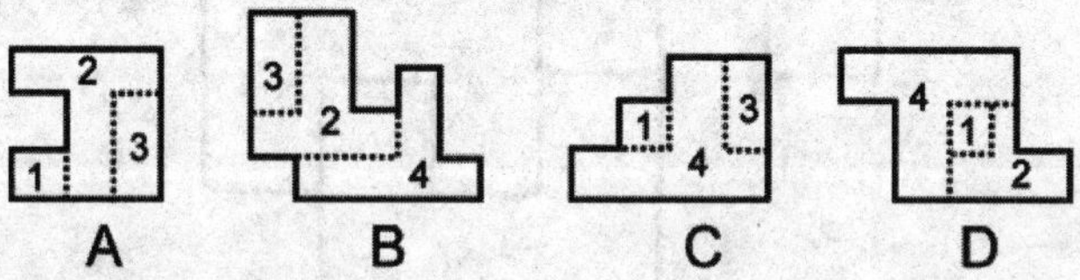

A. 1、2、3；
B. 2、3、4；
C. 1、3、4；
D. 1、2、4。

365. 切蛋糕

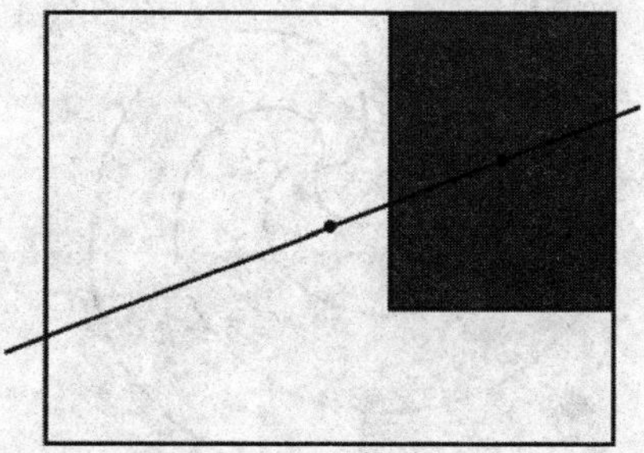

将完整蛋糕的中心与被切掉的那块蛋糕的中心连成一条线。这个方法也适用于立方体！请注意，切掉的那块蛋糕的大小和位置是随意的，不要一心想着自己切生日蛋糕的方式，要跳出这个圈子。

366. 兄弟分家

按照下图所示分即可。

367. 分　地

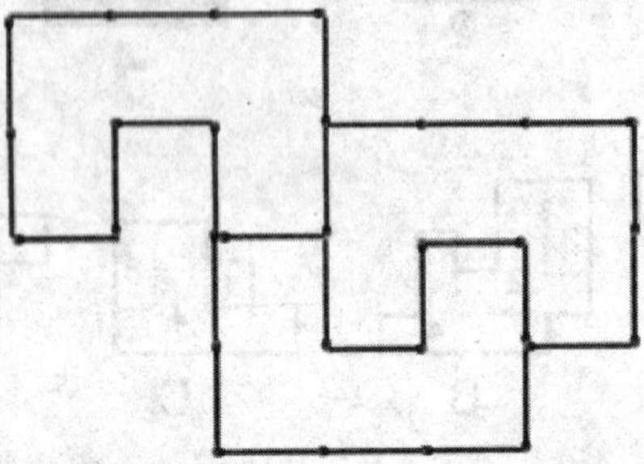

368. 四兄弟分家

分法如下图所示（只是其中一种情况）。

369. 分遗产

如下图所示即可。

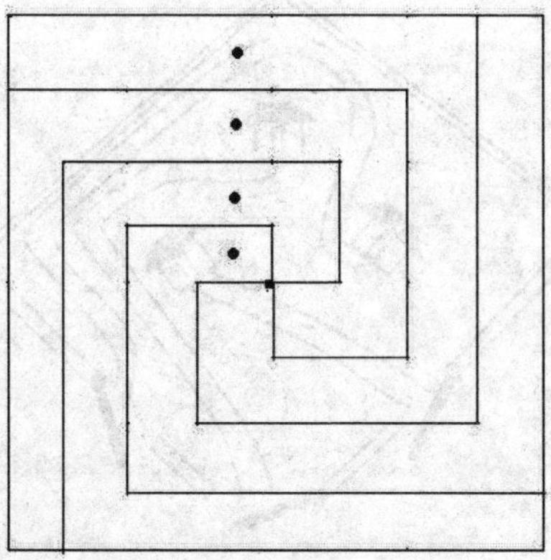

370. 财主分田

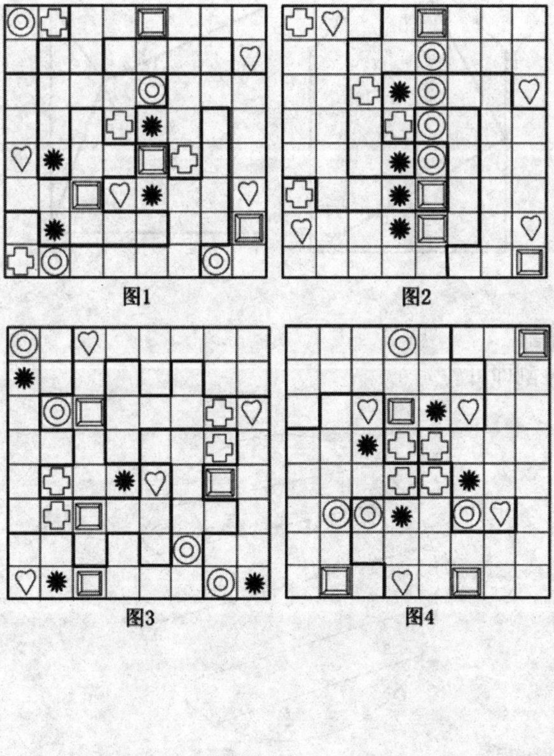

图1　图2　图3　图4

371. 修　路

修成如下图所示即可满足条件。

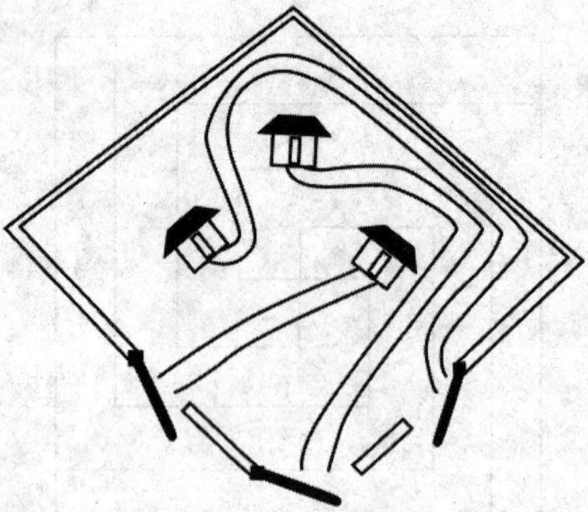

372. 拼桌面

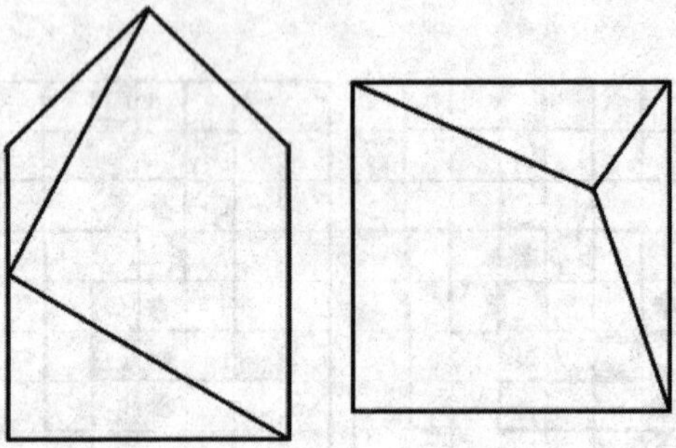

373. 表盘分割

如下图所示分割即可。

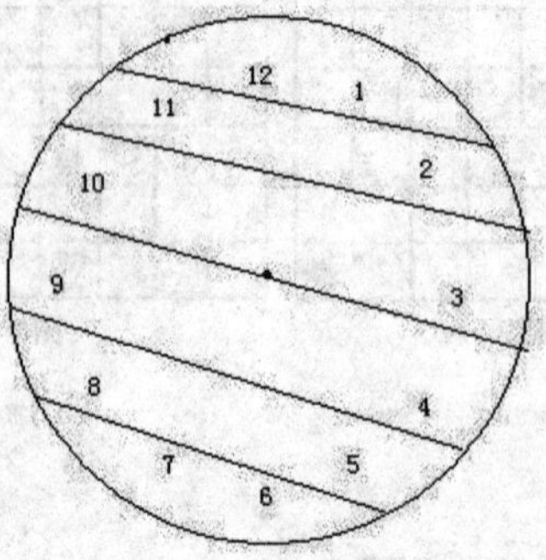

374. 幸运的切割

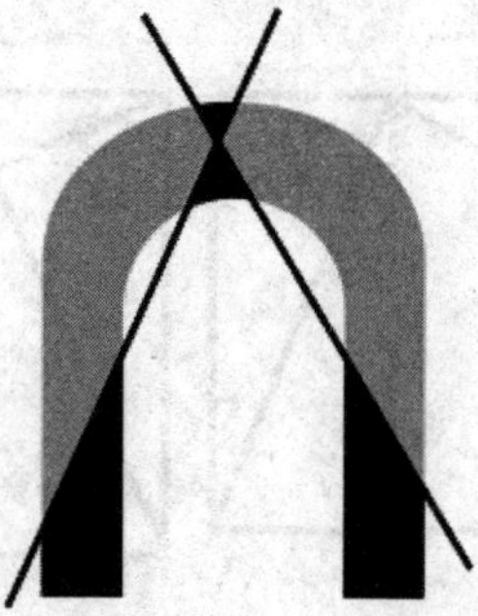

375. 裁剪地毯

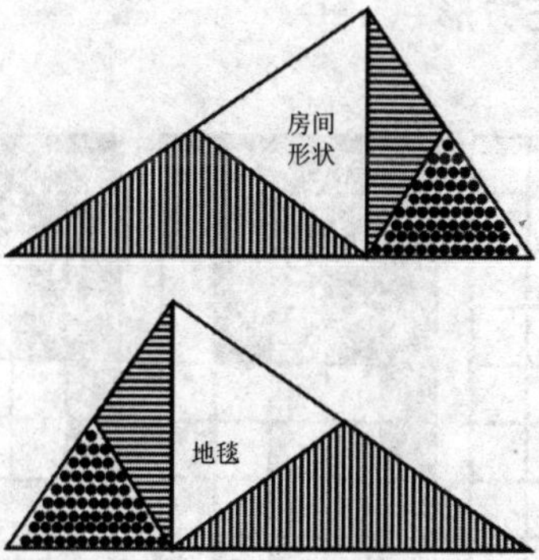

因为只有等腰三角形翻过来才能和原来形状一样，所以裁剪方法如上图所示，先做一条垂线，然后分别连接两腰的中点，这样分成四份，构成了四个等腰三角形，然后分别翻过来，放在房间的对应位置上，缝起来即可。

376. 只准一刀

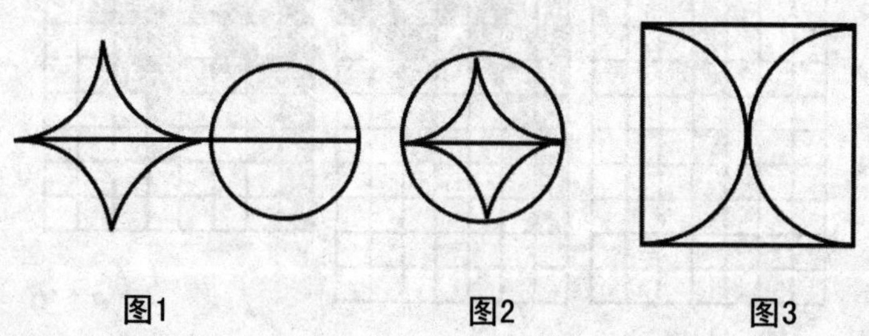

图1　　图2　　图3

把两个图形叠起来剪（如图2），一刀就行了。然后再拼起来，便是正方形了（如图3）。

377. 残缺变完整

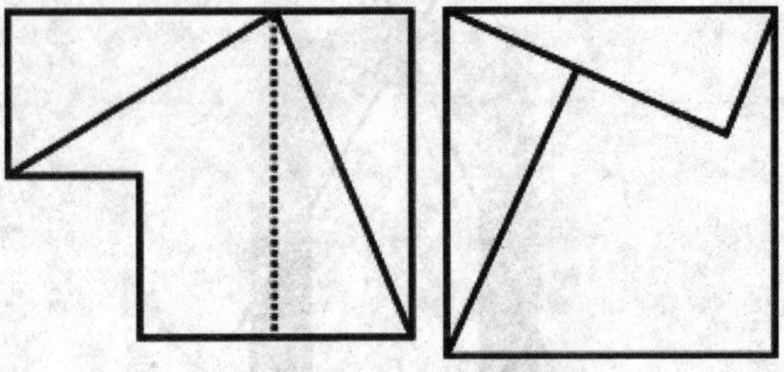

378. 如何切割拼出正方形

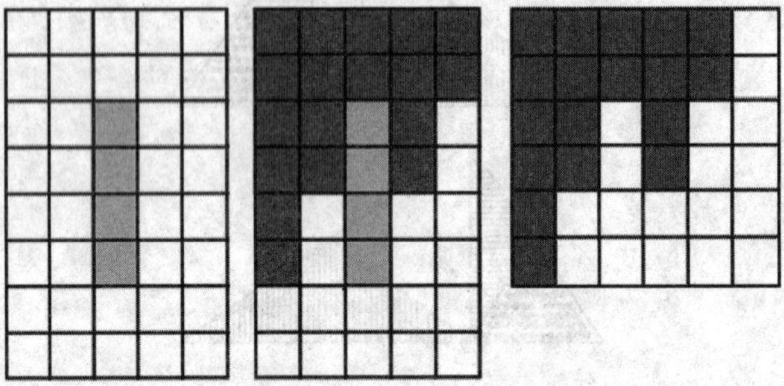

379. 如何切割拼出正方形

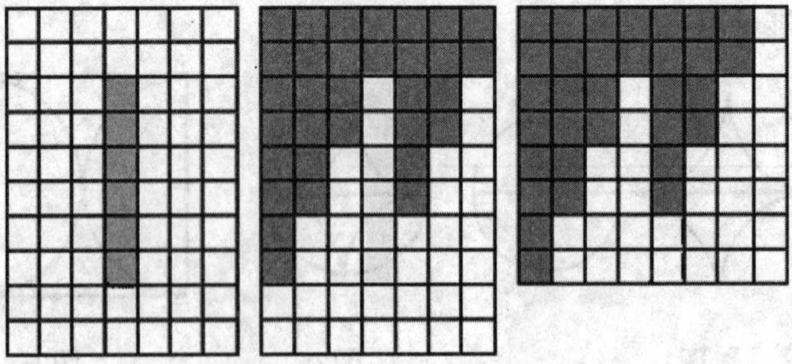

380. 丢失的正方形

5小块中最大的两块对换了一下位置之后，被那条对角线切开的每个小正方形都变得高比宽大了一点点。这意味着这个大正方形不再是严格的正方形。

它的高增加了，从而使得面积增加，所增加的面积恰好等于那个洞的面积。

381. 怎么多了一块

用相似三角形求比的时候，你会发现小三角形和大三角形的斜边的斜率是不一样的，也就是说中间的那条斜线并不是直线，有些部分是重叠的，而有些部分是空缺的。这就解释了为什么会多出一块来。

382. 夜与昼

这幅画的作者埃舍尔是荷兰著名的视错觉画家。30年代末，埃舍尔游览西班牙时，被摩尔人建筑上的装饰图案所吸引，那些规则的互为背景的彩色图案，看上去简洁明了，甚至略显得单调。但它在埃舍尔的脑子里却打开了具有无穷变换空间的版画世界的大门。他说，仅仅是几何图形是枯燥的，只要赋予他生命就其乐无穷。于是，在规整的三角形、四边形或六边形中，鱼、鸟和爬行动物们互为背景，在二维空间和三维空间相互变换，成为他一个时期热衷的创作主题，并成为他终身百玩不厌的游戏。这幅《昼与夜》就是其中之一，在白天的一面是一群黑色的鸟，而在黑夜一面则是一群白色的鸟，它们互为背景。

383. 天与水

这幅画的作者埃舍尔是荷兰著名的视错觉画家。水里的鱼和天空的鸟互为背景，巧妙地融合在了一起。

384. 颜色深度

虽然看上去黑色行的灰色圆圈要比白色行的灰色圆圈要浅一些，其实它们的颜色是一致的。

385. 深　度

看起来中间区域的背景色比周围的背景色要深一些，其实它们的颜色都是一样的。

386. 灰　度

它们的色度是一样的，只是看起来左边的要比右边的颜色浅一些。

387. 灰色条纹

它们的色度是一样的，只是看起来左边的要比右边的颜色深一些。

388. 侧抑制

其实，这两个灰色方块的颜色是完全一样的。我们之所以会认为右边的颜色要深一些，是因为视网膜由许多小的光敏神经细胞组成。激活单独一个细胞是不可能的，某个细胞的激活总会影响邻近的细胞。刺激某个细胞得到较大反应时，再刺激它邻近细胞，这种反应就会减弱。也就是说，周围的细胞抑制了它的反应。这种现象被称之为“侧抑制”。

389. 长　短

这两条线段是一样长的，只不过两个箭头的方向不同使得第二个看起来要短一些。

390. 正弦波幻觉

看上去在最高处和最低处的竖线更长一些，但其实这些竖线都是同样的长度。另外也许你已经注意到了，这些看起来竖线最长的部分，看上去竖线也更密集。而事实上，每两条竖线间的距离却是一样的。

391. 高　帽

帽子的高度和宽度是一样的。

392. 线　段

用尺子量一下你就会发现，其实线段AB和线段BC一样长，两个作为参照的平行四边形的存在使得BC看起来更长一些。

393. 谢泼德桌面

它们确实是完全一样的。斯坦福大学的心理学家罗杰·谢泼德创作了这幅幻觉图。虽然图是平面的，但它暗示了一个三维物体——桌子。如果遮住除了桌面外的其他部分，你很容易就能辨别出来它们的大小。但是正因为桌腿和桌面下面的部分影响了我们对桌面大小和形状的判断。这个幻觉图形表明我们的大脑并不按照它所看到的进行逐字解释。

394. 不平行错觉

看上去它们并不平行，其实它们是相互平行的。竖排交错的黑块造成了它们之间不平行的错觉。

395. 八字错觉

这两条横线是一样长的，虽然下面的空白让下面一条线看起来有些短。

396. 高度幻觉

这个图形很奇怪，看上去它的高要比宽长一些，但其实它的轮廓是一个标准的正方形，你相信吗?

397. 平行还是相交

上图中杂乱的短线将大脑判断空间方位的细胞弄糊涂了，致使我们将对角线方向的线条误解为是不平行的，其实它们之间是相互平行的。要想消除这种错觉，只要将图倾斜，也就是将这七条斜线竖起来，从下沿对角线方向向上看就会发现这些线是平行的。

398. 距离错觉

看上去这个红点距底边更远一些，但是只要你用尺子量一下就会发现，上下的距离是一样远的。

399. 拖兰斯肯弯曲错觉

这三个圆弧看起来弯曲度差别很大，但实际上它们的半径是完全一样的，只是下面两个比上面那个短一些。视觉神经末梢最开始只是按照短线段来解释世界。当线段的两段逐渐延伸，并在一个大的范围内出现弯曲后，圆弧才会被感知到。所以如果给的是圆弧上的一小部分，我们的眼睛往往察觉不出它是曲线。

400. 策尔纳幻觉

这几条水平线是笔直的而且它们之间是相互平行的。

401. 这些线平行吗

不用怀疑，这些都是直线，虽然它们看上去有些变形。而且这些横线之间都是平行的，当然竖线之间也同样是平行的。

402. 是正方形吗

别怀疑，它真的是一个标准的正方形，尽管它看上去四条边都向中间凹了进去。

403. 这是个圆吗

尽管它看上去不太圆，但它确实是个标准的圆形。

404. 圆怎么变成了心形

是的，毫无疑问，这三个圆都是标准的圆形。周围的直线和折线让它们看上去发生了变形。

405. 弗雷泽螺旋

这个图形我们看起来好像是个螺旋，但其实它是一系列完好的同心圆，不信就用笔沿着“螺旋线”转一圈看看，看是不是“又回到起点”？这是英国心理学家詹姆斯·弗雷泽设计的，创作于1906年。每一个小圆的“缠绕感”通过大圆传递出去，从而产生了螺旋效应。只要你遮住图片的一半，这个幻觉将不再起作用。

406. 缠　绕

这些是同心圆。

407. 螺　旋

虽然看上去这是一组螺旋线，但其实它根本就不是螺旋线，而是几个完好的同心圆。是这些圆上的背景图案给我们的眼睛形成了错觉。

408. 克塔卡螺旋

这是在经典弗雷泽螺旋幻觉基础上的一个变化。它属于一般的扭弦幻觉种类之一。它看起来像是一个螺旋，但实际上是一系列的同心圆。而且即使从概念上，你很清楚这是一组同心圆，但你的知觉系统却无法纠正这个错误。这表明在建立外部世界在心灵中的镜像方面，甚至你的智力和知识也不能一直克服你知觉系统的限制。当盖住图样的一半，这种幻觉就烟消云散了。因为你的视觉系统需要建立一个关于整个图像的全面的解释以便为这是一个螺旋找到根据。克塔卡为此做了一个令人信服的证明，所以我们叫它克塔卡螺旋。

409. 韦德螺旋

这是英国视觉科学家、艺术家尼古拉斯·韦德向我们展示的他的弗雷泽螺旋幻觉的变体形式。虽然图形看起来像螺旋，但实际上它是一系列同心圆。

410. 切斯塞尔幻觉

这幅图是由比尔·切斯塞尔创作的曲线幻觉视觉艺术。这些正方形看起来完全变了形，但其实它们的边都是笔直的而且彼此平行。

411. 曲线错觉

这又是一个曲线幻觉的例子，它是弗雷泽螺旋的一种变形。图中是一系列完好的同心圆。

412. 连续线幻觉

正确答案是一个也没有，因为这些“正方形”看起来是完整的彼此分离的。但实际上，它们只是一条连续不断的折线。

413. 伯根道夫环形错觉

看上去这个圆的左半部分要比右半部分直径小一些，但其实这是一个完好的圆的两部分，是中间隔断它们的两条平行线干扰了我们的判断。

414. 盒子错觉

不遮住盒子，我们会自然地按照空间位置去思考问题，所以大都会判断下面的那条横线与竖线垂直；而遮住盒子之后，这两横一竖三条线就成了平面图形，所以很显然上面一条与竖线垂直。盒子错觉提示我们：为了确定图中心线段的位置，必须要给我们的视觉系统提供一个背景。离开盒子的背景，我们的视觉系统就必须使用其他的东西做背景。

415. 庞泽幻觉

这几个圆看上去并不共线，但其实他们排列的非常整齐。不信的话用直尺检查一下吧。

416. 不共线错觉

看上去两只眼睛一高一低，其实他们是在一条直线上的。

417. 康斯威特方块

这是克莱克·奥·布莱恩设计的康斯威特方块，这个图形中除了白色和黑色的正方形外，其他区域的颜色是完全一致的，但是看起来黑色正方形围起来的区域要比白色正方形围起来的区域更暗一些。这个幻觉表明两个方块的边界使得两个亮度完全一致的灰色方块看起来会产生一点不同。

418. 消磨亮度幻觉

这是卡尼札消磨亮度幻觉的一个变化。在“云”中间的黑块亮度看上去比其他黑块稍浅，而在“云”中间的白块亮度看上去比其他白块更亮一些。其实它们与别的相应色块的亮度是相同的。周围“云”的模糊造成了这种视觉上的错觉。

419. 色度错觉

其实阴影区域内的浅色方格B和阴影区域外的黑色方格A的色度是完全一样的。如果你不信，挡住其他部分，比比看。

420. 蒙德里恩幻觉

这幅图是由麻省理工学院的视力科学家泰德·安德森设计的，其实这两段灰色条纹的色度是完全一致的，黑与白的对比正好增强了这种幻觉。

421. 双　塔

右面的塔看上去倾斜更多一些，但是其实它们倾斜的角度是相同的，而且它们其实是同一幅图并列排列而已。

422. 错　觉

它上下分别朝向不同的方向，这是不可能的。

423. 大象的腿

从上往下看，毫无疑问是四只。但是当你看到大象的脚时，你会发现竟然有五只。美国斯坦福心理学家罗格·谢波德以三叉戟为基础创作出这幅象图。为了不至于数不清象腿，谢波德采用了更加清晰的线条，但这幅图中没有固定的边线。

424. 这是什么结构

从上面看毫无疑问是四根，但是当我们看到下面时，你会发现竟然变成了五根。

425. 柱子是圆的还是方的

从上方看，柱子是方的，有两根；从下方看，柱子是圆的，有三根。这是个不可能的建筑。

426. 不可能的叉子

遮住这个图形的上半部分，你将发现有三个分岔；而遮住下半部分，你会发现只有两个分岔。这幅图1964年开始出现于各种出版物中，没有人知道谁首先创造了这个著名的图形。

427. 筷子三塔

遮住上面和遮住下面筷子的根数完全不同，四根变成了三根。

428. 奇特的烤肉串

仔细观察这幅图，你会发现这个图形根本不可能实现。在左边是四个横块，而右边却变成了三个。除了最上面和最下面两个横块外，其他的根本不是一个完整的整体。

429. 难以捉摸的拱

这个图形是塞尔维亚贝尔格莱德大学的德杨·托多罗维奇提出来的。图形左半部分显示的是3个明亮的椭形管；右半部分显示的是3个相互交错、不光滑的突起和凹槽。图像表面明亮的线条，或许是管道顶部和底槽的强烈光线，或者是凹槽的反射光线。很难判断照射这一图形的光源的方向：这取决于我们的理解——光是照射在逐渐缩小的表面上还是逐渐扩张的表面上。另外，拱中心附近的过渡区的具体位置和形状也令人难以捉摸，因为三维空间无法解释幻觉。

430. 奇怪的棋盘

这幅图也是瑞士艺术家桑德罗·戴尔·普利特创作的。它很神奇，你既可以看成从上面俯视这个棋盘，又可以看成从下面仰视。

431. 巨　石

遮住上面可以看到三个光亮的地方是开口，而遮住下面，却发现那三个光亮的地方竟然是上面建筑的基石。这幅画是瑞士艺术家桑德罗·戴尔·普利特的作品。

432. 两列火车会相撞吗

仔细观察你就会发现它们根本就不会相撞，因为它们两个分别在铁轨的上面和下面。当然，这样的铁轨是不可能存在的。

433. 不可能三角

这是一个不可能三角，又叫彭罗思三角。它是由奥斯卡·雷乌特斯瓦德于1934年创建的。1954年，著名的数学物理学家彭罗思听了一场艺术家M.C.埃舍尔的演讲。这次演讲启发了他重新发现不可能三角的灵感。当时，彭罗思并不熟悉雷乌特斯瓦德、皮拉内西以及其他一些科学家之前关于不可能三角的研究。于是，他就以我们目前最为熟悉的形式构造出了这个视力错觉。1978年，他与父亲莱昂内尔一起，将他的发现发表在英国心理学期刊上。

434. 三角形

不可能。里面的斜边视觉上似乎成立，其实现实中是不可能的。

435. 扭曲的三角

看最上面的木板，木板的接嵌方式是不可能的。线条是不可能在3个点处忽然转弯的。

436. 不可能三角形

这是个不可能图形。所谓“不可能图形”是作者（通常是古怪的画家和趣味数学家）通过错误的透视画法创作的于真实三维空间并不存在的二维图形。最典型的就是瑞典艺术家奥斯卡·路斯沃透德的这幅作品，又名“不可解的三接棍”。

437. 不可能三角的实例

其实方法很简单，左上和左下方向的九颗骰子是摆在地上的，而剩下的三颗则是垒在右下角那颗骰子上的。但是从这个角度看时，那三颗骰子中最上面那颗骰子本该挡住右上角那两颗骰子的，我们只需将最上面的那颗骰子磨出两个凹槽让后面的两颗骰子露出来就可以了。

438. 疯狂的木箱

仔细观察你会发现，这个模型向我们展示的这个长方体的四个柱在底座和顶端之间相互切换。根据常识我们就可以判断出来这是不可能的。但它为什么会真实地存在呢？看了下图你就明白了，这里显示了隐藏在“疯狂”背后的制作方法。

所以，这一错觉只有当我们从某一个特殊的角度观察时才会产生。在其他任何角度，都不会出现这样的错觉。科学家将这种现象称为“意外的视角”，然而这并不意外。为了能够产生错觉，物体的观察角度必须精心安排，否则观众就看不到这个“不可能”模型。

439. 疯狂的板条箱

下面这幅图可以解开这个秘密——原来是这样！所谓的不可能只是在特定的角度去观察才会有的结果。

440. 不可能的鸟笼

这幅图从上面看是个鸟笼，但是从下面看只是一排栅栏。它的作者是佛来芒斯艺术家琼斯德梅。

441. 不可能的螺丝帽

这个螺丝帽是不可能存在的，而且不光如此，这个方形的零件和这个三柱的螺丝杆也是不可能图形。

442. 疯狂的螺丝帽

这幅《疯狂的螺帽》很常见，它的作者是美国魔术师杰里·安德鲁斯。看似不可能，其实很好解释，因为这两个螺丝帽实际上并不是凸出来的，而是凹进去的（仔细看你就可以发现），所以它们并不是两个螺丝帽，而是一块纸板，而且它们也并不互相垂直。“螺丝帽”被下方光源照射（一般我们会默认光线是来自上方），这给我们判断它们的真实三维形状提供了错误的信息。

443. 不可能的楼梯

这幅图中的楼梯看起来是一阶一阶抬高的，但是当你看周围的背景时，你会发现它始终是在一个平面上的。这是个不可能图形，或者说这只是一个平面图形，而是我们的大脑把它想象成了立体图形。

444. 彭罗斯台阶

如果人在往台阶上走，就会发现虽然是按照上或者下同一方向走，却永远也走不到头，只能一直在同一个水平面上打转转。这是英国遗传学家列昂尼尔·彭罗斯和他的儿子，数学家罗杰尔·彭罗斯发明的，罗格和后者于1958年写了“论不可能图形”的文章，把它公布于众，人们常称这台阶为“彭罗斯台阶”。

445. 天　梯

仔细观察你会发现，这个楼梯是循环的，所以他无法走到尽头。这是个不可能图形，仔细看右边那个楼梯底面深色的部分，它又是如何从里面转到外面的呢？这是瑞典著名设计师埃里克约翰松的作品。

446. 迷　宫

这是著名艺术家罗伯·冈萨雷斯的幻觉绘画，作品都是运用透视原理玩的一些视觉魔术，漂亮的图画可能很容易让人误认为这是一些普通的装饰画，但只要你仔细看会发现很多不可思议的细节——仔细观察你会发现，你根本看不出哪些房间是在同一个平面上的。

447. 不可能的书架

看上去只有两层的架子，却放了三层小球。当然，这是个不可能的图形。

448. 不可能的架子

这是个不可能图形，中间部分当然不能既凹进去又凸出来。图中的这个结构虚化了中间线条的过渡。

449. 不可能的棋盘（1）

这个棋盘的作者是布鲁诺·危斯特，它确实存在。但是千万别被骗了，这个棋盘其实并不是立体的，而只是平面的。只是从这个角度看它像是立体的而已。

450. 不可能的棋盘（2）

这个棋盘的作者是布鲁诺·危斯特，它确实存在。但是千万别被骗了，这个棋盘其实并不是立体的，而只是平面的。只是从这个角度看它像是立体的而已。明白了这一点，就不难理解了。

451. 反射错觉

看它的左边，像是三个堆积在一起的木块；再看它的右边，却像是两级台阶。这是一种不可能的建筑。

452. 望 楼

这幅画是荷兰著名的视错觉画家埃舍尔的作品。其中最奇怪的地方在于中间一层的几根柱子，以及架起来的梯子，它们都处在一个不可能的位置上。

453. 观景楼

这是一种不可能建筑物的物理模型，它是日本具有影响力的平面设计师福田繁雄创作的，是基于伊瑟的著名画作“望楼”所制作出来的建筑。仔细观察，我们就会发现中间一层的柱子都处在很特别的位置，梯子的位置也很奇怪。

454. 扭 曲

毫无疑问，这个图形也只是一个二维图形，是错误的透视关系造成的，无法用三维立体来表现出来。

455. 不可能的环

这个结构不可能在现实生活中存在，它只存在于二维的平面当中，是错误的位置关系和透视关系造成的“错觉”。

456. 曲折的悖论

这个图形是个典型的不可能图形，它的这些扭曲在三维空间无法实现。

457. 不可能的曲折

沿着这个曲折图形走一遍，你会发现它完全不可能，是错误的透视关系造成的。

458. 紧密的加压器

这幅“不可能图形”是瑞典艺术大师奥斯卡·路透斯沃德的作品。一条窄窄的缝隙中当然不可能穿过明显宽于它的物体。

459. 嵌 套

这幅“不可能图形”是瑞典艺术大师奥斯卡·路透斯沃德的作品。一个个宽的物体嵌套在比它窄的物体当中，最后装在一个窄窄的缝隙里。当然原因在于它存在明显的透视错误。

460. 椭 圆

这是一个不可能图形，既可以看作躺着又可以看作是立着的，但整体上去看的时候，却都是有矛盾的。

461. 不可能的交叉

这是由两个不可能的椭圆交叉构成的不可能图形。我们仔细观察每个小椭圆，它本身就不可能存在，当然也不可能交叉成图中所示的形状。

462. 网格错觉

你会发现你可以看到这些黑点，但是却数不出来，它们像是存在又像是不存在。当你整体去看时，它们在那里跳动，当你盯着某一点去看时，它们又不见了。这种现象是德国视觉科学家迈克尔·施若夫和E.R.威斯特首先发现的。这种幻觉产生的原因目前还不十分清楚。

463. 闪烁的点

当我们转动眼球的时候就会发现那些原本是白点的地方出来了一些闪烁的黑点，而当你注视它的时候，它又不见了。

464. 幻觉产生幻觉

这幅精彩的幻觉图是英国视觉科学家、艺术家尼古拉斯·韦德创作的。在交叉部分我们能看到微弱的、朦胧的白色小点。这些点又产生出一系列同心圆的印象。

465. BBC墙板

这一图形来自一次偶然的观察。麦凯是在BBC的一个录音室里第一次看到这个效果的：那位播音员被平行线柱之间的空白处上下跳动的黑点搞得很不耐烦。

466. 虚幻的圆

我们的大脑企图看到一些以前看过的规则图案，就像图中的这个圆，其实它并不存在，没有任何轮廓和边界。但我们的大脑还是会补完整它，以符合我们过去的经验。

467. 隐藏的圆圈

我们的大脑企图看到一些以前看过的规则图案，大脑还会补完整它，以符合过去的经验。所以上图中这种圆圈有很多，它们都是由虚点构成的，你却又不可能一次全部看见它们。

468. 圆　圈

虽然这些圆圈在客观上并不存在，但是周围的线确实让它们看上去就是一些圆圈。而且因为周围向外辐射发散的线，让我们错误地觉得这些圆圈比背景更亮，其实它们是一样的。

469. 完美的六边形

会的。小三角让这个六边形看上去有些扭曲，其实它确实是一个标准的正六边形。

470. 注意力幻觉

你会看到两个环会自转，而且当你的头部靠近或者远离它时，两个环旋转的方向也不相同。这幅图是由意大利视觉科学家B.皮娜和G.格力斯塔夫在1999年发现的。尽管我们不能清楚地解释这幅幻觉图，但它很可能是由于视觉轮廓处理过程的一低水平机制的特殊性质而引起的。

471. 旋转斜线错觉

当你接近图片时，可以观察到中间的辐射线圆环逆时针转动。当你远离图片时，它们则顺时针转动。视觉科学家西蒙·戈里和盖·汉堡在德国弗莱堡大学时创作了这个旋转斜线错觉。

472. 麦凯射线

它的边缘会出现闪烁而且这些条纹会发生运动。本图是1957年，当时就职于英国伦敦国王学院神经科学家唐纳德·M. 麦凯所作的。

473. 运动错觉

这是由“欧普”艺术家布里吉特·赖利（BridgetRiley）创作的运动错觉图片，当观察者转动眼睛观看这个图案时，就会发现它快速地进行螺旋式运动。这一系列图片中，大部分运动错觉产生的潜在原因都是眼睛运动，包括明显的和细微的。

474. 旋　转

这也是布里奇特·赖利的运动错觉。它作为对赖利的又一献礼，苏格兰邓迪大学的视觉科学家尼克·韦德（NickWade）创作了这幅画面上同时有流动和闪烁运动的作品。

475. 它动了吗

随着我们眼睛的运动，你会发现中间部分就像有个气泡要鼓出来一样。

476. 咖啡店幻觉

这幅图的作者是日本艺术家兼视觉科学家北冈明佳。中间看上去有些凸出，但却是在一个平面上。图中这些横竖排列的线都是直线，而且相互之间平行。也就是说每个小方格都是标准的正方形。这是每个小方格中背景的不同角度造成的错觉。

477. 凯淘卡波

看上去这些横竖线条是上下或者左右弯曲的，其实它们都是直线，而且相互平行。

478. 棋　子

这是一张错觉图片，中间部分看上去有点向外突出，而由黑白方块构成的横竖线条则向中间弯曲。其实这是你的眼睛在欺骗你，这个棋盘是在一个平面上，并不存在任何凹凸，而且所有的横竖线条和棋子都是处于平行线上，而不是我们所看到的那样是处于曲线状态。

479. 大内错觉

你会发现中间圆圈内和外面的背景互相独立地进行移动。德国弗莱堡大学视觉科学家洛萨·斯皮尔曼（Lothar Spillmann）在浏览大内的《日本光学和几何学艺术》一书时，偶然见到这一错觉。之后，大内错觉被斯皮尔曼介绍到视觉科学界，并大受欢迎。

480. 放　大

这也是个大受欢迎的作品。它是大内错觉同时代的变体，由北冈明佳创作。当你靠近它时，中间的部分会放大；当你远离它的时候，中间部分会缩小。

481. 帽针海胆

这也是由北冈明佳创作的帽针海胆，当你上下左右移动眼球的时候，会发现这幅图形呈放射状运动。它生动地显示出眼睛运动在感知这一动态错觉时的重要性。

482. 旋 转

是的，这的确是一幅静态图片，但当我们看它的时候，它竟然真的转动了起来。

483. 谁在动

当你的眼球转动的时候，你会发现它们竟然也在动。

484. 眩 晕

这是一张静止的图片，但当我们看它的时候，它会给我们动起来的错觉。

485. 蠕 动

这是一张静止的图片，但当我们看它的时候，它会给我们动起来的错觉。

486. 蛇

当你注视这幅图时，你会发现这四条蛇状的彩带竟然真的在动，神奇吧！

487. 摆动的麦穗

这是一张静止的图片，但当我们看它的时候，它会给我们动起来的错觉。

488. 微波荡漾

这是一张静止的图片，但当我们看它的时候，它会给我们动起来的错觉。

489. 转动

没错，它确实动了，尤其是四角处那些圆圈，在缓缓的转动。

490. 运动幻觉

是的，当你看它的时候，就会发现它开始缓缓地转动起来。当然这是不可能的，只是我们的眼睛在骗我们自己。

491. 运 动

没错，你没看错，它确实在动。

492. 让灯泡亮起来

你会发现这个灯泡尽然“亮”了，也就是说图中黑色的部分变成了发亮的白色。

493. 红　心

神奇吧，你将看到一颗美丽的红心，没错，真的是红色的。

494. 静止还是运动

仔细观察这幅图，你就会发现这些条纹在不停地运动。

495. 方向余波

你会发现右边的条纹弯曲变形了，神奇吧！

496. 转动的正方形

这是由于这些正方形交错倾斜，而我们的眼睛总是试图将它们纠正过来，所以就会形成它们在转动的错觉。

497. 界　线

观察整幅图你会发现，这五个色块的颜色是逐渐加深的。但是当你用笔遮住某一个界线时，你会发现两旁色块的颜色对比度看起来却是一样的。这是因为我们的大脑对亮度上的强对比比较敏感，就像两个长方形色块之间的那条界线一样，很容易看出来。但当这条界线被遮住了，虽然仍旧有一点点差别，但我们对这点差别是不够敏感的。